北京奥运交通丛书之八

北京奥运交通应急管理

Beijing Olympic Transport

Emergency management

刘小明 刘 缙 李海义 编著

北京市交通委员会
北京交通发展研究中心 组织编著

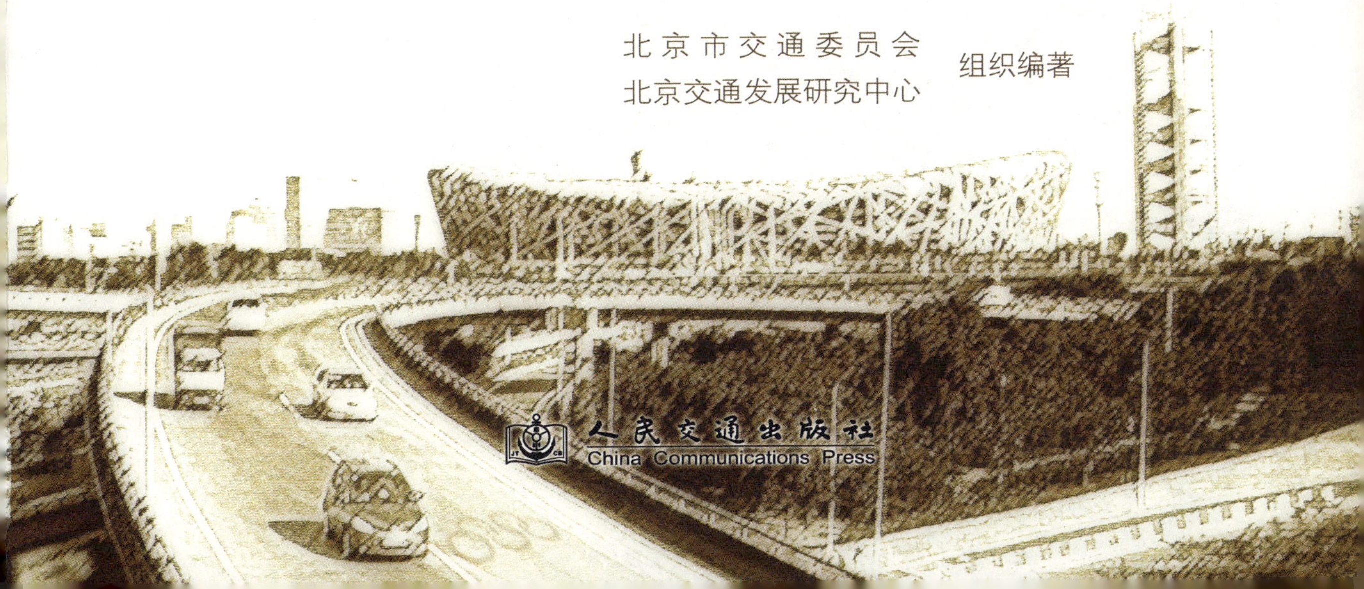

人民交通出版社
China Communications Press

内 容 提 要

本书是北京奥运交通丛书之八，主要内容包括：奥运交通安全风险评估概述、奥运大家庭交通服务风险评估与控制、交通安全和组织管理风险评估与控制、道路安全风险评估与控制、桥梁安全风险评估与控制、轨道交通运营安全风险评估与控制、奥运会开幕式交通安全风险评估与控制、交通应急指挥系统、平安奥运交通行动。

本书可作为政府部门、大型活动组织人员决策和工作参考用书，也可作为交通工作者、科技工作者、教育工作者研究和教学的参考资料。

图书在版编目（CIP）数据

北京奥运交通应急管理 / 刘小明等编著. — 北京 ：人民交通出版社，2010.7
（北京奥运交通丛书 ； 8）
ISBN 978-7-114-08572-7

Ⅰ. ①北… Ⅱ. ①刘… Ⅲ. ①奥运会—交通运输管理：安全管理—研究—北京市 Ⅳ. ①G811.21②U491

中国版本图书馆CIP数据核字(2010)第146267号

书　　名：北京奥运交通丛书之八
　　　　　北京奥运交通应急管理
著 作 者：刘小明　刘　缙　李海义
责任编辑：戴慧莉
出版发行：人民交通出版社
地　　址：（100011）北京市朝阳区安定门外外馆斜街3号
网　　址：http://www.ccpress.com.cn
销售电话：（010）59757969，59757973
总 经 销：人民交通出版社发行部
经　　销：各地新华书店
印　　刷：北京市凯鑫彩色印刷有限公司
开　　本：787×980　1/16
印　　张：15
字　　数：278千
版　　次：2010年7月　第1版
印　　次：2010年7月　第1次印刷
书　　号：ISBN 978-7-114-08572-7
定　　价：88.00元

北京奥运交通丛书
编著委员会

前　言

Preface

2008，百年奥运，中华圆梦。

在党中央国务院的坚强领导下，在北京市委市政府和北京奥组委的统一指挥下，在国际奥委会国际残奥委会和相关国际组织的积极帮助下，在全国各族人民的大力支持下，北京奥运会残奥会圆满成功。北京奥运会残奥会实现了有特色、高水平和两个奥运同样精彩的目标，达到了让国际社会满意、让各国运动员满意、让人民群众满意的要求，全面兑现了向国际社会作出的郑重承诺。北京奥运会残奥会的成功举办，为我们留下了丰富的物质财富和精神财富，同时也积累了宝贵的经验。奥运会后，北京市委市政府站在新的起点上，认真贯彻落实科学发展观，坚持“绿色奥运、科技奥运、人文奥运”理念，大力推进人文北京、科技北京、绿色北京建设，努力把首都建设成为繁荣、文明、和谐、宜居的首善之区。

北京奥运会残奥会的交通问题一直是国际社会关注的热点之一。从 2001 年申奥成功至 2008 年奥运会残奥会举办，这 7 年间，为实现申办奥运交通承诺，首都交通人深入学习实践科学发展观，全面践行“绿色奥运、科技奥运、人文奥运”理念，了解奥运交通需求、编制奥运交通规划、加快奥运交通建设、制订奥运交通政策、实施交通科技创新、评估奥运交通风险、落实奥运交通方案等，实现了北京奥运会残奥会期间交通安全顺畅，公共交通和城市货运保障有力，赛事交通与社会交通和谐运转，受到了国际社会、各国运动员和广大北京市民的高度称赞。

“新北京、新奥运”战略为北京交通的跨越式发展提供了难得的机遇：创新了科学高效的交通管理体制和运行机制；建成了一大批交通基础设施；大力优先发展公共交通，使人民群众普遍得到实惠、出行更加便捷；智能交通等一批科研成果得到了推广应用，城市交通管理服务水平进一步提高；实施了交通需求管理政策，积累了城市交通管理的成功经验；开展了交通安全隐患排查治理和交通应急演练，全面实现了“平安奥运”交通目标；成功实施了奥运交通运行各项方案，为举办大型活动做好交通保障积累了宝贵经验；锻炼培养了一批懂技术、能管理、会服务、高素质的交通服务团队和人员；首都交通行业服务意识和服务水平大幅提高，交通志愿者热情服务成为了首都窗口服务行业的靓丽风景；“公交优先、绿色出行”的理念更加深入人心；交通规划、建设、运营、管理、服务水平明显提升，为北京奥运会残奥会提供了强有力的交通保障。

北京奥运会残奥会交通保障任务的圆满完成，为我们留下了丰富的物质财富和精神财富，同时也积累了宝贵的交通发展经验。站在新的发展起点上，北京市委市政府提出了今后一段时期建设以“人文交通、科技交通、绿色交通”为特征的新北京交通体系的目标，制订印发了《北京市建设人文交通科技交通绿色交通行动计划》，为建设“人文北京、科技北京、绿色北京”，努力把北京建设成为繁荣、文明、和谐、宜居的首善之区提供强有力的交通支持。

为进一步坚持以科学发展观为指导，借鉴奥运交通保障的成功经验推动首都交通发展，为大型活动交通保障提供借鉴，并为教学、科研人员提供研究参考，北京市交通委员会、北京交通发展研究中心组织有关人员编著了《北京奥运交通丛书》。这是集体智慧的结晶，也是将实践经验、科研成果与理论相结合的有益探索。

《北京奥运交通丛书》共分8册，从奥运交通需求、规划、建设、运行、政策、科技、安全应急等方面对北京奥运交通进行了较为全面的描述。《北京奥运交通总论》介绍了奥运交通工作的主要内容及做法经验；《北京奥运交通需求》介绍了北京奥运交通服务标准、需求特征、需求分析和北京奥运需求情况等内容；《北京奥运交通规划》介绍了北京奥运申办以来交通规划系统的构成及主要规划内容；《北京奥运交通建设》介绍了北京奥运筹办期间城市交通基础设施及奥运期间临时交通设施的建设情况；《北京奥运交通政策》介绍了北京奥运期间采取的交通需求管理政策制订过程及方法，实施效果及其评价；《北京奥运交通运行》介绍了北京奥运赛时期间交通运行和交通保障过程；《北京奥运交通科技》介绍了北京奥运筹办举办过程中智能交通技术和新技术、新材料、新工艺在交通中的应用；《北京奥运交通应急管理》介绍了北京奥运期间交通安全风险评估、交通应急管理等内容。

《北京奥运交通丛书》的编写力求采取理论和实际相结合的手法，既反映北京奥运申办、筹办、举办过程中的交通筹备、运行组织过程，也论述了大城市交通发展和大型活动的交通规划、建设、组织、管理等相关理论问题，提出了一些新理念、新观点、新方法，并进行实证分析，希望能让广大读者从中获益和启迪。

由于时间仓促，加上编写水平有限，不妥之处敬请广大读者批评指正。

《北京奥运交通丛书》编著委员会

2010年2月

目　录

Contents

1 奥运交通安全风险评估概述

1.1 安全风险评估

1.1.1 风险评估描述

为提前防范各种风险，保证奥运交通服务万无一失，北京市政协于 2008 年 2 月组建了由 30 位专家和政协委员组成的奥运会交通安全风险防范评估课题组。评估课题组按照“政协牵头、委员为主、专家领衔、有序参与、突出重点、评价监督、配合政府、完善方案”的评估工作思路，主要评估了包括奥运会开、闭幕式交通集散尤其是观众疏散、奥运会赛事交通保障、交通安全与组织管理风险、地铁运营安全以及道路和桥梁安全、奥运交通应急管理等方面的问题。

评估工作与政府奥运会交通安全保障方案的落实工作相结合，做到了“严格、谨慎、细致、扎实”，精心组织、精心排查，不放过任何一个细节，不遗漏任何一个问题。评估课题组进行了大量的调研工作，听取了关于奥运会交通保障方案和应急预案的汇报，视察了地铁 8 号线（奥运支线）及 10 号线一期安全风险防范和交通指挥调度中心工作等情况，针对奥运交通存在的风险进行了分析和评估，并提出了相应的意见和建议。

1.1.2 评估流程与原则

风险评估流程包括计划和准备、风险识别、风险承受能力与控制能力分析、风险可能性评估、风险后果评估、风险等级确定、处置建议提出、反馈与更新八个环节（图 1–1）。

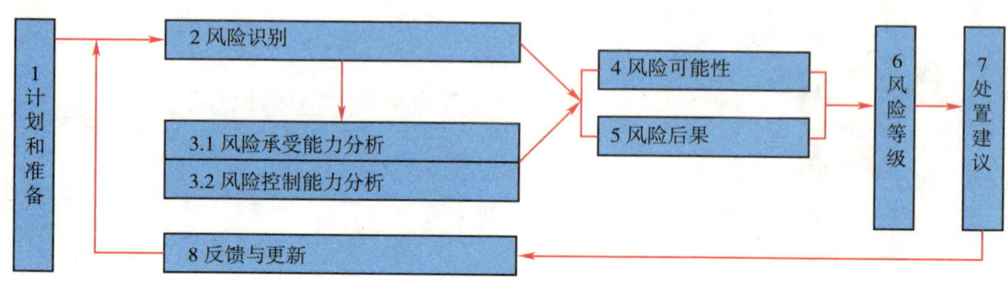

图1–1 风险评估流程图

风险评估原则主要包括：

（1）系统性。风险评估坚持系统性的工作原则，不只停留在“点”上，尽可能运用系统的分析方法，统筹考虑各个流程、各个环节、各种类型的风险。例如：由桥梁一点的安全隐患，分析其对一条线路、一个区域带来的影响；同时，全方位地分析它的影响因素、内在原因、处理方法等。

（2）专业性。风险评估坚持专业性的工作原则，充分发挥专家的作用，运用现代科学技术与方法，充分借鉴国内外相关理论和研究成果，开展风险评估工作。例如：道路交通突发事件的风险源描述及其影响、后果的评估涉及很多学科知识，其发生的可能性涉及工程地质、道路结构、地形地貌、地下管道、气象等因素。对这些因素的分析需要很强的专业性，但由于这些因素对事件的影响程度也不尽相同，因此评估时，除了分析统计数据外，还将运用定性、定量、半定量的方法进行分析。

（3）综合性。风险评估坚持综合性的工作原则。风险的出现往往是多方面因素的耦合与叠加，因此需要跳出单灾种的局限，充分考虑多方面的影响和各种次生、衍生灾害等因素，并注重运用综合分析手段。例如道路交通突发事件往往不是单一风险源的作用结果，而是很多因素相互作用、叠加影响的综合结果，所造成的影响广，处理时涉及的相关内容、相关部门多，因此，对道路交通突发事件进行分项描述的同时，还应对其中相互关联的事件、原因进行描述。

（4）实用性和针对性。风险评估坚持实用性的工作原则，紧密结合奥运会期间北京市实际情况，围绕突发事件应急管理工作需要，本着适用优先的原则开展各项工作；评估工作与奥运会紧密结合，针对在奥运会期间可能出现突发事件的重点场馆、重要区域和人员集中地点进行详细的现场调查工作，对这些隐患点提出针对性的防治措施。

（5）保密性。风险评估坚持保密性的工作原则，建立与风险评估有关的各项保密工作制度，并注意加强对相关知识产权的保护。针对 2008 年北京奥运会，在进行风险评估工作时，制订了相关工作保密制度，以加强对风险评估中所涉及内容的保护。

1.1.3 评估工作组织

奥运会交通安全风险防范评估课题组由专家组和工作组两部分组成。专家组由北京市政协部分政协委员和专家组成，评估工作组由北京奥运会交通工作协调小组组织相关委办局抽调专门人员组成，组织构成如图 1–2 所示。

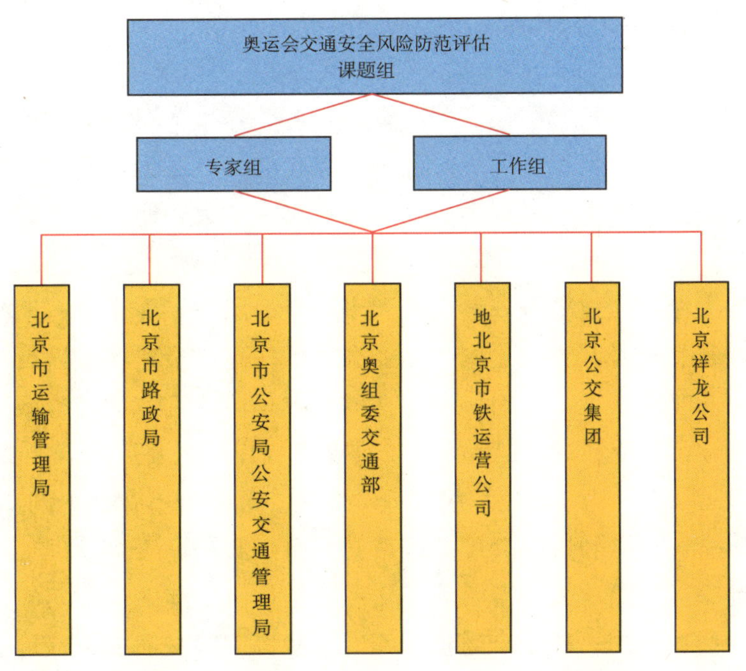

图1–2　奥运会交通安全风险防范评估课题组组织构成

北京市政协统筹协调各参与单位工作，并组织评估。

评估专家组作为评估工作的智囊机构，参与风险评估的研讨、研究内容的制订以及评审等相关工作。北京交通发展研究中心作为评估工作的技术支持单位，提供相关技术支持服务。相关委办局作为参与单位，配合支持市政协的评估工作。

北京市运输管理局提供城市交通运输服务保障方案，提出存在的风险及其影响程度，提出规避风险的对策措施，制订预防风险的工作方案。北京市路政局提供城市交通设施保障方案，提出存在的风险及其影响程度，提出规避风险的对策措施，制订预防风险的工作方案。北京市公安局公安交通管理局提供城市交通管理工作方案，提出存在的风险及其影响程度，提出规避风险的对策措施，制订预防风险的工作方案。北京奥组委交通部提供奥运交通需求、各客户群的交通组织、交通服务及运行保障方案，提出存在的风险及其影响程度，提出规避风险的对策措施，制订预防风险的工作方案。北京市地铁运营公司提供赛时地铁运营方案，提出可能存在的风险及预防措施。北京公交集团和北京祥龙公司提供赛时地面公交的运营方案，提出可能存在的风险及预防措施。

1.2 安全风险评估对象

奥运交通系统涉及整个奥运会期间赛事交通、城市交通运转的各个方面。围绕奥运交通工作的构成，奥运交通风险评估对象包括：奥运大家庭交通服务、交通安全和组织管理、城市交通设施保障、观众和城市交通运输服务保障、赛时交通管理政策和奥运会开幕式交通运行方案等六个方面。

（1）奥运大家庭交通服务。奥运会大家庭交通服务工作为比赛期间国际单项体育组织主席、秘书长及其官员、国际奥委会官员、运动员、媒体人员、技术官员等群体的交通服务工作。奥运交通风险评估的重点是奥运客户群交通服务运行方案的合理性和可行性，评价针对奥运大家庭交通服务提出的主要风险事件及其防范措施，以确保兑现奥运承诺，为大家庭提供“安全、准点、便利、快捷”的交通服务。

（2）道路交通安全和组织管理。道路交通组织和交通安全管理工作主要包括赛事场馆、驻地、行车路线、大型活动等交通安全保卫工作的组织实施；道路交通组织与交通秩序维护管理；社会交通指挥调度；赛事期间交通安全宣传、交通安全监管工作；赛事交通管理信息发布等。评估工作以赛时奥运交通安全保卫工作总体方案的合理性和可行性为重点，评价针对交通管理提出的主要风险及其防范措施，以实现在保证奥运交通需求的前提下，确保赛事交通和城市交通和谐运转。

（3）城市交通设施保障。城市交通设施保障主要负责场馆周边及城市交通基础设施保障，包括赛时临时公交场站及临时交通设施的保障。评估重点针对道路积水和路面塌陷等主要风险事件及其防范措施，以实现奥运期间交通设施运转完好，为奥运交通和城市交通提供坚实的交通设施保障。

（4）观众和城市交通运输服务保障。观众和城市交通运输服务主要负责赛事期间的观众、工作人员和志愿者的运输服务，保障城市日常交通运输服务的正常运转，协助组织赛事运输服务车辆和服务人员等。评价的重点是奥运会城市交通运行保障工作方案、北京市奥运会期间突发事件交通运输安全应急保障预案、奥运会期间地铁重大安全运营突发事件防范与处置工作方案、公交集团公司对突发事件运营组织应急预案、公交集团公司2008年奥运会赛时道路交通运输保障应急预案、奥运会残奥会赛时公共交通保障实施方案、北京市省际长途客运平安奥运应急预案等方案的合理性和可行性，评价主要针对城市交通运行保障和观众、奥运会工作人员和志愿者提出的主要风险事件及其防范措施，以实现奥运会期间既要保障为奥运会观赛的观众、相关工作人员和志愿者提供便捷的公共交通服务，也要满足群众日常生活的出行需要。

（5）赛时交通管理政策。本着“保奥运、保环境、保交通、少影响、可操作”的工作思路，北京交通部门会同相关部门研究并提出了赛时全市的交通需求管理政策和措施，以达到保障2008年北京奥运会残奥会期间奥运交通安全畅通、最大限度减少对市民日常生活的影响，同时最大限度地为市民出行提供公共交通服务保障，减少机动车尾气排放对空气质量影响的目的。评估的重点是针对赛时城市交通需求管理政策的实施所提出的主要风险事件及其防范措施的可行性和有效性，以实现奥运会期间空气质量保障和交通保障两个目标。

（6）奥运会开幕式交通运行方案。开幕式交通具有流量大、密度高、持续时间长、影响地区广等诸多特点。因此北京交通部门专项研究和编制了奥运会开幕式交通组织方案，提出了详细的包括观众、工作人员及志愿者在内的各客户群体的交通运行方案。评估的重点是奥运会开幕式交通运行整合方案中各个客户群体交通运行方案的合理性以及针对奥运会开幕式所提出的主要风险事件及其防范措施的可行性和有效性，以确保奥运会开幕式交通组织工作万无一失。

1.3 安全风险分析

为了保证北京奥运会期间的交通工作顺利进行，保证奥运交通服务质量，北京交通部门制定了《交通运行计划（方案）汇编》、《第29届奥运会竞赛场馆交通运行详细设计》、《奥运交通安全保卫工作总体方案》、《交通设施保障工作方案》、《奥运会城市交通运行保障工作（总体方案）》、《第29届奥运会北京交通保障方案》、《开幕式交通运行整合方案》等各项交通保障工作方案。奥运会交通安全风险防范评估课题组对奥运交通运行系统工作中存在的重点风险进行了专业评估后，认为该系统总体上是安全的。但奥运会期间的交通涉及每日超过 2300 万人次的超大规模人员运输服务工作，在车辆调度、人员疏散、组织管理等方面的工作难度很大，依然可能存在以下六个方面 35 类交通风险：

（1）奥运大家庭交通服务。

风险一：城市道路发生严重交通堵塞。交通服务车辆在行驶途中遇到城市道路发生严重交通堵塞，可能影响奥运会各客户群准时到达目的地。

风险二：奥运专用道路发生重特大交通事故。奥运会期间，奥运会服务车辆在奥运专用车道发生重特大交通事故，乘客受伤，影响比赛进行。

风险三：奥运交通指路标识不明确。奥运会期间，城市道路或场馆交通指路标识不清晰、明确，奥林匹克大家庭成员不能按标识的指示到达目的地，造成不良影响。

风险四：奥组委无线集群出现故障。奥组委通信系统出现故障，无法联系到交通服务车辆和驾驶员，影响服务运行工作。

风险五：交通服务车辆出现故障。奥运会交通服务车辆发生故障不能移动时，影响奥林匹克大家庭成员准时出行。

风险六：驾驶员服务存在不足。奥运会驾驶员培训不到位，在对奥林匹克大家庭成员服务时有失误，造成不良影响。

风险七：奥运会交通服务车辆及其他相关资产被盗。奥运会期间，交通服务车辆及车证、驾驶员证件、钥匙、加油卡等被盗，影响服务车辆正常出行。

（2）交通安全和组织管理。

风险一：交通突发事件。奥运会期间发生突发事件，如自来水管道破裂、煤气管道泄漏、路面塌陷、恶劣天气、火灾、治安事件等，都将对道路交通运行产生严重影响，引起道路交通中断，影响赛事及城市交通正常运转。

风险二：道路交通发生拥堵。奥运会期间，道路运行状况直接关系到奥运交通服务质量。一旦道路交通发生拥堵，会影响奥运赛事交通以及观众等群体的出行时间，引起延误等事件的发生。

风险三：发生道路交通事故。奥运会期间，道路发生交通事故，特别是与奥运赛事相关的道路上发生交通事故，将直接影响奥运交通的运行，将对出行者准点、高效到达目的地产生影响。

（3）城市交通设施保障。

风险一：道路桥下发生积水。奥运会期间，正值北京市主汛期。总结近几年北京市出现的突发道路积水事件发现，突发道路积水不仅会造成严重的交通拥堵，而且对北京的社会形象、市容环境等也会造成不良影响。

风险二：道路桥梁安全。城市道路、桥梁及公路桥梁关系到奥运会期间道路交通的安全畅通。一旦发生道路桥梁坍塌等事故，将对奥运交通产生严重的影响。

风险三：公路地质灾害。北京地区公路地质灾害主要分布于具有明显高陡边坡的山区公路沿线，多发生岩体边坡崩塌、采空区道路塌陷和滑坡等突发事件。一旦发生，影响严重。

（4）观众和城市交通运输服务。

风险一：公共交通行业运输过程中发生突发事件，包括营运车爆炸（含发现可疑爆炸物）、纵火、乘客携带化学危险品上车并泄漏。奥运会期间在公共汽（电）车车厢内或公交场站可能发生恐怖袭击或突发事件，特别是在重点地区，如奥运场馆、途经长安街的公交线路，发生如爆炸、纵火、化学危险品泄漏或劫持利用公交车辆肇事等事件。

风险二：轨道交通的主要风险，重点包括大客流冲击导致的乘客踩踏伤亡、大面积停电导致的大范围运营中断和重大线路、车辆设备故障导致的列车颠覆。这些事件一旦发生都将威胁乘客生命安全。

风险三：省际客运的主要风险，包括客运站突发治安事故（火灾、人为纵火、爆炸等）。长途客运站属于人员密集场所，发生火灾、人为纵火、爆炸等事件极易造成人员伤亡和运营秩序混乱，直接导致长途客运短时间瘫痪。

风险四：货运和旅游客运的风险。交通限行措施导致货运、旅游客运等运力资源不足。由于奥运会期间实施严格的交通限行措施，包括机动车分单双号上路行驶、禁止黄标车上路行驶等，而且限行时间较长，预计将会对市民日常生活、城市正常生产所需物资的运输（如粮油、肉蛋菜奶、基本生活用品等物资不能完成运输，则会影响市民正常的生活需求）和旅游客运运力资源产生较大影响。

风险五：出租汽车的风险。由各类因素引发的出租汽车企业驾驶员集体或个人上访、集会、游行、罢工等事件，导致出租汽车车辆运力不足，服务质量下降。

风险六：水域游船的风险。因重大自然灾害及其他不可抗力造成游船遇险，发生船舶破坏，造成重大人员伤亡事故。

风险七：汛期道路积水影响公共交通运营。奥运会期间正处于北京市汛期，突如其来的暴雨或持续较长时间的大雨会对北京城近郊区道路，特别是立交桥下造成大量积水，影响地面公交和轨道交通的正常运行。一旦路段的交通全部中断，公共交通运营将受到极大影响。

（5）赛时交通管理政策。

风险一：黄标车治理不力的风险。部分黄标车拖延治理或不治理，影响全市货物运输以及物品供应。

风险二：治理黄标车时间有限。按照赛时具体的削减措施，黄标车应从 2008 年 7 月 1 日起全天停驶，时间紧迫。

风险三：治理黄标车导致运输能力不足。因治理黄标车导致旅游、郊区客运、特种危险品、生活必需品等运输能力不足。

风险四：过境货车绕行造成 112 国道压力大。过境货车绕行 112 国道，一方面 112 国道道路条件有限、通行能力不足，可能会导致道路堵塞、货物运输不畅。另一方面，绕行 112 国道车辆较多，可能造成北京市域周边道路堵塞、影响物资供应。

风险五：外地车辆限行造成拥堵等问题。外地车辆限行可能造成北京市界周边滞留进京人员，引起北京市周边道路交通堵塞现象。

风险六：机动车停驶，转移客流的运输保障问题。机动车停驶后，客流可能会转移到公共交通及其他运输方式上，因此公共交通的运输能力如果不能够满足转移的客流需求，势必造成客流长时间聚集等相关问题。

风险七：停驶车辆停放风险。赛时，机动车停驶造成停车位供给不足，导致路边停车、胡同停车等，可能会引起道路交通堵塞。

风险八：场馆周边停车风险。场馆周边停车，可能影响居民正常出行。

风险九：停驶效果欠佳。停驶效果有可能不理想，不能达到预期效果，交通行驶依旧不畅通。

风险十：负面舆论或抵触情绪风险。由于削减措施引起的出行不便，可能会引起负面的舆论及市民的抵触情绪。

（6）奥运会开闭幕式交通运行整合方案。

风险一：交通运输系统的风险。交通运输系统风险主要包括：地铁 5 号线、8 号线（奥运支线）、10 号线一期或公交专线出现意外故障（供电、车站突发事件、通讯和信号系统）等；城市其他相关地铁、公交系统车辆故障造成的次生风险；道路、桥梁、隧道意外事件造成的路口封闭；出入口和通道局部疏散出现未料及的人群集中，造成出入口能力和缓冲区能力不足，如奥林匹克公园下沉广场、公交站台、人行通道、步行桥、扶梯、电梯，地铁、公交线路、场站等出现未料及的超负荷客流。这些事件的发生都将对人员的正常疏散造成极大影响，容易发生踩踏等危险事件。

风险二:恶劣气象条件风险。8 月份可能的恶劣气象条件包括暴雨、雷电、大风、高温、湿热等，这些恶劣条件都将对开闭幕式交通运行产生极大影响。

风险三：保障设备运行风险。主要是指挥调度系统通信故障，影响车辆及人员组织与调度。

风险四：参与人员的风险。奥运会开闭幕式参与人员较多，主要风险有：不安分观众的治安风险；斜坡、台阶、地面湿滑造成人员摔倒、踩踏；参与人员身体不适；疏散人群内部发生的无序交叉；受外界突发情况影响造成的恐慌、无序的风险。这些会对人员的疏散与管理产生极大影响。

风险五：其他系统外紧急事件风险，包括火灾紧急撤离和恐怖活动，扰乱交通的正常运行。

同时，奥运会交通安全风险防范评估课题组评估了以奥运会开幕式交通运行方案为核心的《开幕式交通运行整合方案风险评估与对策报告》。

1.4 风险防范与控制

根据平安奥运的基本原则，针对奥运交通风险评估工作重点，评估提出以下风险防范与控制建议：

（1）奥运会期间从源头上削减出行需求总量，防止大客流对公共交通的冲击。

根据预测，奥运会期间北京的日出行总量将达到 2300 万人次左右，为防止大客流对公共交通的冲击，建议：

① 奥运会期间采取多种措施缓解交通压力，如错时上下班、弹性工作制、提倡有条件在家工作的单位实行网上办公或其他办公方式等，尽可能少出行或者不出行，减少出行总量。

② 做好宣传、控制和引导工作，尽量减少没有奥运会门票的京外游客来京的数量，防止大客流的冲击。

（2）制作开闭幕式观众散场指南，重视普通观众的疏散引导。

奥运会开闭幕式共涉及 15.7 万人的集散，其中包含观众 6 万人、贵宾 1.1 万人、工作人员及志愿者 5 万人、仪式人员 1.5 万人、演出人员 1.6 万人、媒体工作人员 0.5 万人。面对如此大规模的人员集散，做好人员疏导是关键。

奥运会开闭幕式的散场是观众人流最为集中，最容易发生拥挤、踩踏等危险事件的时段，而且奥林匹克公园的公交场站设施受用地和集散空间等条件限制，其疏散能力和客流需求不相匹配。要在规定的时间内，使观众按照合理比例分配到公交、地铁等不同交通方式上，组织、管理、引导的工作量超乎寻常。因此，既要保障奥运大家庭成员的出行，也要重视对普通观众的疏散引导。

在散场疏散保障方案中，距离主会场最近的是地铁奥林匹克公园站（约 700m）。该站入口处的下沉广场面积虽然不小，但景观建筑较多，容纳空间有限，如果引导不好，极易发生事故。奥林匹克公园周边共设有三个地面公交场站，距主会场较远的南部公交场站步行距离约为 2km，距东部场站约 1.5km，距西南部场站约 1km，这种情况将会加大地铁奥林匹克公园站的客流压力。为此建议：

① 将客流高峰时段临时关闭地铁 8 号线（奥运支线）作为备选方案。

② 发挥公共汽（电）车机动灵活的优势，减轻地铁压力。在公园附近多停放一些公交车辆，发挥地面公交车辆摆渡作用，同时作为 16 条公交专线的辅助网络，便于及时调配运力。

③ 加强引导标识的设置和对引导人员的培训。标志、标识设置要醒目，有多种语言的注释，让人们能在较远的地方清楚看到，很快找到散场的路线。要培训引导人员熟知疏散方案，进行有效疏导。

④ 制作散场指南。在开幕式前把散场指南发放到每一位观众，使观众明确掌握散场通道分布、出口位置、可乘坐的公交路线、公交站台位置等重要信息，做到散场时心中有数、有序离开。

⑤ 抓住预演、彩排等机遇，进行交通运行组织的实际模拟演练，找出存在问题，及时处理，尽早解决。

⑥ 安保、交通管理政策要与观众疏导方案相互融合，方便观众出行。

⑦ 适当延长或缩短奥林匹克公园内祥云剧场、赞助商展示区、故事小屋等活动区域的结束时间，避免与比赛的散场时间相重叠，造成人流过度集中。

（3）高度重视地铁运营安全风险防范和应急处置。

客流高峰日，轨道交通高峰时段满载率超过 130%。高强度的客流给地铁运营造成巨大压力，同时也存在着严重的安全隐患。按照赛时保障计划，奥运会期间，轨道交通线路进一步缩短发车间隔（2 号线为 2.5min，其他线路为 3min），新开通的地铁 10 号线一期、8 号线（奥运支线）和机场线也将以 3min 的小间隔运行。

预计奥运会期间地铁日客运量将达到 400 万人次左右。即使有轨道交通运营的技术设施条件保障，受乘客流量和上下车秩序等因素影响，在运营组织和管理上也存在着较大风险；同时新开通线路在不到两个月的磨合期内就按 3min 小间隔运行，对车辆、信号、通信和供电系统的调试、配合都提出了很高的要求。特别是地铁8号线（奥运支线），在奥运会之前没有载客的试运营期，到奥运赛时要实现3min间隔平稳运营，难度和风险都很大。为防范地铁大客流安全风险，建议：

① 按照客流服从安全，“乱地面不能乱地下”的要求，在早晚高峰、重点赛事、特殊气象条件下对大客流采取严格的上限限流措施，限流政策逐一落实到重点车站和重点换乘站。

② 保障轨道设备设施以及供电系统的维护维修，尽量减少机械事故造成的运营程序混乱，一旦发生问题要在最短时间内给予解决。

③ 加强对一线员工应对突发事件能力的培训，提高突发事件的处置效率，同时，加大地铁突发事件的部门联动演练。

（4）作好客流分析，防范境外和京外客流压力。

根据奥运会期间境外和京外旅客赴京的需求分析，奥运会期间会增加近400万人员进京。大规模的人员来京观赛，从机场、火车站、长途客运站到达市区，以及从宾馆到比赛场馆的交通出行都是新增的交通需求。建议：

① 对奥运会售票中心、旅游系统、交通、航空、铁路等部门的数据进行整合，对这部分新增的外来需求进行预测分析，做到心中有数，做好各种交通运输方式的衔接。

② 针对新增需求数量，提前做好运输服务保障方案。考虑到外来观众对北京道路、交通系统较陌生，语言不通，更倾向于点到点的交通服务，建议做好出租汽车保障方案，在场馆附近适当设置出租汽车停靠点。

（5）应对道路积水、塌陷，落实备用线路保障方案。

奥运会赛时正值北京的雨季，局地频发性暴雨容易造成道路积水和塌陷等事件，造成道路交通瘫痪。据调查，北京市区内容易发生道路积水的点段约50处，其中易造成积水量30cm以上的约20处，同时考虑到北京地下管网老化，再加上地铁线路施工的影响，易造成道路塌陷等事件。建议：

① 建立统一高效的指挥系统，针对道路积水问题，水务、公交、运输、路政、交管、气象等部门在完善各自预案的基础上，做好预案之间的衔接工作，特别是做好现场处置指挥体系，提高处置效率。由于北京相当一部分管网是雨污合流的管网，市政、水务、排水集团和河湖管理要建立应急联动机制。

② 要对地下施工进行影响分析。特别是对重要地区、重要地段、奥运交通必经的路桥提前检测，提前维护、维修。道路桥梁塌陷后的应对措施要具体、针对性强、

可操作性强，具体落实到责任部门。

③ 提前布设奥运道路备用路线，在立交桥区及附近路段设置活动隔离带，以便在道路交通中断时，灵活组织交通，保障赛事交通顺利进行。

④ 由水务部门牵头，建立应急抢险机制。同时，增加重点桥区的排水泵数量。

（6）细化赛事交通服务驾驶员培训与演练。

赛事交通服务驾驶员的工作质量直接关系到奥运交通服务的好坏。奥运会赛时为客户群提供服务的驾驶员约 1.3 万人，其中专业驾驶员 4800 人、志愿者驾驶员 8000 人，分别来自 11 个区县、7 个系统以及驻京部队，人员的素质、背景、纪律性等方面存在较大差异；对所面临的工作任务、工作环境、工作规则、工作组织、意外事件的处理等都需要一个熟悉和适应的过程。建议：

① 针对各类驾驶人员制订详细的管理和培训计划，强化业务素质，提高防范和应对风险的意识和能力。

② 强化驾驶员自身的文明素质、礼貌礼仪，使其具备为奥运大家庭贵宾提供优质服务的能力。

（7）高度重视各职能部门结合部的问题，避免风险事件不良影响逐级扩散。

奥运会的组织体系庞大，涉及部门众多。各个职能部门工作的边界处容易被忽视，工作环节的衔接、整合是风险事件的高发点，而这种风险很容易会转嫁、次生到另一个层面。建议：

① 针对涉及多部门的综合性风险事件，进一步明确风险防范的工作流程和组织指挥体系，整合职能，明确牵头部门负主责，明晰跨部门的风险防范措施。

② 各部门明确主责工作所面临的风险和规避措施，清楚相关部门所面临的风险和规避措施。

③ 确保统一组织、统一指挥、信息畅通，多部门配合、协同到位。

（8）加大宣传教育力度，提高全民风险意识和规则意识。

① 通过媒体向社会发布安全形势，让市民了解到有可能面临的风险，制订有效的措施加以防范。

② 利用宣传、培训、教育等多种手段，提高全民风险意识，加强遇到突发事件时的处置与自救能力。

③ 向市民明确风险事件处置工作的规则及流程，加强全民的规则意识，有利于突发事件处置工作的组织与开展。

2 奥运大家庭交通服务风险评估与控制

为奥运大家庭各客户群提供安全、准点、可靠、便利的交通服务是奥运交通工作的重点。相关的工作任务包括:以奥运赛事交通服务为重点,筹集服务车辆、人员,组建各客户群交通服务团队,为各客户群提供服务;建设临时交通场站,承担赛时交通服务车辆停放、技术支持、紧急救援、车辆调度管理人员和驾驶员的后勤保障等任务,为交通服务车辆、人员提供运行保障;组织协调和指导竞赛场馆、主要非竞赛场馆、独立训练场馆、服务场所的交通团队开展场馆交通组织运行工作;制订奥运服务相关政策、标准等。相关工作中可能面临的风险与应对措施如下。

2.1 修定城市道路严重交通阻塞

城市道路严重交通堵塞,影响奥运会各客户群出行。

(1)风险事件描述:交通服务车辆在行驶途中遇到城市道路发生严重交通堵塞,可能影响奥运会各客户群准时到达目的地。

(2)风险等级评定为中级。

(3)应对措施:由驾驶员向赛事交通运行分中心及时报告,协调交通勤务指挥中心迅速封闭现场、划定警戒区域、疏导社会车辆,确保奥林匹克专用道的畅通;同时,在现场周边采取交通管制措施,保证应急通道的畅通。在奥林匹克专用道受到影响,无法保证正常通行的情况下,协调奥运交通勤务指挥中心下达车队使用备用路线命令,由带路警车(如无带路警车,可由现场执勤警车)带领车队进入备用路线。将情况通报给场馆交通经理，由交通经理通报给场馆主任和相关业务口经理，调整各业务口相关工作。

2.2 修定服务车辆一般交通事故

奥运会服务车辆发生一般交通事故。

（1）风险事件描述：奥运会服务车辆在奥运专用道路发生交通事故，乘客未发生伤亡，不影响赛事正常进行。

（2）风险等级评定为中等。

（3）应对措施：协调市交管部门调派警力快速处置事故现场，通知 120 救护车和奥组委交通服务团队救援车辆前往事故发生地，采取临时交通管制将奥林匹克专用道事故现场右侧车道腾空，引导奥运车辆绕行并疏导社会交通，保障救援通道畅通；与奥运交通勤务指挥中心协商是否启用备用路线，如启用备用路线，向相关车队下达使用备用路线命令，由带路警车带领车队进入备用路线行驶；事故人员获得救助后，由清障车拖走事故车辆，清理事故现场，快速腾清路面，保障后续车队使用专用道路；将情况通报给场馆交通经理，由交通经理通报给场馆主任和相关业务经理，调整相关工作。

2.3 修定奥运专用道发生重特大事故

在奥运专用道路发生重特大交通事故。

（1）风险事件描述：奥运会期间，奥运会服务车辆在奥运专用车道发生重特大交通事故，乘客受伤，影响比赛进行。

（2）风险等级评定为存在。

（3）应对措施：向主运行中心报告受伤人员身份，听候指令；协调市交管部门调派警力处置事故现场，通知 120 救护车和奥组委交通服务团队救援车辆前往事故发生地，采取临时交通管制，将奥林匹克专用道事故现场右侧车道腾空。引导奥运车辆绕行，并疏导社会交通，保障救援通道畅通；根据当时情况，与奥运交通勤务指挥中心协商是否启用备用路线，并由奥运交通勤务指挥中心通知赛事交通服务分中心，由赛事交通服务分中心向相关车队下达使用备用路线命令，由带路警车（如无带路警车，可由现场执勤警车）带领车队进入备用路线行驶。事故人员获得救助后，由清障车拖走事故车辆，清理事故现场，争取快速腾清路面，保障后续车队可以使用专用道路。将相关情况通报给场馆交通经理，由交通经理通报场馆主任和相关业务经理，调整相关工作。

2.4 修定通信系统故障

奥组委无线集群出现故障。

（1）风险事件描述：奥组委通信系统出现故障，无法联系到交通服务车辆和驾驶员，影响服务运行工作。

（2）风险等级为中等。

（3）应对措施：建立赛事交通服务分中心备份通信系统。一是固定电话、移动电话、网络系统；二是提前为T3车辆、运动员和随队官员班车、注册媒体班车、技术官员班车驾驶员提供手机充值卡。驾驶员个人手机号码均通过计算机网络在交通服务总调度室、交通服务运行团队及所属车队予以备案。奥组委无线集群系统出现故障时，交通服务总调度室将通过迅速启用备份通信系统实现指挥调度功能，确保总调度室指令能够自上而下及时传递。

2.5 修定车辆故障

交通服务车辆出现故障。

（1）风险事件描述：奥运会交通服务车辆发生故障不能移动时，影响奥林匹克大家庭成员准时出行。

（2）风险等级评定为低级。

（3）应对措施：由驾驶员报告给赛事交通服务分中心，由赛事交通服务分中心调派车辆转运乘客。协调交管部门，将故障车拖至不妨碍交通的地点。赛事交通服务分中心指派清障车辆将故障车拖到交通场站或厂家进行维修，将情况通报给场馆交通经理，交通经理通报给场馆主任和相关业务口经理，调整各业务口相关工作。

2.6 修定驾驶员服务不足

驾驶员服务存在不足。

（1）风险事件描述：奥运会驾驶员培训不到位，在对奥林匹克大家庭成员服务时有失误，造成不良影响。

（2）风险等级评定为存在。

（3）应对措施：赛前，配合政府部门对驾驶员进行交通安全资质审查；并开展安全背景审查。对驾驶员（合同商、志愿者）进行全面培训，包括奥运知识培训、交通专业培训、实操培训，使其全面掌握交通法律、法规和道路情况；为车辆配合 GPS 系统，驾驶员提供无线通信设备，加强对驾驶员的赛时管理。

2.7　修定车辆及其他资产被盗

奥运会交通服务车辆及其他相关资产被盗。

（1）风险事件描述：奥运会期间，交通服务车辆及车证、驾驶员证件、钥匙、加油卡等被盗，影响服务车辆正常出行。

（2）风险等级评定为存在。

（3）应对措施：由驾驶员向赛事交通服务分中心及时报告，并迅速报警；由赛事服务分中心调派备用车辆或提供备用加油卡、钥匙，为驾驶员补办注册卡，补发车辆证件；将情况通报给场馆交通经理及场馆相关部门，并将信息通报给相关客户群，确保安全。赛前加强对驾驶员的安全教育，使其提高安全意识，做好车辆证件、人员证件、车辆加油卡、钥匙等保管工作。

2.8　修定道路标识不明

奥运交通指路标识不明确。

（1）风险事件描述：奥运会期间，城市道路或场馆交通指路标识不清晰、明确，奥林匹克大家庭成员不能按标识的指示到达目的地，造成不良影响。

（2）风险等级评定为存在。

（3）应对措施：必要时，协调奥运勤务指挥中心派出警车将迷路车辆带至目的地。督促政府交通部门尽快对交通标识进行调整、完善。协调场馆团队对场馆交通流线、交通标识进行审核把关。对奥运会驾驶员进行强化培训，使其熟悉奥运会行驶路线。

3 交通安全和组织管理风险评估与控制

3.1 风险分析

奥运会期间北京面临的交通管理压力是前所未有的机动车快速增长。交通流量持续增长、交通事故不断发生，尤其是国际、国内发生的一系列突发事件对社会和交通管理造成的影响，使面临的形势复杂多变。综合诸多因素，奥运会期间，在交通安全和组织管理方面可能面临十个方面的风险，即蓄意破坏风险、突发事件风险、交通拥堵风险、“四种车”（大客车、大货车、校车、危化车）风险、交通事故风险、交通设施风险、恶劣天气风险、与会车辆风险、严重交通违法行为风险、球迷等群体围堵明星车队风险。

3.2 风险可能性分析与风险分级

（1）蓄意破坏风险。根据国内外形势，利用交通工具撞击特定目标、拦截奥运赛事车辆、恶意制造交通事故等行为都有可能发生。由于蓄意破坏风险人为因素较大，意图和指向性十分明确，一旦成功其后果极其严重、影响十分恶劣。综合分析，蓄意破坏风险威胁意图高，威胁能力高，威胁等级为高。

（2）突发事件风险。奥运会期间如发生突发事件，均可能造成交通临时中断、交通拥堵，进而对赛事安全和赛事交通正常运行造成不利影响。由于突发事件既有社会因素又有自然因素，还有公共设施等不可预见的因素，威胁能力较大。综合分析，突发事件风险威胁意图中等，威胁能力中等，威胁等级为中等。

（3）交通拥堵风险。机动车和驾驶员高速增长，交通安全承受巨大压力。大量新车、新驾驶员上路，加剧了车路矛盾和交通拥堵，使刮蹭事故不断增多，增加了交通管理的压力和难度。奥运会期间的比赛场馆、奥运活动场所、宾馆酒店的路线大部分处于繁华路段，特别是人、车、路矛盾在日常生活中显得十分突出，加之比赛期间国内外旅游、观光人员增多，势必对道路通行和承载能力造成更大压力。综合分析，交通拥堵风险威胁意图很低，威胁能力中，威胁等级低。

（4）"四种车"（大客车、大货车、校车、危化车）风险。"四种车"是造成重大交通事故的主要车种。大客车和校车由于乘坐人员多，一旦发生事故极易导致群死群伤，影响巨大。承担剧毒或易燃易爆危险品运输的车辆，一旦发生交通事故极易引发泄漏或者爆炸。综合分析，"四种车"（大客车、大货车、校车、危化车）风险威胁意图很低，威胁能力高，威胁等级低。

（5）交通事故风险。奥运会期间，与会人员和观众数量大，加之采取交通管理措施后，车速普遍加快，发生涉外交通事故、重大交通事故、交通肇事逃逸案件增多，会给奥运安全带来不同程度的风险。此外，由此导致的偶发性交通拥堵，也将影响赛事交通正常运行。奥运会期间，由于观众、涉奥车辆、人员十分庞大，要确保涉奥人员的万无一失，任务十分繁重。综合分析，交通事故风险威胁意图低，威胁能力中等，威胁等级低。

（6）交通设施风险。赛时，包括交通信号灯、显示屏、电视监控、交通标志、隔离设施、交通标线等被破坏和盗失，以及各类突发事件和场馆周边及路线上交通事故引起交通设施损毁等风险，一旦发生，可能造成局部交通信号控制系统瘫痪，给赛时交通正常运行带来不利影响。综合分析，交通设施风险威胁意图低，威胁能力中等，威胁等级低。

（7）恶劣天气风险。8月份正值北京市汛期，尤其是突发性雷阵雨来势迅猛、降水量大。全市还存在一些积水点段，部分路段排水系统不甚完善，极易造成路面积水、泥沙沉积。此外，山区路段还可能出现山体滑坡等情况，将会影响赛事交通正常运行和交通安全。综合分析，恶劣天气风险威胁意图等级低，威胁能力中，威胁等级低。

（8）与会车辆风险。奥运会期间，大量奥委会官员、各代表团官员、运动员、裁判员、注册的新闻媒体记者、奥运会服务人员，将乘坐为奥运交通服务的车辆，既有首汽、北汽等企业提供、赞助的车辆，也有社会征用、租赁公司和临时入境的车辆。这些车辆存在机械故障、发生自燃等方面的风险。综合分析，与会车辆风险威胁意图等级低，威胁能力中，威胁等级低。

（9）严重交通违法行为风险。酒后开车、无证驾驶、涉牌违法、违反交通信号指示通行“四类”主观故意性强、对社会危害大的严重违法行为，以及重点地区、交通枢纽“摩的”、残疾车无牌照上路行驶和报废车、未年检车违法上路行驶等违法行为均可能对奥运交通造成直接影响。综合分析，严重交通违法行为风险威胁意图等级低，威胁能力低，威胁等级低。

（10）球迷等群体围堵明星车队风险。根据以往大型体育赛事经验，部分体育明星及明星车队有被围堵现象，易造成交通事故，给交通安全带来不利影响，甚至造成拥挤踩踏等伤害事件。加强对比赛场馆内、周边及比赛沿线的交通管控，设置运动员专用停车场和专用通道，将观众与运动员分隔开。综合分析，球迷等群体围堵明星车队风险威胁意图中，威胁能力中，威胁等级中。

综合上述分析，根据风险概率和风险后果因素，结合北京奥运会安保应对措施，在奥运会期间交通安全风险等级为中等。

3.3 交通突发事件风险防范与控制措施

3.3.1 突发事件的类别

（1）市政设施故障类。主要包括自来水管道破裂、煤气管道泄漏、路面塌陷。

（2）恶劣天气类。因突降大雨出现雨水倒灌，造成道路交通中断，并对周边道路交通造成较大影响。

此外，还有交通事故类；火灾类；治安事件类等。

3.3.2 控制措施

（1）加强协调联动能力，提高处置能力。

建立了较为完善的方案运行体系；先期处置、保证畅通的运行模式；领导靠前指挥、亲临现场的规范制度；部门联动、快速反应的协调机制；交通诱导、外围卡控的管控措施；应对各种突发情况的演练保障体系；突发事件风险评估预测机制。

（2）制订处置各类突发事件防范预案。

针对各类突发事件，制订了16个处置应急方案，分别是：关于2008年奥运会期间预防处置突发偶发事件交通管理工作预案；关于2008年奥运会期间防范和处置恐怖活动交通管理工作预案；关于 2008 年奥运会期间城市公共设施事故交通应急保障工作预案；关于 2008 年奥运会期间道路交通防汛应急保障工作预案；关于 2008 年奥运会期间运输危险化学品车辆交通事故现场处置工作预案；关于 2008 年奥运会期间处置交通突发事件紧急征用城市设施和社会资源的工作方案；关于 2008 年奥运会期间各国代表团接送站处置突发偶发事件交通管理工作预案；关于 2008 年奥运会开、闭幕式期间处置突发偶发事件交通管理工作预案；关于 2008 年奥运会期间奥运村、官员驻地及记者驻地预防处置突发偶发事件交通管理工作预案；关于 2008 年奥运会期间体育比赛场馆预防处置各类突发偶发事件交通管理工作预案；关于 2008 年奥运会期间使馆区发生突发偶发事件交通维护保障工作预案；关于 2008 年奥运会期间预防处置集体驾驶机动车上访问题的工作预案；关于 2008 年奥运会期间妥善处置军转退役人员聚集上访交通保障工作预案；关于 2008 年奥运会期间高速公路交通管制工作预案；关于 2008 年奥运会期间交通突发事件信息发布工作方案等。

（3）加强处突工作演练和实战操作。通过以突发事件和汛期处置为重点，建立完善赛事驻地、场馆和勤务路线突发事件预防处置和降雨积水点段的交通疏导维护措施。在细化完善各类突发事件处置预案的基础上，主要采取以下措施：

① 加强处突业务指导。围绕赛事，重点制订比赛场馆、驻地及勤务和比赛路线专项应急突发工作处置预案，确保一旦发生突发情况，及时进行工作组织，提高现场指挥处置能力。

② 制订疏导方案和措施。针对排查出的安华桥、学院桥等 37 处易积水点段，逐一制订疏导分流方案和联动措施，确保险情及时排除。

③ 组织综合应急演练。通过组织综合应急演练，不断提高与应急单位间的整体协调配合和联动能力。

④ 组织开展专项演练。对各项赛事交通安全保卫工作，结合突发事件风险系数，分别针对“事故”、“故障车”、“拥堵”等警情处置，分类组织开展场馆内、外突发事件处置预案演练工作，检验和提高指挥调度和组织协调能力。

⑤ 完善联合处突制度。赛事期间，将根据突发事件处置工作需要，分别向指挥部、市应急办、特勤、天安门指挥所等单位派驻警力，并在大型活动现场分设处突指挥部，加强统一指挥协调能力，确保突发事件得到及时有效处置。

积极做好反恐防暴的演练和隐患排查工作。结合奥运会的特点组织演练，结合特警和治安力量共同开展有针对性的反恐处突演练，并且加强在人、地、物、证、组织方面的隐患排查工作。

4 道路安全风险评估与控制

4.1 风险描述

道路交通突发事件是指由于人为诱发或自然因素所造成的道路塌陷和道路设施破坏等导致道路交通中断的突发事件。北京市作为我国特大型国际大都市，人口稠密，经济要素高度集聚，贯穿境内的高速公路、国道呈辐射状通往全国，城市道路路网密集，这些路网构成了城市的生命中枢，和谐、畅通、有序的道路交通工程是城市政治、经济、文化及国际交往的基础保证。

随着城市工程建设和经济建设的高速发展，有效预防和降低道路交通安全突发事件越来越重要。根据北京市道路抢险应急预案中道路突发事件的定义，道路突发事件可分为三大类，即由于地下设施施工回填不密实、地下管线渗漏、地下构筑物施工及采空区等人类工程活动引发的路面塌陷；由于地震、飓风、降雨、山洪、泥石流、山体滑坡等自然灾害引发的道路设施损坏和由于化危品泄漏、火灾、爆炸、恐怖袭击等人为因素造成道路设施损坏等产生的突发事件。其中前两类突发事件对道路工程造成的后果常表现为道路塌陷、差异变形和道路积水、道路设施停电或漏电、丢失等，从而导致道路交通堵塞或中断，而第三类则以多种形式危及人类和社会安全以及道路交通设施安全。

根据北京市奥运会期间突发事件风险评估责任分工，道路安全风险评估与控制工作将主要集中在以下几方面：城市道路积水、道路差异变形和道路塌陷对道路交通安全的影响；地下水对道路交通安全的影响；重要交通和旅游线路边坡岩土体崩（滑）塌、泥石流、公路采空区塌陷、公路水毁等对公路交通安全的影响。

道路安全风险评估的相关突发事件的孕育、发生和发展都是人为工程活动、工程地质和水文地质条件、气象降雨因素以及交通工程活动综合作用的结果，整体可分为自然灾害和事故灾难两大类。因此其发生和发展具有明显的模糊性、不确定性等特点。其中气象水文因素，尤其是降雨和地下水则是诱发突发事件的重要风险因素。2008 年奥运会期间（6 月至 10 月）正值北京市汛期，年降雨量约为全年的 80%。历年突发事件发生状况统计表明该期间正是各类道路突发安全事件的多发期。尤其在奥运会期间大量的国外参赛运动员、媒体记者、旅游者等到来以及奥运事件的政治敏感性，都将会使风险的叠加效应和放大效应显著。一旦发生上述各类道路交通突发事件，必将严重影响道路的正常交通和社会经济运行，从而造成严重的不良政治影响。因此，奥运会期间突发道路安全事件是引发城市突发事件的重要风险源之一。

4.1.1 突发道路交通事件的历史和现状分析

4.1.1.1 城市道路积水

北京市最大年降雨量为 1959 年的 1406mm，最小年降雨量为 1999 年的 289mm，降雨量极不均匀。多年平均最大 60min 降雨量在 45mm 以上，多年平均最大 24h 降雨量为 100 至 130mm，年降雨量的 80% 都集中在 6 月至 10 月。尤其近年来，北京极端暴雨天气特别多，且降雨量集中。据 2006 年的统计资料，2006 年 6 月至 8 月北京的降雨量比 2005 年同期增加了 17%，仅北京城区就出现了 4 次极端降雨天气；6 月 27 日石景山杨庄降雨 117mm，暴雨范围仅为 2km^2；7 月 31 日顺义天竺降雨 105mm，暴雨范围为 10km^2，降雨主要集中在城区，给市区内排水系统造成了巨大压力。同时北京市道路路网整体受北京市地形地貌和地质条件的控制和影响，加之很多地区的排水管道存在设置不够合理、设备老化等现象，常常在汛期发生道路和通道积水现象并影响交通，成为汛期道路交通堵塞和中断的重要突发事件之一（图 4–1）。

据 2002 至 2007 年的不完全统计数据显示，北京市道路积水分布的范围较大，但比较零散。各部门每年对一些重要积水区采取了相应措施进行治理，积水部位每年都有所变化，且与各年的降雨变化情况密切相关。表 4–1 和图 4–2、图 4–3 是近几年道路重点积水事件。

图4-1 2006年暴雨引起道路严重积水

表4-1 近几年北京市区道路重点积水事件统计

年份	2002年	2003年	2004年	2006年	2007年
数量（点次）	35	40	50	50	44

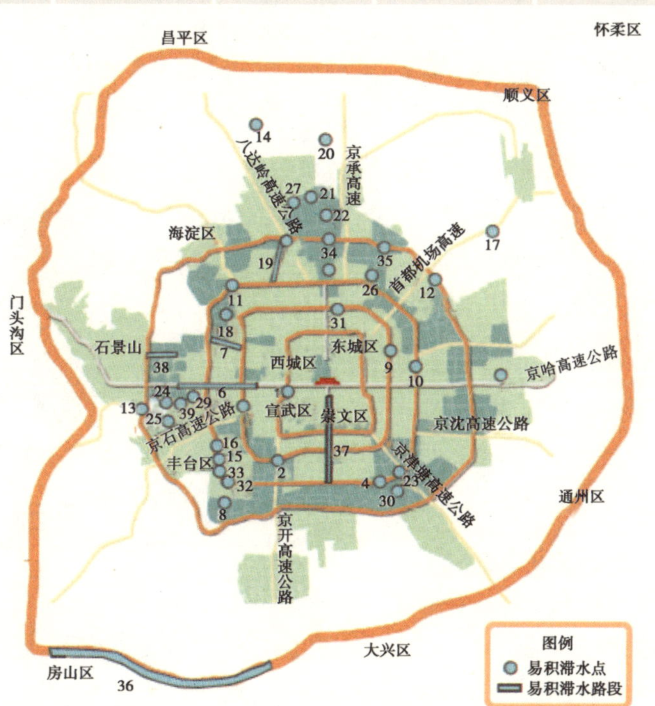

图4-2 北京市2006年道路重点积水分布图

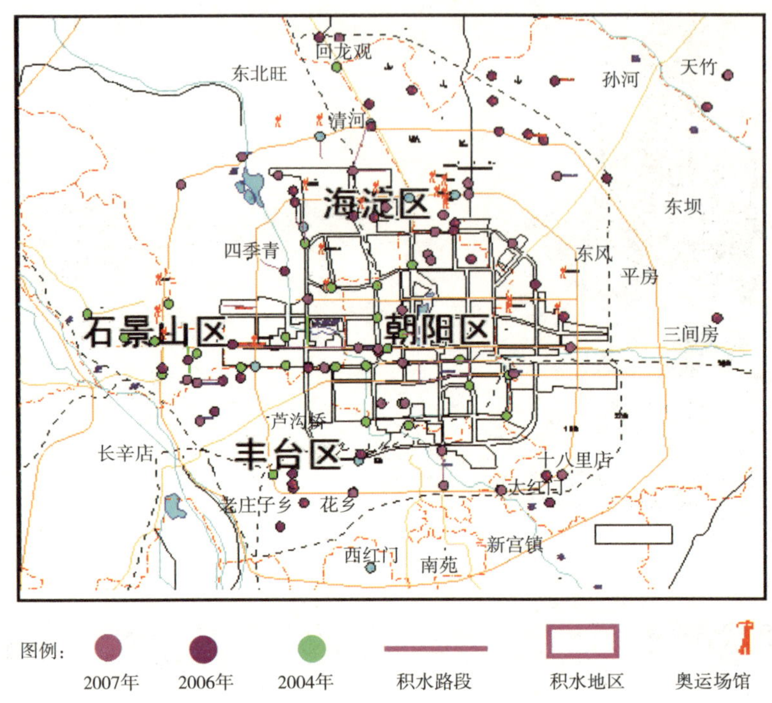

图4–3　近年来北京市道路重点积水分布图

4.1.1.2　城市道路路面塌陷

近年来，随着北京市各类地面工程和地下工程施工建设项目的数量和规模日益增多、道路二次开挖回填、城市地下管网设施的老化和渗漏以及城市道路交通压力逐渐增大，导致许多道路出现路面塌陷灾害和差异变形。由于事故发生地多出于交通要道，直接造成公路交通中断，甚至人身伤亡，经济损失巨大（图 4–4）。

2006 年 1 月 3 日 00:40 左右，北京东三环地铁 10 号线一期呼家楼至光华路区间段准备在实施地下喷射混凝土时，施工现场上方突然涌水，正在施工的 8 名工人迅速通知该施工区间其他 32 名工人，这 40 名工人紧急撤离了现场。2:00 左右，施工现场上方的三环辅路路面下陷，形成一个约 10m 长的大坑。06:00，路面的塌陷面积已达 50 多 m^2，污水不断流出，塌陷面积不断扩大。至 09:00 左右，大坑的面积已经迅速扩张至约 $100m^2$。10:00 左右，两台挖掘机将悬空的三环辅路路面挖开，一条市政供水主管道露出地面，随后地下管线也全部露出。此时塌坑长约 18m、宽约 14m、深约 12m。塌陷造成三环路京广桥主辅路和朝阳路的交通中断；地铁 10 号线一期呼家楼至光华路区间段施工全面停止；北京电信公司 5 条主干光缆、移动公司 4 条光缆受损，电信系统 50 多个大客户、12 个小区万余户电话和宽带无法正常使用；网通公司48孔主干通信管道下沉；周边205户居民供暖中断。

图4-4　京广桥道路塌陷现象

近几年，路面塌陷事件越来越多，对道路交通安全产生很大影响。据调查，北京地区城市道路路面塌陷突发灾害风险源主要为地下水对后填土区的不良作用、地下施工、路面二次开挖回填不实、已有地下管线失效和超载车辆连续通行等因素，而且目前大多数塌陷事件都集中于夏季汛期的暴雨期间及之后阶段，因此汛期也是重点防治道路塌陷的重要阶段。

4.1.1.3　公路地质灾害

北京市三面环山，西边为太行山山脉，北部山区为阴山、燕山山脉。山区公路是北京市对外联系的重要枢纽，是北京市公路的重要组成部分。在全市14830km的公路中，属于县级以上的山区公路达到2000余km，约占总里程的14%。这些山区公路承担着重要的交通和运输任务，但是地质灾害的发生经常会破坏公路，直接造成公路交通中断甚至人身伤亡，经济损失巨大。

由于公路沿线的工程地质条件和潜在致灾因素的存在，在公路沿线高陡边坡区经常发生岩土体崩塌灾害。某些公路的局部地段位于滑坡区域和泥石流影响区，这些区域在雨季期间常会发生滑坡、崩塌、泥石流等地质灾害突发事件，从而影响公路的正常交通。根据不完全统计和调查，公路沿线的滑坡主要分布在房山、延庆、怀柔和平谷等山区，均为中小型滑坡。滑坡给交通设施造成破坏，并威胁着旅游开发。在北京市门头沟区和房山区内存在较多的煤矿采空区，由于采空区塌陷导致沿线公路设施遭受严重破坏事件也常有发生，对正常的交通安全和公路运输以及旅游经济的发展造成较大影响。平原区公路以水毁为主。

根据已有的数据统计结果，北京地区山区公路突发灾害事件风险源主要为高填方路基及软土路基差异变形、公路边坡岩土体崩（滑）塌、路基水毁和采空区路基塌陷、泥石流等5种。

（1）公路边坡岩土体崩（滑）塌。

根据资料显示，崩塌是影响北京地区山区公路安全的最主要因素。公路边坡岩体中发育的各种不利结构面控制了岩体边坡块体的稳定和安全，在雨季期间受降雨作用常诱发边坡岩体崩塌。虽然到目前为止，没有出现因塌方造成车毁、人亡事故，但塌方造成的交通堵塞屡屡发生，是交通安全极大的隐患。例如，由于降雨较集中，降雨量较大，在2006年发生的山区公路边坡岩土体崩塌事件是近年来最多的，总计约400余处。图4-5为2005年8月密云县琉辛路K30+700处崩塌现场。

图4-5　2005年8月密云县琉辛路K30+700处崩塌现场

（2）公路路基水毁。

长期以来，路基综合防护技术一直是公路修筑中的一个薄弱环节。20世纪90

年代以后，由于缺乏对防护技术的系统研究，没有成熟的经验供设计部门应用，建成的公路常常在暴雨情况下遭受严重的洪水冲击，造成巨大的经济损失和不良的社会影响，有的甚至中断交通。如京石高速公路在1997年遇到洪水冲击后，很多路段出现路基垮塌、路面悬空的现象。

（3）采空区路基塌陷。

北京市地下煤炭、铁矿等矿产开采区主要分布于门头沟区、房山区、丰台区和密云区。在西部采煤区内已发现的采空塌陷范围面积约100km^2，许多地区的地下采矿活动都分布于公路及其红线范围内。由于采矿活动对区内的许多公路，尤其是高等级公路和国道产生不良影响，易引发公路沉陷和塌陷等突发事件，严重破坏公路的正常交通和出行安全，大量的采空区成了公路的重要潜在风险源。

例如，108国道戒台寺附近由于地下煤矿开采诱发周边滑坡，使公路发生长约50m区段的路面下沉，最大差异沉降约5cm，共有7条裂缝横向切穿路面，破坏公路设施，尽管进行了多次的养护修正，但是道路沉陷变形现象一直发生，严重影响公路交通安全。

（4）路基不均匀变形。

深填、高填、半填半挖、桥头引道高填方或立交桥互通匝道填方，往往会在通车一段时间后发生不均匀下沉变形,随着变形趋势的发展,将严重影响公路运行安全。

目前北京市因为路基不均匀变形而导致的山区公路灾害事件资料并不多，但作为一种常见的山区公路灾害风险因素，仍应引起重视。

（5）公路滑坡和泥石流。

滑坡和泥石流在本市公路沿线虽然不常发生，特别是大型自然滑坡十分少见。但就目前来看，随着山区工程逐渐增多，产生了一些由人类活动引发的滑坡。

例如，2004年后，在降雨和地下采矿等工程活动的综合诱发作用下，形成了戒台寺滑坡变形体。受该滑坡变形体滑移变形影响，使得经过该地区的108国道多处路段发生了路面变形与下陷，影响公路的正常运行。

4.1.1.4 道路设施丢失、损坏

道路设施破坏发生的主要原因是交通事故导致道路设施破损、大风影响以及人为盗窃。

道路设施损坏以护栏的倒塌破坏较为常见。北京市一年发生交通事故8000多起，每起交通事故基本上都会导致道路设施发生一定程度的破坏，造成护栏破损或者倒塌十几米甚至上千米，造成人员伤亡、交通拥堵和财产损失。例如2007年4月17

日的一起车祸，事故中无人受伤，但护栏破坏得非常严重，至少需要 10 万元左右的修复费用。

护栏和井盖的丢失主要是人为盗窃引起的。北京市 2004 年丢失 2.4 万个井盖。由于采取了“城管通”、把铁井盖换成水泥井盖等措施，2005 年井盖丢失数量减少到了 1 万个。井盖丢失，不仅造成国家财产的损失，影响市容市貌，更是威胁着市民的人身安全，对过往的车辆造成一定的潜在威胁。奥运会期间，护栏井盖丢失将极大地影响北京的市容，造成较恶劣的影响，如果发生行人和车辆坠入无盖井造成人员受伤或者死亡的事故，不仅会产生交通拥堵，更有损北京的形象。

4.1.2 道路突发事件的发生特点和原因分析

4.1.2.1 城市道路积水

（1）突发道路积水事件的特点。

① 突发性强。市区道路发生积水的最重要的特点就是突发性强。当出现极端天气时，雨水在短时间内汇集，在排水不畅时和地势低洼路段就会形成道路积水。

② 积水点分布较分散。道路积水事件在分布上比较分散，没有很强的规律性。

③ 影响严重。道路积水是在短时间内发生的，其突发性特点决定了会造成较严重的拥堵情况发生，同时会对社会环境、市容环境等造成不良影响。

（2）道路积水形成的主要原因。

导致道路积水的原因有很多，综合起来分为以下几种：

① 极端的暴雨天气造成集中降水，雨水短时间内不能排出。随着全球气候的变化，北京地区的极端暴雨天气不断增加，超标准降雨造成城市积水。根据北京城区的道路排水设计标准为一年一遇对应的降雨量为 35mm/h，二环、三环、四环道路排水标准都据此标准设计。因此，在近年汛期北京城区都多次出现超标准降雨，雨水不能在短时间内排出，造成了道路路面及通道的大量积水。

② 局部地区地势低洼。北京市区古河道和河、湖、沟、坑广泛发育，地形高低变化较大。在此基础上修建的道路依地势变化，形成了许多地势低洼区。此外，在道路设计时，一些通道、立交桥（安华桥、红领巾桥）下方、道路辅路（海淀长安街木樨地桥下东向西辅路）上出现相对地势较低处，常常在降雨时形成雨水汇流区。即使周围的排水设施比较好，但当遇到集中的、短时期降雨时，因为积水太深、不能马上排出，也会导致积水（图 4-6）。

图4-6　桥下低洼处道路积水

③ 排水系统不完善或无排水设施。北京市部分区段排水设施建设并不完善，管网配套建设滞后，城区原有设计的排水管网很多是解放前设计的，排放能力不够、排水标准较低，比如城南前门地区；还有一部分是合流管道，即排水与污水同走一条管道。随着城市建设速度的加快，城市排水量已经远远超过原有设计管线的排水能力。另外，雨水管网改造速度相对缓慢，且管径流量上也不能满足使用，都是制约排水能力的因素，从而导致道路路面积水，如花园路和郎秋园路道路积水。截至2007年，市区无排水设施的路段主要为西客站南广场、六铺炕头条、小关路西段、清华东路等地。

④ 附近河流水位提升发生倒灌或下游排水不畅。城市道路排水和周边的河道防洪建设是一个协调建设、共同发展的系统工程，二者只有相互协调发展才能达到最佳排水效果。但是实际上北京市一些地段二者的建设发展并不同步，例如南四环的马草河、安慧桥、健翔桥发生的积水就是因为附近河床水位提升导致河水倒灌所致；吴家村路因为下游河道未疏通，导致了排水困难，引发道路积水。

⑤ 在建工程影响正常排水。地下工程施工造成附近道路排水不畅，新建工程堆放物占用了排水通道、排水口、市政铺设管线等导致排水不畅，从而引发道路积水。例如：2007年白纸坊东街东西线道路积水就是因为附近在建的市政工程和新建建筑

物严重影响了周围排水设施的正常排水功能所致；北苑东路是一条新建道路，由于市政管线等设施还没有完工，造成区域积水。

⑥ 人为因素。根据目前调查和统计表明人为因素导致的道路积水主要包括：施工事故、人为破坏导致自来水管破裂。如：2004 年红军营南路发生的道路积水事件导致道路拥堵；丰台马家楼相对较低的地势导致雨水汇集，同时道路垃圾堵塞了排水口，引发积水事件，导致道路拥堵。

4.1.2.2　城市道路路面塌陷

（1）突发城市道路路面塌陷灾害发生和分布特点。

突发城市道路路面塌陷灾害最重要的特点就是灾害发生时间短、带有突然性，一旦发生，后果严重。北京是国际化大都市，市区内一旦发生路面塌陷灾害，势必对道路交通造成不同程度的拥堵，严重者完全中断道路通行，无论在经济上还是社会影响上，都会造成比较大的损失；另一方面，造成道路上人员、车辆的较大经济损失。这些都将影响北京市的国际形象，尤其在奥运会期间将带来恶劣的社会和经济影响。

北京市突发道路路面塌陷事件受道路路基下部的工程地质、水文地质、地下施工、地下综合管网健康状况以及交通荷载的综合作用影响，其风险源和风险因素具有多重性、模糊性和不确定性。因此从空间上来看，北京地区突发城市道路路面塌陷灾害风险分布是不均匀的、动态变化的，灾害事故具有随机分布特点。

（2）突发城市道路路面塌陷灾害形成的主要原因和过程。

北京市中心区广泛分布较厚的杂填土。填土成分复杂，既有建筑垃圾、工业垃圾和生活垃圾，又有几者的混合，有的具有湿陷性、均匀性差、承载力低、压缩性高、不确定性成分大且无规律的特点，在地下水作用下容易产生沉陷、脱空，形成空洞。

地下施工造成路面塌陷的具体原因比较复杂，主要包括地下构筑物施工支护失效、施工扰动土体造成过大变形、地下设施破坏等导致道路塌陷。地下施工造成的路面塌陷通常具有突发性，并且一旦出现后果较为严重，轻则造成交通堵塞甚至断路，重则危及施工人员和道路车辆行人的生命安全。

随着我国城市化步伐的加快，城市建设与改造工程日渐增多，使市政工程规划滞后于道路涉及和建设规划问题日显突出，致使城市道路经常挖开又被填上，即所谓的“拉链马路”现象频繁出现。在此背景下，北京城市道路面临的二次开挖回填不实问题日益严重。

近几年来，随着城市居住人口的不断增大以及城市建设的加快，在国内不少大中城市，类似水管爆裂的事故频繁出现。北京地区的许多管线，尤其是雨污水等地下排水管线建设历史较长，当初的设计标准和承载能力不能满足现状需求，但由于多种原因不能进行彻底改造，致使其发生不同程度的渗漏，从而危及路基和管线基础土体的自身稳定性，使其发生不同程度的差异变形和失稳，引发道路变形和塌陷等突发事件。

此外，当超载车辆的荷载远远超过了公路和桥梁的设计承受负荷时，也容易造成路面损坏,使公路正常使用年限大大缩短。根据现有北京市道路路面塌陷灾害分析，由于超载车辆通行一般不会直接引发道路路面明显塌陷，同时，北京市道路管理比较严格，市区内超载现象并不严重，所以直接由超载车辆通行引发的道路路面明显塌陷灾害实例并不多。

4.1.2.3　公路地质灾害

（1）突发山区公路灾害发生和分布特点。

突发山区公路灾害最重要的特点就是灾害发生时间短、后果严重，一旦发生，容易给道路上的施工人员、行人以及车辆造成比较大的损失。降雨条件是突发公路灾害的诱发因素，因此从时间上看，北京地区突发公路灾害大部分集中分布于夏季汛期。根据近年突发事件的统计，北京地区公路灾害主要分布于具有明显高陡边坡的山区公路沿线，多发生岩体边坡崩塌、采空区道路塌陷和滑坡等突发事件。此外，大兴区在汛期经常发生路基水毁灾害。

（2）突发山区公路灾害形成的主要原因和过程。

① 自然条件。大气降雨一般是山区公路突发地质灾害事件的主要因素，北京地区降水季节性变化很大，年降水量 80% 以上集中在汛期（6 月至 9 月），7、8 两月尤为集中。北京地区历史上年最大降水量高达 1406mm（1959 年），年最小降水量为 168.5mm（1891 年），相差 7 倍多。相关资料显示，北京地区的降水量有明显的周期变化规律，短周期以 2 至 3 年为主，中周期约 11 年，中长周期为 80 至 86 年。

② 地形地貌条件。北京山区沟谷较多，许多沟谷上游三面环山，周围山高坡陡，山体破碎，植被发育不良，沟床纵坡度大，地势陡峻，剖面常呈“U”或“V”形，沟谷切割明显；在公路两侧的岩体边坡坡度变化大，岩体裸露、松散，具备发生崩塌等突发灾害事件的条件。

③ 地质条件。北京山区的地层发育较全，公路沿线的不同地质年代的石灰岩、片岩、砂岩、碎屑岩和花岗岩分布广泛，坚硬岩体多形成高陡边坡，相对软弱岩体虽然坡度平缓，但是抗风化能力差，在外动力作用下岩体破碎、卸荷张裂，多形成

不同规模的危岩体。此外，北京地区地质构造不均衡发育明显，断裂构造在一些地区集中发育，受一些规模较大断裂构造带影响，公路边坡岩体破碎、节理裂隙构造发育，边坡工程岩体质量多变，对于高度不同的公路边坡由于岩体质量不同，许多路段都具备发生崩塌的地质条件。

④ 人类工程活动影响。北京山区一般是相对比较贫困的地区。生产水平低下，过度垦荒，闸沟垫地，加上成片山林被砍和过度放牧，植被破坏严重，使水土流失严重，这些都加大了泥石流发生频率和灾害程度。公路沿线因采石、修路等对岩体进行不同形式开挖，形成大量的人工边坡，破坏了岩体原有的稳定状态，也为崩塌灾害的发生埋下了隐患。同时人类工程活动留下的大量渣土石等也为泥石流提供了沿途补充固体物质。

4.1.2.4　道路设施丢失、损坏

道路设施破坏发生的主要原因是交通事故及人为破坏和盗窃。其发生特点是多数伴随着交通事故的发生，在交通事故易发地段以及车流密集地段护栏破坏的概率较大，人流不大的地段井盖丢失相对较易发生。据市政管理部门公布的一份"井盖失窃报告"显示，井盖失窃现象主要集中在城乡接合部、连片拆迁改造地区等。但总的来说，道路设施丢失和破坏的发生具有一定的随机性。

4.1.3　突发道路交通事件的风险源现状分析

4.1.3.1　城市道路积水风险源概况

根据近几年的不完全统计资料，道路积水事件发生的主要风险源有以下几个：自然原因、排水设施能力不足、人为因素以及协调管理等，如表 4–2 所示。近年市区道路主要积水点达 50 余处，包括西四北大街、复兴木桥下等道路。积水使公交车无法行驶，行人出行困难（图 4–7）。

表4–2　道路积水风险源及描述

风险源	风险源描述
自然原因	极端的暴雨天气造成超标准集中降水，雨水不能短时间内排出
	地势低洼汇水区，暗排系统不畅
	附近河流、下游水渠水位升高或河道堵塞，排水不畅导致积水

风险源	风险源描述
排水设施能力不足	排水系统标准低
	排水系统不完善或老化
	无排水设施
人为因素	周边在建施工工程或未完成市政工程扰动正常排水系统，使管道排水不畅，引发积水
	居民生活垃圾等堵塞排水设施
	泵房内电路损坏造成停泵导致积水

图4-7　积水使公交车无法行驶，行人出行困难

4.1.3.2　城市道路路面塌陷风险源概况

根据突发城市道路路面塌陷灾害资料和数据分析，北京市城市道路路面塌陷灾害风险源共有 68 处，破坏原因以地下施工、二次开挖回填不实和已有地下管线失效三种为主。风险源在北京市区内分布比较分散，灾害事故与所在地区并无明显关系。但是，从其发生的风险源因素分析还是具有一定的规律性的。首先，现有的突发城市道路路面塌陷灾害多发生于地下工程，特别是地铁施工工地附近。其次，三环路以内的老城区由于自来水管道和排水管道老化、渗漏等原因，也经常发生道路路面塌陷灾害。近年发生突发城市道路路面塌陷灾害的主要风险事件 72 件，如东城区的和平里西街由于地下施工造成路面塌陷等，如图 4-8，图 4-9 所示。

图4-8　国贸桥南辅路突现大坑，封路抢修，车辆严重拥堵

图4-9　因为地下污水管泄漏，北京翠微路路面塌陷

4.1.3.3　公路地质灾害风险源

（1）风险源概况。

根据突发山区公路灾害资料和数据，共圈定突发山区公路灾害风险源 445 处，破坏形式以道路边坡岩土体崩（滑）塌、路基冲毁和采空区路基塌陷三种为主。风险源主要分布于延庆县、昌平区、门头沟区和房山区。同时，大兴区、房山区等地在汛期经常发生路基水毁灾害，为灾害频发地区。近年来，山区公路突发边坡岩体崩塌 443 件、路基水毁 42 件。

（2）山区公路典型突发地质灾害事件介绍。

110国道K63+900路段边坡岩体滑塌事件（图4-10）。此路段边坡滑塌主要表现为破碎岩体滑坡。在2004年6月暴雨和长期降雨期间发生了多次大规模的山体滑塌失稳，严重影响110国道的正常通行。该路段路堑边坡陡，坡高大，坡体形状不规则，边坡岩体破碎，边坡与公路形成了较大规模的临空条件，破碎岩体在重力作用以及水的弱化诱发作用下，坡体内发育的各种构造节理裂隙相互切割造成的块体沿内部主要结构面发生各种规模岩体的滑塌失稳。

图4-10　110国道K63+900路段边坡岩体滑塌事件

因此，此段路堑边坡岩体地质构造复杂、岩体破碎是发生岩体滑塌的重要物质基础和地质原因。其中，内部各组节理相互组合形成的复合楔状岩体及其结构面与边坡面的不利组合是发生失稳的重要条件，大气降水入渗则是发生失稳的主要诱发因素。

该边坡岩体滑塌失稳的特点则主要受各组结构面与边坡面组合关系控制。不规则的破碎岩体决定每次滑动岩体的规模不定，造成边坡形状极其不规则，每次滑动的岩体对未滑岩体产生的破坏效应也是各处不同的，当在暴雨或连续降雨条件下，或受较大动力荷载作用时则发生较大规模崩塌活动的可能性更大，严重威胁公路交通安全。

4.1.3.4　道路设施丢失、损坏

在交通密集地、事故多发地，护栏的倒塌破损很难避免；而对于小型公共汽车或者行人为了方便私拉护栏的现象，应加大监管力度、实施较为严厉的惩罚措施，可以得到有效控制。而交通设施特别是井盖的丢失，是全国范围内普遍存在的顽疾，无盖井“吃人”的事故时有发生。对于无盖井，必须做到一经发现立即报相关部门补上井盖。表 4-3 总结了道路设施丢失的风险事件的影响。

表4-3　道路设施丢失、损坏突发事件的风险分析

事件	风险描述		
	原因（风险源）描述	风险后果描述	
		影响形式	主要影响对象
道路设施丢失、破坏	道路设施被撞倒塌、损毁；路面设施被盗窃	财产损失、人员伤亡、影响市容环境	市容环境、社会、行人

4.2　风险承受能力与控制能力分析

4.2.1　突发道路交通事件风险承受能力分析

风险是通过作用于客体而产生影响与后果的。客体的风险承受能力不同，风险发生的可能性和产生的后果均有可能变化。风险承受能力(脆弱性)分析就是分析受风险影响对象(客体)对风险的承受、抵抗能力，包括系统自身承受能力和社会心理承受能力等。道路突发事件所影响的对象主要是道路自身、社会交通、过往行人及车辆。

4.2.1.1　道路自身对道路突发事件的风险承受能力

（1）道路积水。一般情况下，短期的道路积水本身对路面的损坏能力较小，因此道路自身对道路积水有较强的承受能力。但是，当路面下埋设有管道，路基土为软土、密实度欠佳的回填土或存在正在施工的建（构）筑物时，长期道路路面积水可能引发路基的不均匀沉降和塌陷，降低了道路自身风险承受能力，此时，道路自身对积水的承受能力为弱。

（2）城市道路路面塌陷。城市道路路面发生塌陷，会直接破坏道路路面，引起路面变形、局部出现低洼或形成大小不等的空洞，还有可能进一步导致地下管道设施破坏以及周边道路设施和其他构筑物的破坏。如图 4-11 所示，2006 年京广桥发生道路塌陷事故，塌陷导致道路路面自身大面积损坏，同时引发其下部的各种地下管线受损以及周边道路通信设施不能正常工作。因此道路自身对城市道路路面塌陷的风险承受能力为弱，抵抗力差。

图4-11　京广桥道路塌陷对路面及其附近设施的破坏和影响

（3）公路突发地质灾害。不均匀路基差异变形、采空区路基塌陷和路基水毁等原因造成的公路地质灾害会对路面造成较大的损坏，因此公路自身对其风险承受能力为弱；对道路边坡岩土体崩（滑）塌突发事件，规模较小的崩（滑）塌对路面的损坏较小，但是大方量的崩（滑）塌事件，势必毁坏公路自身及其附近的交通设施。综合评估，道路自身对道路边坡岩土体崩（滑）塌、路基水毁、采空区等公路地质灾害风险承受能力为较弱，抵抗力低。

（4）道路设施丢失、损坏。道路设施丢失、损坏会对道路交通造成一定的影响，但是对道路自身破坏较小，因此道路自身对道路设施丢失、损坏的风险承受能力为中等。

4.2.1.2　社会交通对道路突发事件风险的承受能力

（1）道路积水。道路积水突发事件，在北京市分布较广，涉及到主路、辅路、地下通道及立交桥等。尤其奥运会期间为北京的雨季，是积水频发的时期，很多奥运场馆周边地点都具有突发道路积水的风险,积水将引发交通拥堵、交通断行等问题,因此社会交通对道路积水突发事件的承受能力为弱。

（2）城市道路路面塌陷。北京市近年来经历了京广桥、国贸桥等一系列路面塌陷突发事件后，对突发事件的应急处理能力得到了较大提高，表现出了较强的应对能力。社会交通虽然对城市道路路面塌陷承受能力有了一定的提高，但是主要表现在事件发生的后期,而在事件发生初期和过程中的社会交通风险承受能力较弱。此外,根据北京市路网规划设计情况看，主干道路与辅路和支路的联络方式有限，一旦在主干道路上发生突发事件，从主干道路向支路网络转移的能力较差，也影响了社会交通对道路突发事件风险的承受能力，因此主干道路、次主干道路的交通对道路路面塌陷突发事件的风险承受能力为弱。

（3）公路地质灾害。公路突发地质灾害事件会不同程度地造成道路行驶不畅、绕行、断路等。尤其通往北京外围地区主要公路的支线很少，一旦发生公路交通中断难以向其他方向转移，因此公路的社会交通对突发地质灾害事件的风险承受能力为弱。

（4）道路设施丢失、损坏。道路设施丢失、损坏事件中,护栏倒塌会导致行驶不畅、交通拥堵的现象，因此社会交通对此风险承受能力为弱；护栏和井盖丢失等事件对市容市貌影响较大，造成不良的社会影响，因此社会交通对此风险承受能力为较弱。

4.2.1.3　出行人员对道路突发事件的风险承受能力

出行人员主要由两类构成：北京市民和国内外的来京人员。而在北京奥运会期间则主要以来自国内外的外来人员为重要对象，尤其对北京市的奥运场馆区以及周边旅游景区出行人员。

（1）道路积水。道路积水会导致交通拥堵或引发次生灾害，但对人造成的直接危害比较小，不会出现大的人员伤亡事故，因此，出行人员对道路积水事件风险承受能力为中等。

（2）城市道路路面塌陷。在已经发生了道路路面塌陷事故的地段，会采取相应的措施，提醒出行人员注意安全，因此，不会对出行人员造成很大的威胁。对于这类事件，出行人员的风险承受能力为较强。但是对于存在隐患的路段，其发生塌陷的随机性很强，行人无法对此有所防范，且目前行人对类似事件的了解有限，防灾意识薄弱，一旦发生类似事件，其应对能力和心理承受能力都较差，因此整体的风险承受能力为弱。综合评估，出行人员对城市道路路面塌陷突发事件的风险承受能力为弱。

（3）公路地质灾害。不论是北京市民还是国内外的外来人员以及各种自驾游人群，大都以城市居民为主，日常生活中缺乏对突发公路地质灾害知识以及防灾避险知识的了解和应急事件的处理经验，防灾意识薄弱，心理承受能力差。因此，整体上出行人员对公路突发地质灾害事件的风险承受能力为弱。

（4）道路设施丢失、损坏。道路设施丢失、损坏，会威胁到人员的安全。例如，井盖丢失后没有及时采取措施，就会发生过往行人掉入井内的事故。因此，出行人员对道路设施丢失和破坏引发的道路交通突发事件的风险承受能力为弱。

4.2.2 风险控制能力分析

近年来，北京市在应对突发事件方面采取了多项措施：制订了《北京市突发事件总体应急预案》; 2006 年制订《北京市防汛应急预案》并制订了雪天、雨天道路交通应急预案，以此建立了比较完善的道路交通突发事件的防御体系。这些措施对突发道路交通事件的风险具有一定的控制力，对预防和处置道路交通突发事件起到了积极的作用,减少了因其造成的不良社会影响和经济损失,但是仍存在一些不足之处，其有效性和控制力也有所不同。

（1）预测预警能力。

北京市道路交通安全突发事件分布点多、面广，由于受人力、财力、物力所限，难以对北京市道路安全风险源开展系统的地下探测和地面调查，因此对道路交通突发事件预测预警准确性偏低，尚需要投入较大人力、财力开展长期动态检测和监测工作，及时掌握道路以下的各类异常情况和动态的发展趋势，完善预测预警系统，因此整体上风险控制能力较弱。

（2）应急预案。

奥运会前，北京市已经制订了《北京市突发公共事件总体应急预案》、《北京市雪天道路交通保障应急工作预案》、《北京市轨道交通突发公共事件应急工作预案》等较为齐全的各种应急预案，日常开展相关道路应急演练预案系统完备，应急预案体系完整，因此风险控制能力较强。

（3）应急处置能力。

具有专门的应急抢险队伍和应急调查队伍，专家优势强盛，具有处理大型应急事件的实例和经验，应急处置能力较强。

（4）应急资源保障能力。

具有专门物资供应和保障，应急物资保障能力较强。

（5）恢复重建能力。

对道路灾害事件抢险、灾后重建工作重视，可以有效协调各级政府和部门进行抢险工作，已有的抢险实例都表明具有很强的恢复重建能力。

（6）政策保障。

政策稳定、持续，具有针对性，保障能力强。

（7）宣传培训。

开展了各种形式的道路交通突发事件宣传工作，市民在应对突发事件中，有一定的主动性。例如在京广桥塌陷事故发生后，一些市民在事发后，主动减少自家污水排放，以减少对断裂污水管的压力，表现出了很强的主动意识。但是由于目前的宣传工作在广度、深度上还有待提高，更多的市民在面对突发事件时，还处于被动的接受状态，主动的防灾意识、防灾减灾能力并不太强。因而，宣传培训对突发道路交通的风险控制能力较强。

（8）工程措施。

北京市在应对道路积水突发事件时，采取了抽水、排水等措施。在集中降雨时各道路养护单位做好人工助排准备，即上路打开雨水盖加速排水、及时清理排水口垃圾等，对排水不完善的地方积极地进行整改，但是由于道路积水点分布较广，在排查处理时还存在很多困难。因此工程措施对道路积水突发事件风险控制能力较强。

对于城市道路路面塌陷，目前处理的工程措施主要是清除塌陷物，进行回填、加固路基下的软土或松散的回填土，对地下渗漏的管线进行修复等，但是由于对因地质条件而引发路面塌陷所掌握的数据资料较少，准确探测塌陷范围和深度的技术方法有限，以及北京市地下管线的管理涉及不同的部门，所以应对道路塌陷灾害的工程措施不够完善和系统。工程措施对城市道路路面塌陷突发事件的风险控制能力较强。

北京市已全面启动生态环境建设工程，通过植树造林、退耕还林等措施来减少公路崩（滑）塌和水毁公路事件的发生，但是尚没有制订针对具体事件的措施；不均匀路基差异变形和采空区路基塌陷的工程措施与城市道路路面塌陷类似。因此，工程措施对非市区公路道路地质灾害的风险控制能力为较强。

道路设施丢失、破坏的主要工程措施为人工修缮，但是并没有预防性的工程措施，因此工程措施对道路设施丢失、破坏的突发事件风险控制能力为强。

4.3 风险可能性分析

4.3.1 突发道路交通事件风险可能性评估原则

交通事件风险可能性是指交通事件在未来一段时间内发生的概率，交通事件发生的概率越高，则风险可能性就越大。交通事件发生的可能性是自然属性和人为属性的双重体现，它的发生是道路地质条件、气象条件和人类工程活动等综合作用的结果。

交通事件安全的风险可能性评估的关键在于建立一套科学合理的评价指标系统以及采用合理的评价方法。根据道路安全风险的特点，将交通事件风险可能性分为5级，即：A级（基本不可能发生）、B级（较不可能发生）、C级（可能发生）、D级（很可能发生）和E级（肯定发生）。

4.3.2 突发道路交通事件风险可能性评估方法

交通事件风险可能性评估采用定性与半定量相结合方法综合评价。定性分析是以《北京市奥运期间突发公共事件风险评估实施细则》中风险可能性等级划分为依据，在现有风险源调查工作的基础上，结合北京市过去几年发生的交通事件资料，进行风险源危险性识别。定量预测是通过计算交通事件风险可能性指数，从而获得风险可能性预测结论。最后，综合定性分析与定量预测的结果评价交通事件风险源可能性。

由于道路交通安全评价指标、评价标准以及事件发生原因具有模糊性和不确定性，从而使评价过程、评价结果也具有模糊性。因此，对于这类在模糊环境下或者在模糊系统中进行决策的评价问题应运用模糊方法处理。

影响交通灾害风险的因素，既有自然因素也有人为因素，具有很大的不确定性，将这些因素全部量化是不切合实际的。因此，交通灾害风险可能性评估采用历史数据分析与专家经验相结合的分析法进行评价。评价以定性分析为主，结合定量、半定量方法进行综合评价。通过召开相关专家研讨会和采用专家打分的调查方法，确定各种风险因素对道路交通事故的贡献程度，从而进行道路交通事件风险源可能性评价。

4.3.2.1 评价因素的选择与分级标准

北京市突发道路交通事件整体可概括为道路积水，城市道路塌陷，山区公路灾害和道路设施丢失、损坏等四大类，对每一大类交通事件的风险可能性评价指标体系概括为图4-12至图4-15。

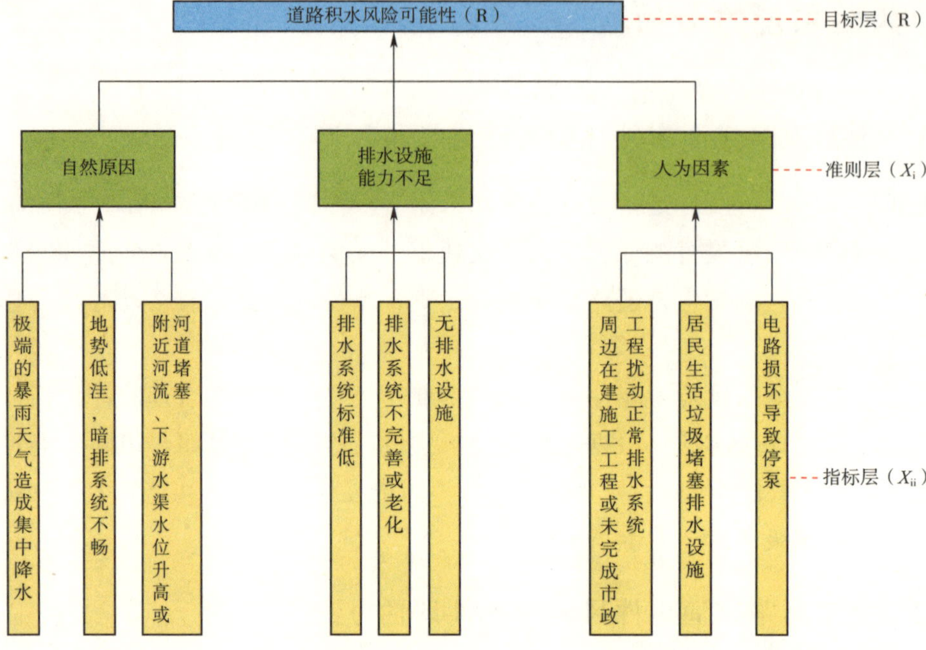

图4-12　道路积水风险可能性评估指标体系

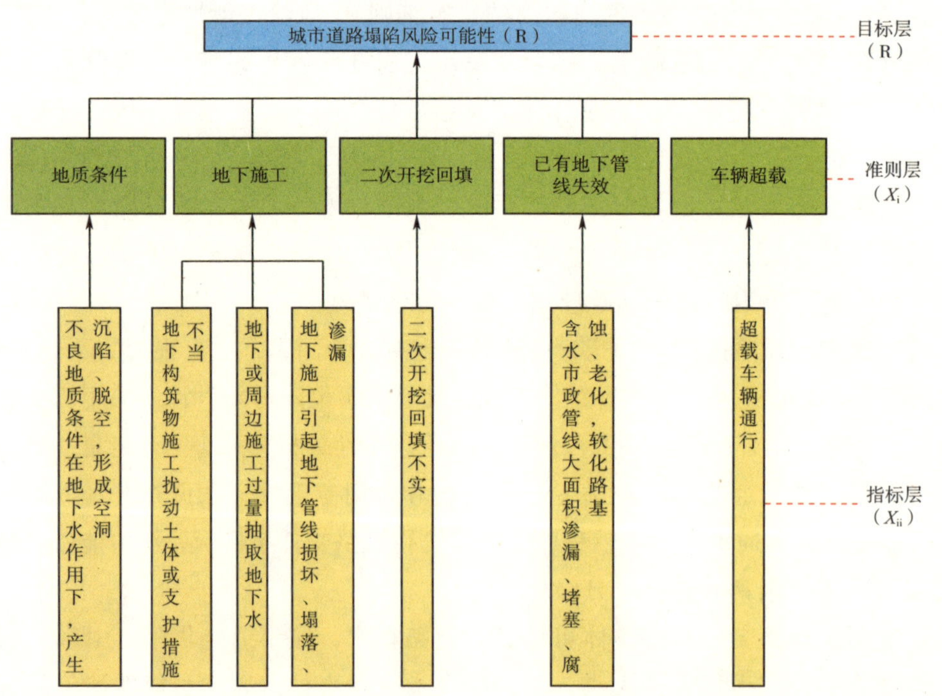

图4-13　城市道路塌陷风险可能性评估指标体系

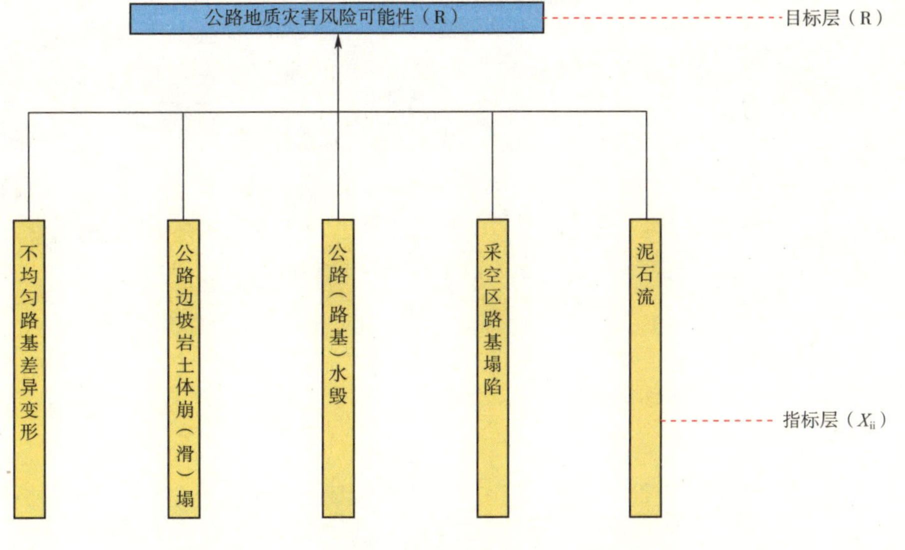

图4-14　公路地质灾害风险可能性评估指标体系

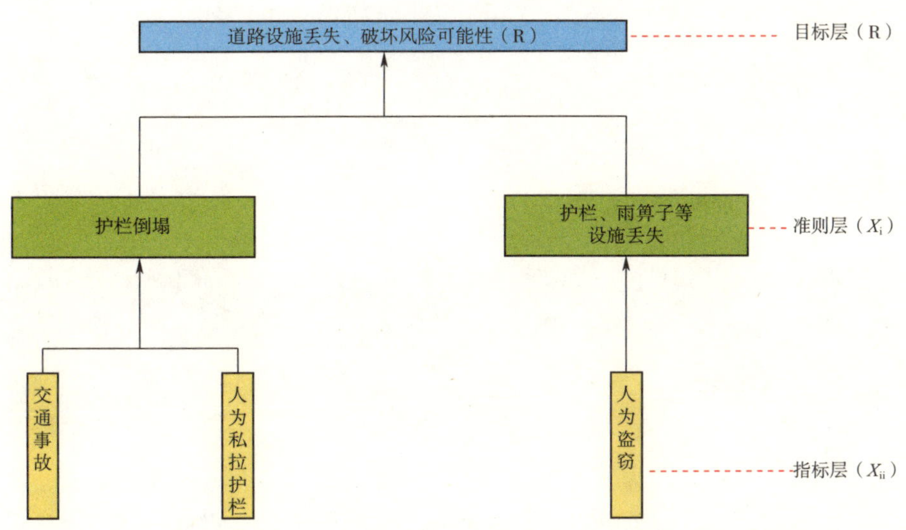

图4-15　道路设施丢失、破坏风险可能性评估指标体系

根据北京市道路积水、城市道路塌陷、山区公路灾害和道路设施丢失、破坏等突发交通事件的特点和规律，对相关专家的风险因素分级调查结果进行汇总，概括总结出上述各事件参评指标的分级和赋值标准，参见表4-4 ~ 表4-7。

表4-4　道路积水风险可能性评估指标分级与赋值标准

评价指标		可能性分级				
		基本不可能发生（A）	较不可能发生（B）	可能发生（C）	很可能发生（D）	肯定发生（E）
自然原因	集中降雨	预报未来6h雨量将小于20mm	预报未来6h雨量将大于20mm，小于50mm以上且降雨可能持续	预报未来6h雨量达到50mm以上且降雨可能持续	预报未来3h雨量将已达到50mm以上且降雨可能持续	预报未来3h雨量将达到100mm以上且降雨可能持续
	地势低洼，暗排系统不畅	积水深度小于10cm	积水深度10至15cm	积水深度15至30cm	大范围积水，积水深度30至50cm	大范围积水，积水深度大于50cm
	局部地区河水倒灌，河道堵塞	汛期河水水位低于排水设施标高，河道畅通	汛期河水水位较低于排水设施标高，河道较畅通	汛期河水水位相当于排水设施标高，河道较畅通	汛期河水水位稍高于排水设施标高，河道较畅通至不畅通	汛期河水水位高于排水设施标高
排水设施能力不足	排水系统标准低	排水设施标准满足于现状需求能力	排水设施标准基本满足于现状需求能力	排水设施能力稍低于现状需求能力	大部分排水设施标准已低于现状	绝大部分排水系统的标准低于现状需求能力
	排水系统不完善或老化	完善，完好至较完好	较完善 较完好	较不完善 部分老化	较不完善 大部分老化	不完善
人为因素	在建工程扰动或破坏正常排水系统，使管道排水不畅	无破坏	破坏轻微	破坏中等	破坏较严重	破坏严重
	居民生活垃圾堵塞排水设施	无堵塞	堵塞轻微	堵塞中等	堵塞较严重	堵塞严重
	泵房内电路损坏造成停泵	无	雨季短暂停电	雨季短时间恢复通电	雨季较长时间恢复通电	雨季无法恢复通电
等级赋值		1	3	5	7	9

表4-5　市区道路塌陷风险可能性评估指标分级与赋值标准

评价指标		可能性分级				
		基本不可能发生（A）	较不可能发生（B）	可能发生（C）	很可能发生（D）	肯定发生（E）
地质条件	不良地质条件综合作用形成道路沉陷、脱空、空洞	地下水位深，路基土体工程性能好，填土密实	地下水位较深，路基土体工程性能较好，填土中上密实	地下水位较浅，局部分布有上层滞水，路基土工程性能一般，填土中等密实	地下水位较浅，路基土工程性能一般，填土较厚、稍密	地下水位浅，路基土体工程性能一般，填土厚，成分复杂、稍密、疏松
地下施工	地下施工扰动土体或支护措施不当	施工开挖面积小，暗挖施工段埋藏较深，土体加固和支护体系稳固	施工开挖面积较小，暗挖施工段埋藏较深，工法对土体有一定扰动，土体加固和支护措施可靠	施工开挖面积较大，暗挖施工段埋藏较浅，工法对土体有较大扰动，土体加固和支护措施较可靠	施工开挖面积大，暗挖施工段埋藏较浅，工法对土体有较大扰动，土体加固难度较高，支护措施较复杂	施工开挖面积很大，暗挖施工段埋藏浅，环境复杂，工法对土体扰动明显，土体加固难度高，支护措施安全可靠性不高
	地下或周边施工过量抽取地下水	地下水埋藏深，对施工无影响	排除和封堵局部渗水，水量不大，治理渗水对环境道路设施影响较小	地下水位较高，降水范围较大，对路基土体损失影响较大	地下水位较高，降水范围较大，抽水量较大，对路基土体损失影响较大	地下水位高，抽降水范围和水量大，抽降水周期长
	地下施工对地下管线损坏、塌落、渗漏影响	施工开挖面积小，暗挖施工段埋藏较深，管线数量较少、尺寸较小，管线抗变形能力强	施工开挖面积小，暗挖施工段埋藏较深，管线数量较多、尺寸较大，管线抗变形能力一般	施工开挖面积较大，暗挖施工段埋藏较浅，管线较密集，管线敷设时间较长，抗变形能力一般	施工开挖面积较大，暗挖施工段埋藏较浅，管线十分密集，管线年久失修，抗变形能力较差	施工开挖面积大，暗挖施工段埋藏浅，管线极为密集，管线年久失修，抗变形能力差
二次开挖回填	二次开挖回填不实	开挖较浅，回填密实	开挖较深，回填较密实	开挖深，回填土较厚，密实度较差	开挖深，回填土厚，密实度差	开挖深，回填土厚，回填成分杂乱，密实度极差
已有地下管线失效	含水市政管线大面积渗漏、堵塞、老化，软化路基	无渗漏，管道质量好	无渗漏，管道质量有一定老化、堵塞	轻微渗漏，管道老化，需要进行维修	较严重渗漏，管道严重老化，需要进行维修	严重渗漏，管道严重老化，需要进行重新敷设
车辆超载	超载车辆通行	无	轻度超载	一般超载	较严重超载	严重超载
等级赋值		1	3	5	7	9

表4-6　公路边坡岩体崩塌灾害风险可能性评估指标分级与赋值标准

评价指标		可能性分级				
		基本不可能发生（A）	较不可能发生（B）	可能发生（C）	很可能发生（D）	肯定发生（E）
地形地貌条件	自然坡高（m）	<8	8～15	15～25	25～40	>40
	坡度（°）	<30	30～40	40～50	50～60	>60
	植被覆盖率（%）	>80	60～80	40～60	40～20	<20
地质条件	边坡岩体类型	I类边坡	I类边坡	II类边坡	III类边坡	IV类边坡
	岩体结构	完整坚硬块状巨厚～厚层状岩体	较完整较坚硬中厚层状岩体	薄层状岩体，碎裂状岩体 较完整～较破碎	较软弱、薄层状、碎裂状岩体、较破碎～破碎； 松散堆积物	软弱岩体、松散堆积物 碎裂结构、极破碎
	地质构造发育程度，主控结构面发育特征	地质构造不发育，节理、裂隙不发育，主控结构面不发育或反倾边坡	地质构造简单，节理、裂隙少，主控结构面反倾边坡	地质构造中等，节理裂隙发育一般，主控结构面顺倾且与边坡交角较大	地质构造较发育，节理裂隙较发育，3～4组，主控结构面顺倾且较发育	地质构造发育，复杂，节理裂隙发育，3组以上，主控结构面发育，顺倾，倾角小于坡度为主
诱发条件	汛期年平均降雨量（mm）	<450	450～500	500～550	550～600	>600
	8～9月日最大降雨量（mm）	<50	50～100	100～200	200～300	>300
	人类活动	无或微弱	较微弱	一般	强烈	极强烈
等级赋值		1	3	5	7	9

表4-7　山区公路采空塌陷灾害风险可能性评估指标分级与赋值标准

评价指标		可能性分级				
		基本不可能发生（A）	较不可能发生（B）	可能发生（C）	很可能发生（D）	肯定发生（E）
地面变形	周边塌陷密度（个/km^2）	0	<0.5	0.5～1.5	1.5～2.5	>2.5
	地裂缝密度（条/km^2）	0	0～0.18	0.18～0.23	0.23～0.28	>0.28
地质条件	地质构造	很不发育或只有少量小型断裂	不发育，有小型断裂	较发育，有主干断裂	构造发育，大型断裂带，断裂和节理发育	构造特别发育，大型以上断裂带，断裂、节理密集发育
	覆岩类型	坚硬完整岩体，厚度大	较坚硬中薄层状岩体，岩体较完整	层状围岩，较坚硬～较软岩，岩体较完整～较破碎	薄层状～层状较软岩～软岩，岩体较破碎～破碎	较软岩～极软岩、较坚硬岩、岩体较完整～极破碎、碎裂结构、镶嵌结构
	煤层埋藏	无煤矿资源	煤矿资源埋藏较深质量差，煤层薄，开采利用困难	煤层埋藏深，质量一般，煤层厚度中等，开采利用较方便，只有1层可采	煤层埋藏浅，质量一般或较好，煤层较厚，开采利用较方便，可分层开采1～2层	煤层埋藏浅，质量很好，煤层较厚，储量丰富，开采利用较方便，可进行2层以上分层开采
采矿条件	采矿规模	无采矿活动	较小	中等	较大	大
	采矿管理	无采矿活动	严格按规程开采	基本按规程开采	不按规程开采	滥挖滥采
	采空区与公路关系	无	分布在一侧，且在公路红线以外	分布在公路一侧，但采空区或影响范围接近公路	采空区在公路一侧下方较发育或其影响范围波及公路两侧	采空区贯通公路且在红线范围较发育
等级赋值		1	3	5	7	9

4.3.2.2　风险因素层次分析及权重的确定

在道路交通安全系统的评价中，层次分析法的主要目的是确定评价指标的权重，以确定各种风险因素对事故的贡献程度，为进行改造提供依据，并为运用模糊评价法进行道路交通风险评价分析打下基础，是安全评价中的重要内容。

应用系统层次分析法时，首先把系统层次化，然后请专家对每一层次的各风险因素相对于上一层次某因素进行两两比较判断，得到其相对重要程度的比较标准。在对所有专家的风险因素权重调查结果进行汇总之后，确定该层次全部要素的相对重要性权重。接着求出各层次要素关于系统总体目标的组合权重，最终计算出最底层的诸因素相对于最高层（突发道路交通事件）的组合权重。

（1）建立层次结构模型。

层次结构模型共分三层：第一层是目标层，即本章中涉及的四种突发交通事件风险的可能性；第二层是准则层，主要指导致突发交通事件的各种条件；第三层是指标层。道路积水、市区道路塌陷、山区公路灾害和道路设施丢失、破坏风险可能性层次结构模型如表 4–8 至表 4–11 所示。

（2）确定各风险因素权重。

根据相关专家对风险因素权重的调查结果并参考各种专业规范规程，综合确定城市道路积水、城市道路塌陷、山区公路灾害和道路设施丢失、破坏等道路交通灾害风险可能性参评指标的权重。

表4–8　道路积水风险可能性评估指标权重（%）

评价指标		一级权重	二级权重	总权重
自然原因	极端的暴雨天气造成集中降水	46	41	19
	地势低洼，暗排系统不畅	30		12
	附近河流、下游水渠水位升高或河道堵塞	24		10
排水设施能力不足	排水系统标准低	25	37	9
	排水系统不完善或老化	53		20
	无排水设施	22		8
人为因素	周边在建施工工程或未完成的市政工程扰动正常排水系统	45	22	10
	居民生活垃圾堵塞排水设施	25		6
	电路损坏导致停泵	30		7

表4-9　市区道路塌陷风险可能性评估指标权重（%）

<table>
<tr><th colspan="2">评价指标</th><th>一级权重</th><th>二级权重</th><th>总权重</th></tr>
<tr><td>地质条件</td><td>不良地质条件在地下水弱化作用下，产生沉陷、脱空，形成空洞</td><td></td><td>20</td><td>20</td></tr>
<tr><td rowspan="3">地下施工</td><td>地下施工扰动土体或支护措施不当</td><td>62</td><td rowspan="3">37</td><td>23</td></tr>
<tr><td>地下或周边施工过量抽取地下水</td><td>22</td><td>8</td></tr>
<tr><td>地下施工引起地下管线损坏、塌落、渗漏</td><td>16</td><td>6</td></tr>
<tr><td>二次开挖回填</td><td>二次开挖回填不实</td><td></td><td>21</td><td>21</td></tr>
<tr><td>已有地下管线失效</td><td>含水市政管线大面积渗漏、堵塞、腐蚀、老化，软化路基</td><td></td><td>15</td><td>15</td></tr>
<tr><td>车辆超载</td><td>超载车辆通行</td><td></td><td>9</td><td>9</td></tr>
</table>

表4-10　山区道路灾害风险可能性评估指标权重（%）

评价指标	总权重
不均匀路基差异变形	20
道路边坡岩土体崩（滑）塌	45
公路水毁（路基）	15
采空区路基塌陷	20

表4-11　道路设施丢失、破坏风险可能性评估指标权重（%）

<table>
<tr><th colspan="2">评价指标</th><th>一级权重</th><th>二级权重</th><th>总权重</th></tr>
<tr><td rowspan="2">护栏倒塌</td><td>交通事故</td><td>76</td><td rowspan="2">66</td><td>50</td></tr>
<tr><td>人为私拉护栏</td><td>24</td><td>16</td></tr>
<tr><td>护栏、雨箅子等设施丢失</td><td>人为盗窃</td><td></td><td>34</td><td>34</td></tr>
</table>

（3）风险可能性指数计算。

道路交通灾害风险源的灾害风险可能性程度采用风险可能性指数来表示。风险可能性指数越大，则未来发生道路灾害的风险可能性也就越大。风险源风险可能性指数的数学计算模型如式 4–1：

$$F_i=R_{(i,j)}\cdot X_{(i,j)} \qquad (4\text{–}1)$$

式中：F_i—— 第 i 类道路交通灾害风险源的风险可能性指数；

$R_{(i,j)}$—— 导致第 i 类道路交通灾害风险源的第 j 项风险因素的权重值；

$X_{(i,j)}$—— 导致第 i 类道路交通灾害风险源的第 j 项风险因素的分级赋值。

按上式计算，道路积水、市区道路塌陷、山区公路灾害以及道路设施丢失、破坏等道路交通风险可能性指数均应介于 1 至 9 之间。根据《北京市奥运期间突发公共事件风险评估实施细则》中风险可能性等级划分，结合灾害活动的特点以及对道路交通的影响，将上述四种道路交通灾害风险可能性指数依小到大划分为五级，如表 4–12 所示：

A——基本不可能发生；

B——较不可能发生；

C——可能发生；

D——很可能发生；

E——肯定发生。

表4–12　各交通灾害可能性等级划分标准

事件	指数	风险可能性等级				
		基本不可能发生（A）	较不可能发生（B）	可能发生（C）	很可能发生（D）	肯定发生（E）
道路积水	Fs	<0.5	0.5～1	1～2.5	2.5～4	>4
市区道路塌陷	Fc	<0.5	0.5～1	1～2.5	2.5～4	>4
山区公路灾害	Fm	<0.5	0.5～2	2～3.5	3.5～5	>5
道路设施丢失、破坏	Fe	<0.5	0.5～2	2～3.5	3.5～5	>5

4.3.3 突发交通事件风险可能性评估结果

根据上述的评估方法，本次对奥运会期间各种道路突发事件的可能性进行定性和半定量综合评估，同时结合奥运期间的重点地域发生的可能性进行评估。下面先分不同类型事件进行分析。

4.3.3.1 道路积水

道路积水事件可能发生的地段主要有复兴门桥、阜成门桥，马家楼桥、万泉河桥及万泉河路、安华桥等。奥运会期间正值北京的雨季，可能发生极端的暴雨天气，上述地段地势相对较低，加之排水设施不够完善，很可能发生道路积水事件。其他可能发生道路积水事件的地点主要有鲁谷大街、前门地区、宣武门路口等地。这些地区除了地势问题外，主要积水原因是排水设施设计标准比较低，不能满足现行排水的需要。奥运会期间，道路积水风险可能性评估级别，如表 4-13 所示。

表4-13 奥运会期间道路积水风险可能性评估级别

评价指标		事件灾害可能性分级
自然原因	极端的暴雨天气造成超标准集中降水，雨水不能短时间内排出	很可能发生
	地势低洼汇水区，暗排系统不畅	肯定发生
	附近河流、下游水渠水位升高或河道堵塞，排水不畅导致积水	可能发生
排水设施能力不足	排水系统标准低	很可能发生
	排水系统不完善或老化	很可能发生
	无排水设施	可能发生
人为因素	周边在建施工工程或未完成的市政工程扰动正常排水系统，使管道排水不畅，引发积水	可能发生
	居民生活垃圾等堵塞排水设施	可能发生
	泵房内电路损坏造成停泵导致积水	较不可发生

4.3.3.2 城市道路塌陷

根据奥运会期间北京市的气象因素、地下工程施工状况以及已有各种市政设施的运行状况，对市区道路塌陷事件风险可能性评估如表 4-14。

表4-14　市区道路塌陷风险可能性评估分级

评价指标		事件灾害可能性分级
地质条件	不良地质条件在地下水弱化作用下，产生沉陷、脱空，形成空洞	可能发生
地下施工	地下施工扰动土体或支护措施不当	很可能发生
	地下或周边施工过量抽取地下水	很可能发生
	地下施工引起地下管线损坏、塌落、渗漏	很可能发生
二次开挖回填	二次开挖回填不实	肯定发生
已有地下管线失效	含水市政管线大面积渗漏、堵塞、腐蚀、老化，软化路基	很可能发生
车辆超载	超载车辆通行	较不可能发生

可能发生城市道路塌陷的风险点主要集中于朝阳区东三环主路附近，海淀区颐和园路附近道路、学院路周边道路、崇文区天坛东路周边道路以及临近道路的周边较大规模在建的基坑工程和市政管线工程。上述区域大都位于地铁施工工地附近。根据现有风险点可以看出，地下施工，特别是地铁施工，是近年来北京市区道路塌陷的一项主要原因。如果2008年奥运会期间北京市区四环路内停止施工或采取充分的工程保险措施，会使道路塌陷灾害的发生频率向减少的趋势发展。而对于二次开挖回填不实，含水市政管线大面积渗漏、堵塞、腐蚀、老化，路基软化导致的城市道路塌陷可能发生的风险点集中于三环路以内的老城区。

4.3.3.3　公路地质灾害突发事件

根据各类事件发生的风险因素分析并结合评估期间的综合因素的影响，对于公路灾害事件风险发生可能性评估如表4-15。

表4-15　公路地质灾害风险可能性评估

评价指标	灾害事件可能性分级
不均匀路基差异变形	较不可能发生
道路边坡岩土体崩（滑）塌	很可能发生
公路（路基）水毁	很可能发生
采空区路基塌陷	可能发生
泥石流	较不可能

很可能发生的山区公路崩（滑）塌风险区主要分布于延庆县、怀柔区、房山区和昌平区山区地带，特别是110国道山岭重丘段、密云的西北部、怀柔的怀北镇、门头沟的大台、潭柘寺镇一带、房山的蒲洼乡附近。上述地区公路边坡，岩石节理裂隙发育，完整性差，岩石组合条件多变，不同区段肯定会发生山区崩塌突发事件。同时，可能发生山区公路路基水毁的风险区多位于大兴区和房山区。可能发生山区公路采空塌陷的风险点位于本市西部采煤区，特别是位于门头沟和海淀区交界处的寨口村至军庄镇地区,以及房山区的108国道的地下老采空区,该区域地面稳定性差，道路交通流量大，很可能发生因采空区塌陷诱发的公路突发事件。上述区域具备突发公路灾害发生的条件，是突发公路灾害的易发区。

4.3.3.4　城市公路设施丢失、损坏突发事件

道路设施丢失、损坏事件风险可能性评估如表4-16所示。

表4-16　道路设施丢失、损坏事件风险可能性评估

评价指标		灾害事件可能性分级
护栏倒塌	交通事故	很可能
	人为私拉护栏	可能
护栏、雨箅子等设施丢失	人为盗窃	可能

4.3.4　突发交通事件风险可能性分级小结（表4－17）

表4-17　突发交通事件风险可能性分级汇总

风险源	评价指标		事件灾害可能性分级
道路积水风险可能性分级	自然原因	极端的暴雨天气造成超标准集中降水，雨水不能短时间内排出	很可能发生（D级）
		地势低洼汇水区，暗排系统不畅	肯定发生（E级）
		附近河流、下游水渠水位升高或河道堵塞，排水不畅导致积水	可能发生（C级）
	排水设施能力不足	排水系统标准低	很可能发生（D级）
		排水系统不完善或老化	很可能发生（D级）
		无排水设施	可能发生（C级）
	人为因素	周边在建施工工程或未完成的市政工程扰动正常排水系统，使管道排水不畅，引发积水	可能发生（C级）
		居民生活垃圾等堵塞排水设施	可能发生（C级）
		泵房内电路损坏造成停泵，导致积水	较不可能发生（B级）

风险源	评价指标		事件灾害可能性分级
城市道路路面塌陷风险可能性分级	地质条件	厚填土区在地下水的不良作用下，产生沉陷、脱空，形成空洞	可能发生（C级）
	地下施工	地下施工扰动土体或支护措施不当	很可能发生（D级）
		地下或周边施工过量抽取地下水	很可能发生（D级）
		地下施工引起地下管线损坏、塌落、渗漏	很可能发生（D级）
	二次开挖回填	二次开挖回填不实	肯定发生（E级）
	已有地下管线失效	含水市政管线大面积渗漏、堵塞、腐蚀、老化，路基软化	很可能发生（D级）
	车辆超载	超载车辆通行	较不可能发生（B级）
公路地质灾害风险可能性分级	不均匀路基差异变形		较不可能发生（B级）
	道路边坡岩土体崩（滑）塌		很可能发生（D级）
	公路（路基）水毁		很可能发生（D级）
	采空区路基塌陷		可能发生（C级）
	泥石流		较不可能发生（B级）
道路设施丢失、损坏风险可能性分级	护栏倒塌	交通事故	很可能发生（D级）
		人为私拉护栏	可能发生（C级）
	护栏、雨箅子等设施丢失损坏	人为盗窃	可能发生（C级）

4.4 后果风险评估

4.4.1 突发道路交通事件风险后果的形式及分级标准

突发公共事件风险后果是指一旦突发事件发生，其可能产生的不利影响以及影响的严重程度。风险后果受风险源性质、风险承受能力和控制能力等要素的综合影响。风险后果首先受风险本身性质的影响，同时与风险承受能力、风险控制能力成反比。

突发事件风险后果可分为客观损失和主观影响两个方面。客观损失主要包括人员伤亡，环境影响，房屋建筑、公路、桥梁等受灾体的经济损失等。主观影响主要包括突发事件发生后所造成的政治影响，社会影响，以及媒体对事件的关注度、敏感度等。

参照“北京市奥运期间突发事件风险评估实施细则（1.0版）”，结合北京安全奥运的重要情况及特点，风险后果评估中各类突发事件按照其严重程度、可控性和影响范围以及主观影响等因素，一般分为五级：特别重大级、重大级、较大级、一般级和影响很小级（见表4-18 ~表4-20）。

表4-18　突发事件风险后果分级标准

风险后果等级	风险后果程度	严重程度	可控性	影响范围	主观影响
1	小	较小	很高	较小	较小
2	一般	一般	高	中	小
3	较大	中	中	大	中
4	重大	大	一般	很大	大
5	特别重大	很大	低	特别大	很大

表4-19　主观影响分级标准

分级	主观影响
极小	基本无政治影响和社会影响，媒体不太关注，对奥运会无影响
小	有一定的政治影响，社会影响较小，媒体关注度较低，对奥运会影响不大
中	政治影响和社会影响较严重，媒体关注度及敏感程度较高，有报道，对奥运会产生一定不良影响
大	政治影响和社会影响严重，媒体高度关注，报道较多，对奥运会产生严重影响
较大	政治影响和社会影响特别严重，媒体高度关注，成为报道的焦点，对奥运会产生极严重的不良影响

表4-20　严重程度分级标准

分级	严重程度分级标准
小	1.车行道、人行道或附属设施损坏不严重，对交通通行、居民出行造成较小影响但有损市容市貌，不威胁通行及居民安全； 2.城市道路暂时拥堵； 3.城区主要道路和低洼地区积水，影响行人通行
一般	1.伤亡1至2人； 2.III类道路交通阻断二车道以上，IV类道路交通完全阻断； 3.车行道、人行道或附属设施损坏，对交通通行、居民出行造成影响且有损市容市貌，不威胁通行及居民安全； 4.城区主要道路和低洼地区开始积水，部分路段和低洼地区积水深度达20cm，部分立交桥下积水深度达30cm。

分级	严重程度分级标准
大	1.伤亡3至9人，直接经济损失10万元以上、100万元以下； 2.I类道路交通阻断二车道以上；II、III类道路交通完全阻断，抢修时间12h以上； 3.城区主要道路部分路段和低洼地区积水深度达20cm以上、30cm以下，部分立交桥下积水深度达30cm以上、50cm以下； 4.对一定区域内的公共安全、政治稳定和社会经济秩序造成一定危害或威胁
重大	1.伤亡10至29人，或直接经济损失100万元以上、500万元以下； 2.II类道路交通完全阻断，抢修时间24h以上； 3.城区主要道路部分路段和低洼地区积水深度可能达30cm以上、50cm以下，部分立交桥下积水深度可能达50cm以上、100cm以下； 4.对一定区域内的公共安全、政治稳定和社会经济秩序造成严重危害或威胁
特别重大	1.伤亡30人以上或500万元以上直接经济损失； 2.I类道路交通完全阻断，抢修时间24h以上； 3.城区主要道路部分路段和低洼地区积水深度达50cm以上，部分立交桥下积水深度达100cm以上； 4.对北京市公共安全、政治稳定和社会经济秩序带来严重危害或威胁； 5.需北京市政府出面协调有关部门或军队、武警部队共同组织援救，或需要交通部协调外省进行援助

注：道路分类依据北京市道路抢险应急预案划分

I 类：高速公路（含五环路及八达岭高速）、国道、长安街及其延长线、天安门区域内道路；

Ⅱ类：市内主要干道、中央或市领导机关所在地、商业繁华街道、外事活动路线；

III 类：市内次干道、集会中心、商业街道、区领导机关所在地、游览路线或市区之间联络线、重点地区附近道路；

IV 类：支路、街坊路及上述以外的道路。

4.4.2 突发道路交通事件风险后果评估方法

（1）系统分析。基于详细而完备的数据，使用科学的指标体系、模型计算方法，对风险后果进行定量模拟。但受到数据和模型等约束，对奥运会期间突发事件的风险后果评估还难以使用这一分析方法。

（2）历史数据分析。进行历史事件的搜集整理，根据同类突发事件发生的历史情况来判断风险的后果。

（3）专家调查法。为了客观地对某些模糊因素的状态进行评价，在本次风险后果评估中对有关因素的分级判定采用了专家调查法。对评判对象进行专家评估，不同于普通的意见调查，是一种科学的评估方法。对某一具体因素的专家意见，在综合其多年的实际经验基础上，对具体问题多方位地分析和判断后提出。它虽然不能用确切的数值来描述，却对工程的评价有着决定性的指导价值。专家调查法的实质就是利用专家的知识和经验，对那些具有模糊性、较复杂且无法进行直接定量分析的问题，通过多次填写征询意见表的调查形式取得结论。由于该方法具有匿名性、反馈性、统计性等特点，调查过程中通过对专家意见的统计、分析，充分发挥信息反馈和信息控制的作用，从而使分散的评价逐渐趋近，最后集中在比较一致的测定结果上。

4.4.3 突发道路交通事件风险后果评估结果

近年来市区道路主要突发事件分布见图 4-16。

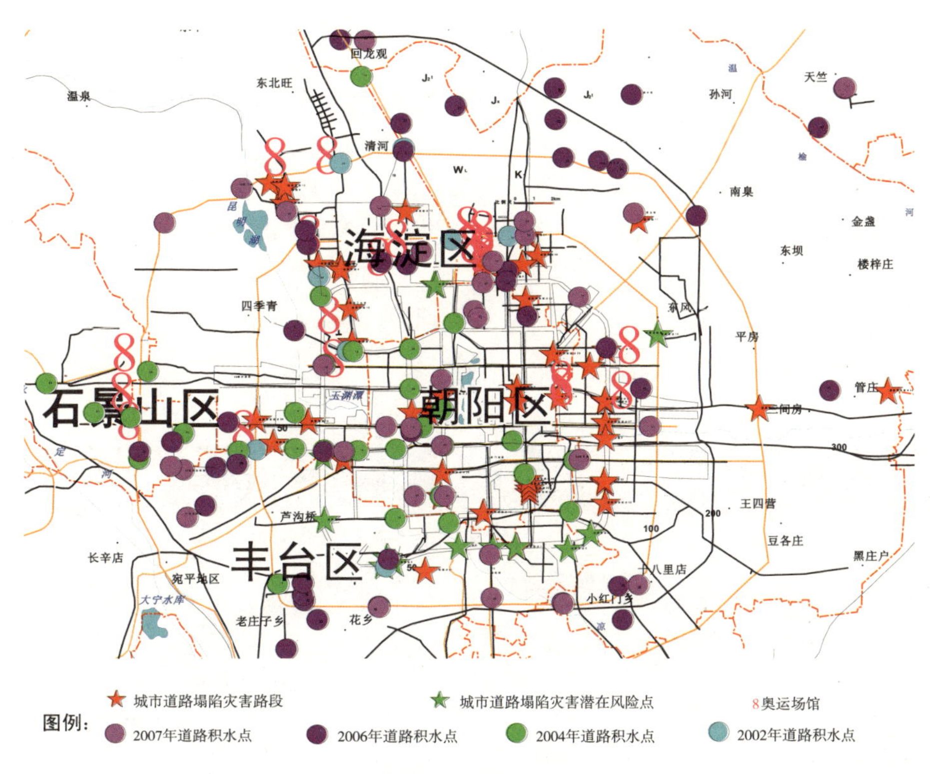

图4-16 近年来市区道路主要突发事件分布图

4.4.3.1 城市道路积水

近年来北京极端暴雨天气特别多，且降雨量集中，年降雨量的 80% 都集中在 6 至 10 月。而奥运会在 8 月份举行，集中降水造成城市道路积水重大事件的风险性极高。城市道路积水风险后果重大级风险区主要在前门一带、复兴门桥、安华桥、机场高速迎宾桥、红领巾桥等。

（1）客观损失。

以上提及的区域均属于市区道路积水频发区，并且积水的后果较为严重。极端的暴雨天气，给城市排水系统带来了极大的压力；易积水区地势低洼且暗排系统不畅；附近河流、下游水渠水位升高或河道堵塞造成城市道路积水。因自然原因造成的城市道路积水，事件重大时水深达 100cm 左右，造成交通拥堵，车辆排队十余千米，并可能会引发路面塌陷、挡墙破坏等次生灾害问题。2007 年 7 月 31 日早发生今年最强暴雨，首都机场高速迎宾桥下严重积水，积水深度达 1.5m，机场 10 年来首次双向断路；2006 年 8 月 1 日突降暴雨，半小时降雨 25mm，机场高速公路二号桥地势低洼，道路两旁和辅路的积水不约而同汇集到二号桥下形成积水和雨水倒灌，导致机场周边道路基本瘫痪，机场发布了当年首个蓝色预警，拥堵时间从 8:50 至 13:50，机场所有飞机均发生延误，旅客大量滞留。

（2）主观影响。

奥运会期间若奥运场馆附近道路桥梁发生积水，不管积水深浅都将影响市容市貌，影响北京的形象。若道路积水事故较为严重，积水很深，造成严重的交通拥堵，或导致奥运场馆周边道路基本瘫痪，极有可能影响运动员的行程和观众观看比赛的计划，造成极其不佳的国际影响。

道路积水风险后果分级如表 4-21 所示

表4-21　道路积水风险后果分级

评价指标		事件灾害后果等级
自然原因	极端的暴雨天气造成集中降水	重大
	地势低洼，暗排系统不畅	较大
	附近河流、下游水渠水位升高或河道堵塞	较大
排水设施能力不足	排水系统标准低	较大
	排水系统不完善或老化	较大
	无排水设施	一般
人为因素	周边在建施工工程或未完成的市政工程扰动正常排水系统	重大
	居民生活垃圾堵塞排水设施	一般
	电路损坏导致停泵	较大

4.4.3.2 城市道路塌陷

城市道路塌陷重大级风险后果区域主要位于朝阳区东三环主路及周边道路、熊猫环岛周边道路、海淀区颐和园路周边道路以及安定路、北土城东路等奥运场馆区附近。

（1）客观损失。

以上所提及区域均属于市区道路塌陷事故频发地区，并且事故后果大多比较严重。由于后果重大级风险事故原因为地下施工扰动土体或支护措施不当，地下施工引起地下管线损坏、塌落、渗漏施工以及含水市政管线大面积渗漏、堵塞、腐蚀、老化，路基软化，事故发生带有很大的突然性。因此一旦发生，虽历时短暂，但容易给施工人员、道路车辆和行人造成比较大的危害。

由于临近交通要道，车流量大，一旦发生交通事故，容易产生交通拥堵。同时还会因道路塌陷导致地下各种市政管线断裂破坏，引起各种次生灾害，造成很大的经济损失。例如，2006 年 1 月 3 日，北京东三环京广桥的路面塌陷事故，造成东三环京广桥全线封闭，朝阳路附近也实行交通管制，同时引起周边的给排水、通信等次生灾害。

（2）主观影响。

风险后果重大级风险区域一旦发生道路灾害事故，将成为媒体关注的焦点和热点，会造成恶劣的政治和社会影响。如果发生类似的灾害，会给奥运会带来极严重的负面影响。例如，2005 年 11 月 30 日，位于朝阳区熊猫环岛的地铁十号线 22 标段发生坍塌事故，塌方面积近 500m^2，深约 16m。另外，前述的北京东三环京广桥路面塌陷事故和苏州街车站东南出入口塌方事故，都产生了不良的社会影响。综合考虑，此类区域灾害后果属重大级。

市区道路塌陷后果评估分级如表 4–22 所示。

表4–22　市区道路塌陷后果评估分级

评价指标		事件灾害后果分级
地质条件	不良地质条件在地下水弱化作用下，产生沉陷、脱空，形成空洞	一般
地下施工	地下施工扰动土体或支护措施不当	重大
	地下或周边施工过量抽取地下水	较大
	地下施工引起地下管线损坏、塌落、渗漏	重大
二次开挖回填	二次开挖回填不实	较大
已有地下管线失效	含水市政管线大面积渗漏、堵塞、腐蚀、老化，路基软化	重大
车辆超载	超载车辆通行	一般

4.4.3.3　山区公路灾害

风险后果重大级风险区域主要指延庆县、昌平区、门头沟区和房山区的山区公路。

（1）客观损失。

以上所提及区域交通干线密集，受灾体数量多，并且容易造成道路阻车。其灾害较大，例如，2006 年 8 月 4 日，108 国道 K56+200 处一次性塌方 450m^3。

（2）主观影响。

此区域交通公路多为连接北京市与相邻省份的交通要道，或者通往北京著名的国家级或市级旅游景点的高等级公路。奥运会期间一旦阻车，会产生不同程度的影响。综合考虑，此类区域灾害后果属重大级。

山区道路灾害风险后果评估分级如表 4 –23 所示。

表4–23　山区道路灾害风险后果评估分级

评 价 指 标	事件灾害后果分级
不均匀路基差异变形	一般
道路边坡岩土体崩（滑）塌	较大
公路（路基）水毁	较大
采空区路基塌陷	较大

4.4.3.4　道路设施破坏

道路设施破坏主要包括护栏的损坏、倒塌以及井盖的丢失。其中护栏的损坏、倒塌主要是由交通事故引起的，交通事故的易发区即是护栏等道路设施损坏倒塌的风险区；井盖失窃现象主要集中在城乡接合部、连片拆迁改造地区、管理不严格的老旧小区等。

道路设施丢失风险后果分级如表 4–24 所示。

表4–24　道路设施丢失风险后果分级

评 价 指 标		事件灾害后果等级
护栏倒塌	交通事故	一般
	人为私拉护栏	较小
护栏、雨箅子等设施丢失	人为盗窃	较大

（1）客观损失。

道路设施破坏、丢失，如护栏破坏或者倒塌时，可能刮伤行人，并有可能对来往的车辆带来一定的损坏，造成一定的经济损失。而且大部分护栏倒塌事故都会对交通造成一定的影响，严重时会造成长达几个小时的拥堵。井盖的丢失每年都会给北京市带来几百万元的经济损失。无盖井不仅破坏市容市貌，而且时时刻刻威胁着生命财产安全。

（2）主观影响。

道路设施破坏大部分属于交通事故引发的次生灾害。北京奥运会期间若发生交通道路设施的破损，只要及时进行交通的疏导和护栏的修补，对北京奥运会交通影响不大。即使在奥运会期间，交通事故也很难完全避免，只要在处理交通事故时表现出优秀的处理突发道路交通公共事件的能力，那么交通事故及其引发的道路设施破坏不会对北京奥运会造成严重影响。而井盖的丢失则会影响市容市貌，给过往的行人带来一定的危险，并从细节上对北京的整体形象造成不好的影响，而在奥运会期间万一发生了“无盖井吃人”等事件，则会引起国际关注，严重影响北京的形象。

4.4.4 突发交通事件风险后果分级小结(表4–25)

表4–25 突发交通事件风险后果分级汇总

风险源	评价指标		事件灾害后果分级
道路积水风险	自然原因	极端的暴雨天气造成超标准集中降水，雨水不能短时间内排出	重大（4级）
		地势低洼汇水区，暗排系统不畅	较大（3级）
		附近河流、下游水渠水位升高或河道堵塞，排水不畅导致积水	较大（3级）
	排水设施能力不足	排水系统标准低	较大（3级）
		排水系统不完善或老化	较大（3级）
		无排水设施	一般（2级）
	人为因素	周边在建施工工程或未完成的市政工程扰动正常排水系统，使管道排水不畅，引发积水	重大（4级）
		居民生活垃圾等堵塞排水设施	一般（2级）
		泵房内电路损坏造成停泵导致积水	较大（3级）

风险源	评价指标		事件灾害后果分级
城市道路路面塌陷风险	地质条件	厚填土区在地下水的不良作用下，产生沉陷、脱空，形成空洞	一般（2级）
	地下施工	地下施工扰动土体或支护措施不当	重大（4级）
		地下或周边施工过量抽取地下水	较大（3级）
		地下施工引起地下管线损坏、塌落、渗漏	重大（4级）
	二次开挖回填	二次开挖回填不实	较大（3级）
	已有地下管线失效	含水市政管线大面积渗漏、堵塞、腐蚀、老化，路基软化	重大（4级）
	车辆超载	超载车辆通行	一般（2级）
公路地质灾害风险	不均匀路基差异变形		一般（2级）
	道路边坡岩土体崩（滑）塌		较大（3级）
	公路（路基）水毁		较大（3级）
	采空区路基塌陷		较大（3级）
	泥石流		一般（2级）
道路设施丢失、损坏风险	护栏倒塌	交通事故	一般（2级）
		人为私拉护栏	较小（1级）
	护栏/雨箅子等设施丢失	人为盗窃	较大（3级）

4.5 风险分级

4.5.1 风险分级评价标准

道路交通安全突发事件风险是主要针对奥运会期间发生不同程度的道路交通事件的可能性，其可能对人类的生命财产构成威胁及可能造成的社会影响的定性、定量化的分析和评估，是以风险可能性分析和风险后果分析为依据进行综合评估。一般的，突发事件的可能性越大，后果越严重，则风险等级越高。道路安全突发事件风险评估的目的在于明确哪些风险需要控制、哪些风险可以接受，同时确定风险管理的优先级，为政府部门应对奥运会前期和奥运会期间可能发生的道路交通突发事件提供决策依据。

道路安全风险评价分级参考国际风险管理理事会（IRGC）《风险管理白皮书》、澳大利亚/新西兰风险管理标准（Risk Management, AS/NZS4360：1999）和奥运安保情报中心《第29届奥运会安全风险评估实施标准》等资料，具体分级标准如表4-26所示。

表4-26　道路交通安全突发事件风险分级标准

		后果				
		1	2	3	4	5
可能性	A	低	低	低	中	高
	B	低	低	中	高	极高
	C	低	中	高	极高	极高
	D	中	高	高	极高	极高
	E	高	高	极高	极高	极高

4.5.2　风险分级评价结果

根据上述的风险分级标准，对北京地区奥运会期间的主要道路交通安全突发事件进行风险综合分级。

4.5.2.1　道路积水

根据道路积水风险事件发生的可能性以及后果情况，对道路积水的风险分级如表4-27。

表4-27　道路积水事件风险分级

评价指标		风险分级
自然原因	极端的暴雨天气造成超标准集中降水，雨水不能短时间内排出	极高
	地势低洼汇水区，暗排系统不畅	极高
	附近河流、下游水渠水位升高或河道堵塞，排水不畅导致积水	高

评价指标		风险分级
排水设施能力不足	排水系统标准低	高
	排水系统不完善或老化	高
	无排水设施	中
人为因素	周边在建施工工程或未完成的市政工程扰动正常排水系统，使管道排水不畅，引发积水	极高
	居民生活垃圾等堵塞排水设施	高
	泵房内电路损坏造成停泵导致积水	中

（1）极高级风险。

极端的暴雨天气造成超标准集中降水，雨水不能短时间内排出，地势低洼、暗排系统不畅和周边在建施工工程或未完成的市政工程干扰正常排水系统，使管道排水不畅造成的道路积水事件风险为极高级。

依据历年道路积水事件的处理效果的统计数据，以 2007 年道路积水情况为例，因极端暴雨天气引发的道路积水事件主要是机场迎宾桥，积水深度达 1.5m，使机场 10 年来首次双向断路，旅客大量在机场滞留，造成了极其不良的社会影响。大雨引发的积水事件在奥运场馆周围也有发生，例如安华桥、惠新西桥等，这些地方在道路积水时，均会造成较严重的交通拥堵问题。北京的雨季主要集中在 6 至 8 月份，奥运期间正值北京的雨季，极端暴雨天气很可能发生，一旦在奥运场区附近、重要的交通干道（如：可能发生积水的复兴路路段）发生了道路积水事件，直接影响到奥运比赛的进行，同时也会造成特别恶劣的社会影响和政治影响，因此极端暴雨天气造成集中降水引发的道路积水事件风险性极高。

（2）高级风险。

因附近河流、下游水渠水位升高或河道堵塞、排水系统不完善或老化、居民生活垃圾堵塞排水设施、排水系统标准低引发的道路积水事件的风险为高级。

在马家楼桥、健翔桥附近的道路积水都是由于周边河流或下游水渠水位升高所致；人员比较集中的前门地区，因为排水设施大部分是解放前设计的，标准比较低，排放能力偏低，是导致道路积水、引发交通拥堵现象的主要原因，严重影响了行人、车辆出行。奥运会期间，该地区的游客将会比较集中，道路积水将会为其出行带来极大的不便，并可能因道路积水引起游客和行人大量集聚，进而引发道路拥堵，同时还会造成较为恶劣的政治和社会影响，引起不利的国际影响。

（3）中级风险。

无排水设施和泵房内电路损坏造成停泵引发的积水事件的风险等级综合为中级。这些风险源导致的道路积水事件，将会造成一定的社会和政治影响，同时对奥运会的顺利进行也造成一定的影响。

4.5.2.2 城市道路塌陷。

根据城市道路塌陷风险事件发生的可能性以及后果，对道路塌陷的风险分级如表 4–28。

表4–28 城市道路塌陷事件风险分级

评价指标		风险分级
地质条件	不良地质条件在地下水弱化作用下，产生沉陷、脱空，形成空洞	中
地下施工	地下施工扰动土体或支护措施不当	极高
	地下或周边施工过量抽取地下水	高
	地下施工引起地下管线损坏、塌落、渗漏	极高
二次开挖回填	二次开挖回填不实	极高
已有地下管线失效	市政管线大面积渗漏、堵塞、腐蚀、老化，路基软化	极高
车辆超载	超载车辆通行	低

（1）极高级风险。

地下施工扰动土体或支护措施不当，二次开挖回填不实，地下施工引起地下管线损坏、塌落、渗漏和市政管线大面积渗漏、堵塞、腐蚀、老化，路基软化引发的道路塌陷事件风险综合为极高级风险。

（2）高级风险。

地下或周边施工过量抽取地下水引发道路塌陷，由此导致的道路路面塌陷事件比较少，但是如果一旦发生，其造成的影响后果较大，因此风险等级为高。

4.5.2.3 公路地质灾害

根据公路地质灾害风险事件发生的可能性以及后果情况，对公路地质灾害的风险分级如表 4–29。

表4-29　公路地质灾害事件风险分级

评价指标	风险分级
不均匀路基差异变形	低
道路边坡岩土体崩（滑）塌	极高
公路（路基）水毁	高
采空区路基塌陷	高

（1）极高级风险。

北京市郊区公路发生岩土体崩（滑）塌事件较为频繁，部分分布在居民相对较集中、公路较发达的地区，造成的损失非常大，也将会造成较坏的政治和社会影响。例如：八达岭高速公路若发生崩塌事件会直接影响行人出行，特别是奥运会期间，外国游客会大幅度的增加，发生风险的可能性较正常情况下提高，事件具有突发性和灾难性。因此，一旦发生崩塌事件必将会造成道路交通中断、人员安全伤害，并造成非常不良的国际政治影响，其风险为极高级。

（2）高级风险。

采空区路基塌陷事件可能发生，但是其分布范围主要在北京的西面和西南面。虽然目前发生的可能性为中级，但是由于一旦发生就可能影响公路正常运行，可能会影响人员安全，在奥运会期间会带来较不利的国际影响，因此其风险综合为高级。

（3）低级风险。

不均匀路基差异变形地质灾害在北京市非城市公路中发生的较少，但是其造成的影响是缓慢的，可以采取有效措施避免其带来的影响，对奥运会产生的负面影响中等至小，故综合评定为低级风险。

4.5.2.4　道路设施丢失、损坏

道路设施丢失、损坏事件风险分级如表4-30所示。

表4-30　道路设施丢失、损坏事件风险分级

评价指标		风险分级
护栏倒塌	交通事故	高
	人为私拉护栏	低
护栏/雨箅子等设施丢失、损害	人为盗窃	高

（1）高级风险。

人为盗窃和交通事故损坏护栏事件风险综合为高。虽然近几年人为盗窃致使道路设施丢失的情况在不断减少，但仍然可能发生。井盖丢失若没有及时采取相应的措施，会对行人造成极大的威胁，同时会损害北京的形象。

（2）低级风险。

人为私拉护栏等事件的风险综合为低级。

4.5.3 突发交通事件风险分级小结（表4–31）

表4–31 突发交通事件风险分级汇总

风险源	评价指标		突发交通事件风险分级
道路积水风险分级	自然原因	极端的暴雨天气造成超标准集中降水，雨水不能短时间内排出	极高
		地势低洼汇水区，暗排系统不畅	极高
		附近河流、下游水渠水位升高或河道堵塞，排水不畅导致积水	高
	排水设施能力不足	排水系统标准低	高
		排水系统不完善或老化	高
		无排水设施	中
	人为因素	周边在建工程或未完成的市政工程扰动正常排水系统，使管道排水不畅，引发积水	极高
		居民生活垃圾等堵塞排水设施	高
		泵房内电路损坏造成停泵导致积水	中
城市道路路面塌陷风险分级	地质条件	厚填土区在地下水的不良作用下，产生沉陷、脱空，形成空洞	中
	地下施工	地下施工扰动土体或支护措施不当	极高
		地下或周边施工过量抽取地下水	高

风险源	评价指标		突发交通事件风险分级
城市道路路面塌陷风险分级		地下施工引起地下管线损坏、塌落、渗漏	极高
	二次开挖回填	二次开挖回填不实	极高
	已有地下管线失效	含水市政管线大面积渗漏、堵塞、腐蚀、老化，路基软化	极高
	车辆超载	超载车辆通行	低
公路地质灾害风险分级	不均匀路基差异变形		低
	道路边坡岩土体崩（滑）塌		极高
	公路（路基）水毁		高
	采空区路基塌陷		高
	泥石流		低
道路设施丢失、损坏风险分级	护栏倒塌	交通事故	高
		人为私拉护栏	低
	护栏、雨箅子等设施丢失	人为盗窃	高

4.6 风险防范与控制

4.6.1 道路安全风险控制措施现状

（1）道路交通突发事件的基本情况和特征。各种道路子事件发生会引发其他事件的发生和加剧，尤其这些作用和影响是模糊的和不确定的，且道路交通安全系统是一个开放的模糊系统，目前对由地质环境条件和水文地质条件引发的事件的了解缺乏系统性和确定性，影响道路安全的地下隐患是动态发展的；对地下管道健康隐患以及空间分布信息不完全明确，仍处于一个模糊的、动态状态。因此，目前对道路突发事件的控制措施还不足以满足突发道路交通事件风险防范的要求。

（2）进一步完善应急预案各部门的协调处置工作方案。风险管理过程中需要相关部门协调配合、信息资源及时分析和共享，需要完善多部门应急预案的协调处置工作方案。

（3）深入开展宣传教育工作。制订应对道路突发事件的教育培训计划，编制公众应对道路突发事件的各种宣传材料和应急手册；充分利用电视、广播、报纸、互联网等媒体，开展应急宣传教育，增强公民防范意识，使其学习掌握应对道路突发事件的基本知识和技能；组织各成员单位开展面对应急指挥和参与应急事件处置人员的道路突发事件相关知识培训；将道路突发事件预防、应急指挥、综合协调等作为重要内容，以增强应对道路突发事件的知识和能力。

4.6.2 道路安全风险控制措施与工作建议

由于道路突发事件的发生形式和形成过程都具有较大差异，其主控风险因素亦不同，因此应针对不同事件类型采取不同控制措施。

4.6.2.1 道路积水

（1）极端暴雨天气造成集中降水导致的积水事件。做好夏季防汛预案和宣传工作，预报有极端降雨天气发生时，在易发生积水的地点做好抽、排水和交通疏导准备工作,对于奥运场馆周边重点区域及交通重点路段,应当与所属地区开展积极配合,安排专人负责监控道路的动态变化，以达到事件发生时能够作出最快的反应。

（2）排水系统不完善或老化、排水系统标准低、无排水设施导致的积水事件。对于积滞水严重影响交通的一些地带，特别是奥运场馆所在地和交通要道，尽快完善相关排水设施。对奥运会期间造成影响较小的区域和地段进行实时监控，并做好相应的防御措施。

（3）地势低洼，雨水排放不及时和附近河流、下游水渠水位升高导致的积水事件。现有立交桥下方地势较低处及辅路相对主路地势较低路段，采用实时监控的方案；对处于汇水量特别大的地方，排水设施比较完善但积水仍无法及时排出的地段，应增加机动排水设施，及时组织人力进行抽排水并启动相应的疏导方案；对建筑工程导致道路地洼、汇水等，应对其整平处理；对排水沟地面标高高于道路的路段进行整平。

（4）居民生活垃圾堵塞排水设施、河道堵塞，排水不畅导致的积水事件。对因垃圾堵塞排水口引发的道路积水事件，各相关部门应当在汛期密切注意易发生垃圾堵塞地段的实时情况，及时进行疏通。

（5）周边在建工程或未完成的市政工程扰动正常排水系统造成的积水事件。对于因施工影响正常排水的在建工程，应当要求其进行整改，保证排水通畅；对于整改后仍无法达到要求的在建项目，建议在奥运会期间停止施工。

（6）泵房内电路损坏造成停泵导致的积水事件。应当加强与电力管理部门的配合，发现问题及时通知电力管理部门及时解决。

4.6.2.2　城市道路塌陷

（1）地下施工引起的市区道路塌陷。施工前，对地下可能存在风险的地段进行超前探测、排查，掌握前方地质情况，做好超前地质预报工作；在施工中，各管网的产权部门要健全各项安全制度，勘察设计单位应为建设单位提供与建筑项目相关的管网资料；建设单位在建设前，应主动到管网部门详细了解情况，在未接到管网资料前禁止动工建设；在建项目管网资料不完善的，应停工检查并按要求完善有关手续；在京建筑单位若违反规定损坏各种管网的，应处以罚款、停工整顿、降低资质等。在施工中采取切实可靠的施工保护措施，加强施工管理。

（2）二次开挖回填不实引起的市区道路塌陷。对重点地区采取探地雷达等多种手段进行探测，排查重点隐患，加强巡检，及时发现隐患和补救。

（3）已有地下管线失效引起的市区道路塌陷。对现有地下水管进行风险排查，对超过使用寿命的地下自来水管道实施强制更换制度，针对本次风险评估过程中各部门提出的风险性高的地段开展重点道路区段的探测排查工作。

（4）超载车辆通行引起的市区道路塌陷。采用行政手段严厉禁止机动车超载上路行驶。

4.6.2.3　公路地质灾害

对不稳定边坡和具有较高风险的道路采空区塌陷等事件进行重点监测和巡视检查；对于可能存在隐患或影响严重的地段，采用地质、物探等手段进行勘查；对重点边坡地区开展较全面的地质调查工作；对于潜在不稳定的边坡崩塌体进行削坡清除，或可根据地形、岩层情况和具体地质情况，采取嵌补、支顶的方法予以加固，降低或转移边坡危岩或道路采空区塌陷的风险。

对公路（路基）水毁风险区，与气象、水务部门加强协调沟通，提前对隐患点进行加固，在重点路段做好应急保障，备足抢护的材料、工具以及救生、照明和通信设施。

4.6.2.4　道路设施丢失、损坏

鉴于发生道路设施丢失和损坏事件的随机性很强，有关部门应当和各区、县相互配合，密切注意道路设施的情况，查漏补缺。

5 桥梁安全风险评估与控制

5.1 风险描述

5.1.1 北京市桥梁特点

北京市目前既有桥梁数千座，特点为：以中小跨径梁式桥为主；以复杂型式立交桥为特征，如图 5-1 所示；建有少量拱桥；新型桥梁逐渐增多。

图5-1 四环路莲花池东路立交桥效果图

桥梁建成时间跨度大，设计荷载标准不同，施工质量、使用状况和维修养护水平方面均存在着较大差异。近年来出现了不同程度的安全问题，大致可分为桥梁主体结构破坏、桥面系病害及附属构造物损害三大类。历年桥梁突发事件数据统计表明奥运会期间（6月至9月）正值各类事故多发期。大量运动员、各国来宾、新闻媒体工作人员、游客齐聚北京，给交通环境带来了巨大的压力。一旦发生桥梁突发事件，将严重影响奥运会赛程的正常进行及社会交通的运行，造成严重不良影响。

5.1.2 桥梁突发事件的历史与现状

近年来，国内外桥梁安全事故时有发生。美国明尼苏达州一座建于 1967 年的公路桥在 2007 年 8 月 1 日傍晚交通高峰时间突然发生桥梁坍塌事故，约 50 辆汽车坠入河中，如图 5-2 所示。事故造成至少 4 人死亡，79 人受伤，另有 30 人失踪。桥梁是结构性坍塌，事故发生时，桥梁正在维修当中。据有关资料表明，在全美国范围内，大概有 8 000 座桥梁存在这种“结构性缺陷”，另外估计还有约 8 000 座桥梁的安全评级比这更低一些。而按照美国目前的桥梁安全诊断标准，“结构性缺陷”并不代表桥梁需要关闭或者必须立即报废以更换新桥。

图5-2　明尼苏达州桥梁坍塌

我国湖南湘西土家族苗族自治州凤凰县境内凤大公路（湖南凤凰至贵州铜仁大兴机场）当时正在施工中的堤溪段大桥突然垮塌，如图 5-3 所示，造成数十人死亡，上百人受伤。

图5-3　湖南凤凰堤溪大桥倒塌

广东九江大桥南桥段近200m的桥面垮塌，坍塌的桥体呈45°插入水中，如图5-4所示，原因为大桥桥墩遭一艘运砂船撞击。事故造成多辆车掉下水中，315国道九江大桥附近双向路段封闭。九江大桥建于1988年，2005年检测显示桥体一切正常。

图5-4　广东九江大桥倒塌

北京地区桥梁近年来也发生过多起险情，如：2007 年 7 月 18 日一辆货车由北向南行至西五环路杏石口桥南侧 300m 处失控，撞塌一座人行过街天桥桥墩，致天桥下沉成 V 字形。事故致货车内两人 1 死 1 伤，西五环主路杏石口桥至八大处桥双向封闭 10 余小时，如图 5-5 所示。据不完全统计，最近三年，每年北京均发生数十起大货车撞桥事件。以上表明，桥梁事故近年来有逐步上升趋势，必须对桥梁的安全事故给予足够的重视，分析原因，及时消除安全隐患。

图5-5　五环路杏石口天桥

5.1.3　桥梁突发事件的特点及原因

根据近几年桥梁安全事故的统计分析，目前北京地区车行桥安全隐患分为两大类：结构性破坏与功能性破坏。人行桥也存在一定安全隐患。

5.1.3.1　结构性破坏

（1）结构性破坏突发事件的特点：

① 突发性。虽然根据桥梁承载能力的不足对结构性破坏可做一定的预测，但发生突发结构性破坏事件具不确定性，突发性强。

② 影响严重。结构性破坏会造成桥梁整体垮塌，直接损失大；对交通影响巨大；

短时间内很难恢复；对奥运会赛事有严重影响；对社会环境有不良影响等。

③ 对风险源有一定认识。多年来，桥梁管理、养护部门对突发事件的原因已进行了分析总结，并采取了多项控制措施，取得了成效。

（2）结构性破坏突发事件的原因：

① 人为外力。

地下施工对桥梁的影响。地铁、南水北调暗涵及其他地下施工对已建桥梁产生了极为不利的影响。目前已有多座桥梁因地下施工引起的基础变形超出容许值，构成严重的安全隐患。如二环路玉蜓桥现已采取临时支护方式维持使用，如图 5-6 所示。

图5-6　二环路玉蜓桥

车辆超载。超载对桥梁的损伤非常严重，轻者造成结构局部破损、整体承载能力下降，重者造成桥梁整体垮塌。如 2007 年 8 月 15 日，一辆总重达 183.2 吨的货车经过 208 国道太原市小店区段东柳林桥。重压之下，东柳林桥西半幅桥面整体垮塌，如图 5-7 所示。北京地区的重要交通干线车辆超载现象严重，虽采取了多项措施仍未根本解决。

交通量大。北京地区机动车保有量增长速度惊人，城区及主要交通干线交通量始终处于超饱和状态，对桥梁造成的不利影响有如下两方面：直接作用于桥梁的荷载增加，造成桥梁损伤加剧，从而出现安全隐患；因交通量大，必要的检测、加固工作难以实施，桥梁处于带病工作状态，增加了出现事故的概率。目前北京城区、郊区主要干线交通量普遍处于饱和状态。

车辆超高超宽及违章驾驶。近年来，桥梁被撞现象时有发生，三环路洋桥立交桥边梁被撞（图 5-8），四环路健翔桥两侧辅路被撞、双井铁路桥被撞、五环路杏石口天桥被撞等，均造成了桥梁严重破坏，危及了桥梁的安全使用。

图5-7　山西183.2吨超载货车

图5-8　三环路洋桥立交桥

河道改造。北京地区近年来进行了部分河道改造，但并未同时进行相应的桥梁改造，个别桥梁基础出现了险情。如大红门桥。河道改造后引起了桥梁下冲刷增大、桩基础埋深不足的险情。

② 承载能力不足。

承载能力退化。北京城区桥梁按《城市桥梁养护技术规范》（CJJ 99—2003）进行养护管理，养护类别分为Ⅰ、Ⅱ、Ⅲ、Ⅳ、Ⅴ类，Ⅰ类中的不合格级、Ⅱ至Ⅴ类中的 D 级（不合格状态）及 E 级（危险状态）桥梁普遍存在混凝土强度不足、开裂超标、钢筋锈蚀、承载能力退化现象，构成安全隐患。如西直门北小立交，养护单位发现桥纵横向均有裂缝和渗水现象，经检测定为 E 级（危险状态）桥梁，由北京交通部门组织专家进行了专题讨论，得出“该桥受力状况极为不匀，随时有坍塌的可能，建议尽快重建”的结论。2006 年经 56h 抢修完成了换梁工程。复兴门桥经检测定为 D 级（不合格状态），因而也实施了加固工程。

北京城区以外的桥梁按《公路桥涵养护规范》（JTG H11—2004）进行养护管理，技术状况分为一类（完好、良好）、二类（较好）、三类（较差）、四类（差的）、五类（危险）。其中三类、四类、五类桥梁普遍存在混凝土强度不足、开裂超标、钢筋锈蚀、承载能力退化现象，构成安全隐患。如京良路永立桥经检测得知桥承载能力不符合要求，主梁裂缝宽度超过限值，桥梁处于较危险状态，定为四类（已加固完成），现已加固完成。

桥梁荷载标准不足。桥梁荷载标准在建设之初是根据道路的等级、服务对象确定的。但随着北京市近年来经济建设的迅猛发展，原为低等级荷载标准的桥梁普遍超负荷使用；原为低等级道路两侧加宽升级为高等级道路；原桥不动（低标准），两侧加新桥（高标准），形成主路中心车道，其荷载标准不足；原为低等级道路，现由于经济发展，通行车辆荷载、交通量急剧增加；原按机非混行、辅路桥梁（比主路荷载标准低）建设的桥梁，因交通压力过大，现已准许行驶大型车辆。目前北京地区桥梁荷载标准分为两类：公路桥梁为公路－Ⅰ级（现行）、公路－Ⅱ级（现行）、汽车－超 20 级（89 规范）；汽车 –20 级（89 规范）、汽车 –15 级（89 规范）、汽车 –10 级（89 规范）等；城市桥梁为城 –A 级（现行）、城 –B 级（现行）等。根据北京地区的交通状况，货运车辆满载甚至超载现象十分普遍，虽设有限载标志，但收效甚微。因此根据现况交通分析，荷载标准不足汽车 –20 级的桥梁处于超负荷使用状态，存在较大的安全隐患。

③ 自然因素。

北京城区近年未出现洪水对桥梁的破坏事例，但郊区部分桥梁出现过洪水冲毁桥梁的事例。因此部分桥梁存在因自然因素造成的结构性破坏。

5.1.3.2　功能性破坏

（1）功能性破坏突发事件的特点。

①突发性。功能性破坏往往是由于人为外力及自然因素直接作用造成的，具有极强的不确定性、突发性。

②影响较严重。功能性破坏虽不会造成桥梁整体垮塌，但同样对交通影响巨大；对奥运会赛事有严重影响；对社会环境有不良影响等。

③分布面广。从近年来统计数据看，城区、郊区，主干路、次干路等均发生过此类事故。

（2）功能性破坏突发事件的原因。

① 人为外力。

车辆超载。车辆超载同样会使桥面系破损加剧从而引发功能性破坏。桥面系的病害虽不会造成桥梁整体的垮塌事故，但会严重地影响桥梁正常使用，对奥运会期间的交通运行状态构成威胁。如木樨地桥桥面塌陷如图 5-9 所示。

图5-9　木樨地桥塌陷

车辆超高超宽及违章驾驶。桥梁被撞严重致结构性破坏事件较少，但发生防撞门架倒塌破坏、翻车、起火、货物或翻斗车卡在桥下等事故发生的频率极高。发生此类事故主要与驾驶员有直接关系，可能是其未意识到自己车辆超高、未看到标志、疲劳驾驶、存在侥幸心理等原因。此类事故造成的后果重大，对交通影响严重，对奥运会赛事也会造成影响。

② 桥下净空低。

桥下净空是根据建设之初道路的等级、服务对象确定的。但随着北京市近年来交通量急剧增加，交通压力过大，原桥下为机非混行路、辅路甚至是非机动车道（净空低于 4.5m）均准许通行大型车辆。虽有限高标志、限高设施，但车辆撞击事件时有发生。

③ 自然因素。

奥运会期间恰逢北京的雨季，历年暴雨都会使桥梁出现桥面积水、破损、桥台、挡墙倾斜等现象，构成安全隐患。

（3）人行桥人员伤亡事故。

北京地区人行桥数量增长速度很快，仅城区就有 300 余座。历史上，城区尚未出现过因人员拥挤导致的恶性事故，但类似事件曾在北京密云县发生过。

人行桥存在的主要问题有：栏杆的抗水平推力不足、自震频率低于 3Hz。因新规范中对此有明确规定，部分旧桥（新规范之前建成）不满足要求。目前人行桥的人流量较大，特别是在车站、公园、商场、体育场（馆）附近的人行桥人流量极大，一旦出现拥挤、踩踏事件，后果不堪设想。

（4）风险源汇总分析。

综合以上分析，本评估将北京地区桥梁突发安全事故分为两大类，见表5–1。

表5–1　北京地区桥梁突发安全事件风险源汇总表

桥梁突发事件分类	桥梁突发事件描述			
	原因（风险源）描述		后果描述	
			影响形式	主要影响对象
结构性破坏	人为外力	地下施工对桥梁的影响	主体结构破坏	奥运赛事车辆、社会交通、桥梁结构、责任部门、社会心理
		车辆超载	主体结构破坏	
		交通量大	主体结构破损加剧	
		车辆超高、超宽及违章驾驶	主体结构破坏	
		河道改造	基础安全	
	承载能力不足	桥梁承载能力退化	主体结构破损加剧	
		承载能力标准低	主体结构破损加剧	
	自然因素	洪水	基础安全	
功能性破坏	人为外力	车辆超载	局部破损	奥运赛事车辆、社会交通、责任部门、社会心理
		交通量大	局部破损速率增加	
		车辆超高、超宽及违章驾驶	局部破损	
	桥面系损坏		局部破损	
	桥下净空低		局部破损	
	自然因素	暴雨	局部破损	
人行桥人员伤亡事故	观看奥运赛事	拥挤、踩踏事件	人员伤亡	奥运赛事车辆、社会交通、责任部门、社会心理
	其他活动	拥挤、踩踏事件		

5.2 风险承受能力与控制能力分析

5.2.1 风险承受能力（脆弱性）分析

5.2.1.1 结构性破坏风险承受能力

结构性破坏风险可能影响的具体对象，包括受影响的奥运赛事车辆、社会交通、桥梁结构、责任部门、社会心理等。

（1）奥运赛事车辆。

在奥运专用道及附近区域内一旦发生桥梁结构性破坏，将严重影响赛事的正常进行，因此奥运赛事车辆在上述范围内对结构性破坏突发事件的承受能力很弱。

（2）社会交通。

在五环路以内城市主干道区域内，交通量极大，如出现结构性破坏，必将造成交通拥堵。如五环路杏石口天桥被撞，导致西五环路及附近地区长达十几个小时的交通拥堵。因此，社会交通在上述范围内对结构性破坏突发事件的承受能力很弱。

（3）桥梁结构。

结构性破坏会造成桥梁结构整体垮塌，自身对结构性破坏突发事件的承受能力较弱。

（4）责任部门。

市交通部门及桥梁的直接管理部门、养护部门负责桥梁的日常维护及突发事件的应急抢险工作，已制订了桥梁应急预案，但修复桥梁将花费大量资金，对结构性破坏突发事件的承受能力较弱。

市公安交通管理部门负责全市的交通指挥、疏导工作，即使采取应急措施，仍会造成一定范围内的交通拥堵，对结构性破坏突发事件的承受能力较弱。

（5）社会心理。

办好北京奥运会是全国人民的共同心愿，此时一旦出现桥梁突发事件，会在人们心理造成巨大的反差，甚至可能对我国的政治、经济和国际形象产生极为不利的影响。因此，社会心理对结构性破坏突发事件的承受能力较弱。

5.2.1.2 功能性破坏风险承受能力

功能性破坏风险可能影响的具体对象，包括受影响的奥运赛事车辆、社会交通、责任部门、社会心理等。

（1）奥运赛事车辆。

在奥运专用道及附近区域内发生桥梁功能性破坏，将严重影响赛事的正常进行。因此奥运赛事车辆在上述范围内对功能性破坏突发事件的承受能力很弱。

（2）社会交通。

在五环路以内城市主干道区域内交通量极大，如出现功能性破坏，也将造成交通拥堵。因此，社会交通在上述范围内对功能性破坏突发事件的承受能力很弱。

（3）责任部门。

市交通部门及桥梁的直接管理部门、养护部门负责桥梁的日常维护及突发事件的应急抢险工作，已制订了桥梁应急预案，对功能性破坏突发事件的承受能力一般。

市公安交通管理部门负责全市的交通指挥、疏导工作，即使采取应急措施，仍会造成一定范围内的交通拥堵，对功能性破坏突发事件的承受能力较弱。

（4）社会心理。

会造成对人们的心理反差，甚至可能对我国的政治、经济和国际形象产生极为不利的影响。因此，社会心理对功能性破坏突发事件的承受能力较弱。

5.2.1.3 人行桥人员伤亡事故

人行桥人员伤亡事故风险可能影响的具体对象，包括受影响的奥运赛事车辆、社会交通、责任部门、社会心理等。

（1）奥运赛事车辆。

在奥运专用道及附近区域内，发生人行桥人员伤亡事故，也将对赛事有一定的影响，因此奥运赛事车辆在上述范围内对人行桥人员伤亡事故的承受能力弱。

（2）社会交通。

在五环路以内城市主干道区域内交通量极大，如人行桥人员伤亡事故，也将造成交通拥堵。因此，社会交通在上述范围内对人行桥人员伤亡事故的承受能力弱。

（3）责任部门。

市交通部门及桥梁的直接管理部门、养护部门负责桥梁的日常维护及突发事件的应急抢险工作，已制订了桥梁应急预案，对人行桥人员伤亡事故的承受能力一般。

市公安交通管理部门公安交通管理局负责全市的交通指挥、疏导工作，即使采取应急措施，仍会造成一定范围内的交通拥堵，对人行桥人员伤亡事故的承受能力较弱。

（4）社会心理。

会造成人们的心理反差，甚至可能对我国的政治、经济和国际形象产生极为不利的影响。因此，社会心理对人行桥人员伤亡事故的承受能力较弱。

5.2.1.4　风险承受能力分级

北京市桥梁如在奥运会期间发生事故，造成的损失包括客观与主观两方面。随着我国经济实力的逐渐增强，抗风险能力较过去已有了较大提高。因此，前述客观损失中的可计算损失应在承受范围内；但是，间接影响（交通影响）风险承受能力极弱。主观损失方面，人们的不良心理影响很难在短时间内消除，后果严重，其风险承受能力极弱。为此，北京地区桥梁风险承受能力分为三级，见表 5–2。

表5–2　北京地区桥梁风险承受能力分级表

分级		奥运会区域	社会车辆区域	特殊区域
①	承受能力一般	/	其他区域	/
②	承受能力较弱	奥运赛场周边	五环路以外高速公路、城市快速路、主干道、次干道	八达岭、十三陵等重点旅游区
③	承受能力很弱	奥运专用道（包括主、辅路）	五环路以内城市快速路	长安街等重要区域

5.2.2　风险控制能力分析

北京市制订了《北京市突发公共事件总体应急预案》及道路交通、桥梁应急抢险等各项措施，经几次演练和应急处置，对突发事件的风险控制和处置能力有了较大的提升。但因突发事件的偶然性、随机性，风险控制能力仍有待进一步加强。

（1）预测预警能力：桥梁结构性破坏、功能性破坏均具有突发性，尚不能准确预测预警，风险控制能力较弱。

（2）应急预案：风险控制能力较强。

（3）应急组织体系：风险控制能力较强。

（4）应急处置能力：风险控制能力较强。

（5）应急资源保障水平：为防止奥运会期间发生桥梁突发事件，各级政府部门已做好了充分的准备，包括人力、物力、财力、技术保障等，风险控制能力较强。

（6）恢复重建能力：近几年来已成功地进行了多次桥梁应急抢险、恢复重建工程，风险控制能力较强。

（7）政策保障：奥运期间可提出具有针对性、实用性的交通限制政策，如控制特定区域内的车辆和危险性高的车辆出行等，风险控制能力较强。

（8）宣教培训：在奥运测试赛期间，市民响应市政府号召按单双号出行，大大缓解了交通压力，取得了明显成效，风险控制能力较强。

（9）工程措施：工程措施对以下风险源有一定的控制能力。

① 地下施工对桥梁的影响：奥运会期间可暂停桥区附近地下工程施工，风险控制能力较强。

② 车辆超载：虽在日常管理过程中不易控制，但在奥运会期间，通过限制进京车辆（主要是超载车辆）及限制本市建设工程开工等措施，可以起到明显效果，风险控制能力较强。

③ 承载能力不足：可以采取检测、加固等措施加以改善，风险控制能力一般。

（10）暴雨及洪水对桥梁的影响风险为自然因素，具有极大的偶然性、随机性。风险控制能力较弱。

（11）风险源控制能力分级：本评估将风险控制能力分为三级，见表5–3。

A= 控制能力较强；

B= 控制能力一般；

C= 控制能力较弱。

表5–3　控制能力分级表

桥梁突发事件分类	原因（风险源）描述		控制能力分级	
结构性破坏	人为外力	地下施工对桥梁的影响	A	较强
		车辆超载	A	较强
		交通量大	A	较强
		车辆超高、超宽及违章驾驶	A	较强
		河道改造	A	较弱
	承载能力不足	桥梁承载能力退化	B	一般
		承载能力标准低	B	一般
	自然因素	洪水	C	较弱
功能性破坏	人为外力	车辆超载	C	较强
		交通量大	C	较强
		车辆超高、超宽及违章驾驶	C	较强
	桥下净空低	功能改变	B	一般
	自然因素	暴雨	C	较弱
人行桥人员伤亡事故	观看奥运赛事	拥挤、踩踏事件	A	较强
	其他活动	拥挤、踩踏事件	A	较强

5.3 风险可能性分析

5.3.1 风险可能性评估方法及分级

桥梁出现安全事故的原因可能是单一因素，也可能是多方面综合因素。评估采用参考本市同期数据、国内事例、专家经验和专家会商的方法，分析判断可能出现风险的可能性。由于桥梁突发事件具有偶然性、不确定性，其影响因素多且复杂，很难做到合理定量分析，因此风险可能性评估采用定性分级方法进行综合评价，依据《北京市奥运期间突发公共事件风险评估实施细则（1.0版）》的分级原则进行定性分析，同时考虑计算、分析的方便、可行性，在原五级的基础上内插三级，形成为八级：

A= 基本不可能发生；

B= 较不可能发生；

C-= 可能发生，介于 B 与 C 之间；

C= 可能发生；

C+= 可能发生，介于 C 与 D 之间；

D= 很可能发生；

D+= 很可能发生，介于 D 与 E 之间；

E= 肯定发生。

5.3.2 结构性破坏突发事件风险可能性分析

导致桥梁结构性破坏的原因有人为外力（5 个因素）、承载能力不足（2 个因素）、自然因素（1 个因素）等三方面（8 个因素）。根据以往的事件分析，部分单一因素作用足以引起桥梁结构性破坏，即单项分值等于结构性破坏事件分值。《城市桥梁养护技术规范》中对桥梁构件损坏程度分项打分时，就采用了单项构件损坏程度严重时直接判为“D”（即一票否决）的评价方式。某些因素同时发生时，结构性破坏事件发生的可能性显著增加。将几种因素可能性综合叠加，形成结构性破坏事件的综合分值。

（1）地下施工（结构性破坏）。地下施工对桥梁影响的可能性分级如表 5-4 所示。

表5-4　地下施工对桥梁影响的可能性分级表

可能性分级	定　　义	状况描述
A	基本不可能发生	未在影响区域内
B	较不可能发生	在影响区域边缘
C-	可能发生，介于B与C之间	/
C	可能发生	在影响区域内，施工距基础较近
C+	可能发生，介于C与D之间	/
D	很可能发生	已发生了较大变形
D+	很可能发生，介于D与E之间	/
E	肯定发生	结构性破坏

（2）车辆超载（结构性破坏）。车辆超载对桥梁影响的可能性分级如表 5-5 所示。

表5-5　车辆超载对桥梁影响的可能性分级表

可能性分级	定　　义	状况描述
A	基本不可能发生	等于或低于荷载标准
B	较不可能发生	略高于荷载标准
C-	可能发生，介于B与C之间	高于荷载标准
C	可能发生	大大高于荷载标准
C+	可能发生，介于C与D之间	/
D	很可能发生	大大高于荷载标准
D+	很可能发生，介于D与E之间	/
E	肯定发生	结构性破坏

（3）车辆超高、超宽及违章驾驶（结构性破坏）。车辆超高、超宽及违章驾驶对桥梁影响的可能性分级如表 5-6 所示。

表5-6　车辆超高、超宽及违章驾驶对桥梁影响的可能性分级表

可能性分级	定　　义	状况描述
A	基本不可能发生	/
B	较不可能发生	净空较高、墩柱距车行道较远
C-	可能发生，介于B与C之间	净空4.5～5m，墩柱距车行道较近
C	可能发生	净空低于4.5m，墩柱距车行道较近
C+	可能发生，介于C与D之间	曾发生过类似事故
D	很可能发生	曾发生过类似事故
D+	很可能发生，介于D与E之间	/
E	肯定发生	结构性破坏

（4）河道改造（结构性破坏）。河道改造对桥梁影响的可能性分级如表 5–7 所示。

表5–7　河道改造对桥梁影响的可能性分级表

可能性分级	定　　义	状况描述
A	基本不可能发生	非跨河桥
B	较不可能发生	河道整治后建成桥梁
C–	可能发生，介于B与C之间	河道整治后，河床断面有变化
C	可能发生	河道整治后，河床断面有较大变化
C+	可能发生，介于C与D之间	/
D	很可能发生	已发生了基础严重冲刷现象
D+	很可能发生，介于D与E之间	/
E	肯定发生	结构性破坏

（5）洪水（结构性破坏）。洪水对桥梁影响的可能性分级如表 5–8 所示。

表5–8　洪水对桥梁影响的可能性分级表

可能性分级	定　　义	状况描述
A	基本不可能发生	非跨河桥
B	较不可能发生	按设计洪水标准新建桥梁
C–	可能发生，介于B与C之间	按设计洪水标准已建桥梁
C	可能发生	不满足设计洪水标准
C+	可能发生，介于C与D之间	/
D	很可能发生	已发生了洪水灾害
D+	很可能发生，介于D与E之间	/
E	肯定发生	结构性破坏

（6）交通量大。交通量大对桥梁影响的可能性分级如表 5–9 所示。

表5–9　交通量大对桥梁影响的可能性分级表

可能性分级	定　　义	状况描述
A	基本不可能发生	交通量较小
B	较不可能发生	交通量较大
C–	可能发生，介于B与C之间	交通量很大
C	可能发生	/
C+	可能发生，介于C与D之间	/
D	很可能发生	/
D+	很可能发生，介于D与E之间	/
E	肯定发生	/

（7）桥梁承载能力退化。城市桥梁、公路桥梁承载能力退化对桥梁影响的可能性分级分别如表 5-10、表 5-11 所示。

表5-10　城市桥梁承载能力退化对桥梁影响的可能性分级表

可能性分级	定　　义	状况描述
A	基本不可能发生	Ⅰ类中的合格级、Ⅱ－Ⅴ类中的A、B级
B	较不可能发生	Ⅱ－Ⅴ类中的C级
C-	可能发生，介于B与C之间	/
C	可能发生	Ⅰ类中的不合格级、Ⅱ－Ⅴ类中的D级
C+	可能发生，介于C与D之间	/
D	很可能发生	Ⅱ－Ⅴ类中的E级
D+	很可能发生，介于D与E之间	/
E	肯定发生	/

表5-11　公路桥梁承载能力退化对桥梁的影响可能性分级表

可能性分级	定　义	状况描述
A	基本不可能发生	技术状况一、二类
B	较不可能发生	技术状况三类
C-	可能发生，介于B与C之间	/
C	可能发生	技术状况四类
C+	可能发生，介于C与D之间	/
D	很可能发生	技术状况五类
D+	很可能发生，介于D与E之间	/
E	肯定发生	/

（8）承载能力标准低。承载能力标准低对桥梁影响的可能性分级如表 5-12 所示。

表5-12　承载能力标准低对桥梁影响的可能性分级表

可能性分级	定　　义	状况描述
A	基本不可能发生	公路－Ⅰ级、汽车－超20级、城－A级
B	较不可能发生	公路－Ⅱ级、城－B级、汽车－20级
C-	可能发生，介于B与C之间	
C	可能发生	汽车－15级
C+	可能发生，介于C与D之间	汽车－10级
D	很可能发生	/
D+	很可能发生，介于D与E之间	/
E	肯定发生	/

（9）超载综合分级（结构性破坏）。超载综合分级如表 5-13 所示。

表5-13　超载综合分级表

<table>
<tr><th>可能性分级</th><th>定　义</th><th>车辆超载+交通量大+承载能力退化+承载能力标准低</th></tr>
<tr><td>A</td><td>基本不可能发生</td><td>/</td></tr>
<tr><td>B</td><td>较不可能发生</td><td rowspan="8">按四个单一因素中最高级，考虑其他因素情况再增加一级或两级
如：C+=（C−、B、C、C）
C+=（C−、B、C、C+）
D+=（C−、B、D、C+）</td></tr>
<tr><td>C−</td><td>可能发生，介于B与C之间</td></tr>
<tr><td>C</td><td>可能发生</td></tr>
<tr><td>C+</td><td>可能发生，介于C与D之间</td></tr>
<tr><td>D</td><td>很可能发生</td></tr>
<tr><td>D+</td><td>很可能发生，介于D与E之间</td></tr>
<tr><td>E</td><td>肯定发生</td></tr>
</table>

（10）结构性破坏可能性评价体系指标，如表 5-14 所示。

表5-14　结构性破坏可能性评价体系指标表

<table>
<tr><th>目　标</th><th>综合指标</th><th>单项指标</th><th>单项分级</th><th>综合分级</th></tr>
<tr><td rowspan="8">结构性破坏</td><td>人为外力1</td><td>地下施工对桥梁的影响</td><td>C、C+</td><td>C、C+</td></tr>
<tr><td>人为外力2</td><td>车辆超高、超宽及违章驾驶</td><td>C、C+</td><td>C、C+</td></tr>
<tr><td>人为外力3</td><td>河道改造</td><td>C、D</td><td>C、D</td></tr>
<tr><td rowspan="4">超载综合</td><td>车辆超载</td><td>B、C−、C</td><td rowspan="4">C+、D、D+</td></tr>
<tr><td>交通量大</td><td>B、C−</td></tr>
<tr><td>桥梁承载能力退化</td><td>B、C、D</td></tr>
<tr><td>承载能力标准低</td><td>B、C、C+</td></tr>
<tr><td>自然因素</td><td>洪水</td><td>C、C+</td><td>C、C+</td></tr>
</table>

（11）结构性破坏可能性评价结果，如表 5-15 所示。

表5-15　结构性破坏可能性评价结果表

级　别	C	C+	D	D+
数量	283	99	1	5

5.3.3 功能性破坏突发事件风险可能性分析

分析方法也是按单一因素和综合因素分别得出可能性分值。

（1）车辆超载。

C–= 可能发生，介于 B 与 C 之间。

（2）交通量大。

B= 较不可能发生。

（3）桥面系损坏。

C= 可能发生。

（4）车辆超高、超宽及违章驾驶。

C+= 可能发生，介于 C 与 D 之间。

（5）桥下净空低。

C5–= 可能发生，介于 B 与 C 之间。

（6）暴雨。

C8+= 可能发生，介于 C 与 D 之间。

（7）超载综合分级（功能性破坏），如表 5–16、表 5–17 所示。

表5–16 超载综合分级表1

可能性分级	定 义	车辆超载+交通量大+桥面系损坏
A	基本不可能发生	/
B	较不可能发生	/
C–	可能发生，介于B与C之间	C–=（A、B、C–）
C	可能发生	C=（C、B、A）
C+	可能发生，介于C与D之间	C+=（C、B、C–）
D	很可能发生	/
D+	很可能发生，介于D与E之间	/
E	肯定发生	/

表5-17　超载综合分级表2

可能性分级	定　义	车辆超高超宽及违章驾驶+桥下净空低
A	基本不可能发生	/
B	较不可能发生	/
C−	可能发生，介于B与C之间	/
C	可能发生	/
C+	可能发生，介于C与D之间	/
D	很可能发生	D=（C+、C）
D+	很可能发生，介于D与E之间	/
E	肯定发生	/

（8）功能性破坏可能性评价体系指标，见表 5-18 所示。

表5-18　功能性破坏可能性评价体系指标表

目　标	综合指标	单项指标	单项分级	综合分级
功能性破坏	超载综合	车辆超载	C−、C	C、C+
		交通量大	B、C−	
		桥面系损坏	C	
	超高综合	车辆超高、超宽及违章驾驶	C、C+	B、C−、C、C+、D
		桥下净空低	B、C−	
	自然因素1	暴雨	C+	C+

（9）功能性破坏可能性评价结果，如表 5-19 所示。

表5-19　结构性破坏可能性评价结果表

级别	C	C+	D	D+
数量	17	70	/	/

5.4 后果风险评估

5.4.1 客观损失

本市桥梁在奥运会期间一旦发生事故，产生的不利影响是多方面的。客观损失包括直接经济损失和间接影响。

（1）直接经济损失。

① 桥梁损失。从以往桥梁事故统计来看，北京市目前既有桥梁以单跨出现问题为主，不同因素可能造成的损失见表 5–20。

表5–20 桥梁直接经济损失表

桥梁突发事件分类	原因（风险源）描述		损失类型	损失估算（万元）
结构性破坏	人为外力	地下施工对桥梁的影响	整体破坏需加固或重建	200～400
		车辆超载		
		交通量大		
		车辆超高、超宽及违章驾驶		
		河道改造		
	承载能力不足	桥梁承载能力退化		
		承载能力标准低		
	自然因素	洪水		
功能性破坏	人为外力	车辆超载	局部破坏需修复或加固	10～50
		交通量大		
		车辆超高、超宽及违章驾驶		
	桥下净空低	功能改变		
	自然因素	暴雨		

② 车辆损失。桥梁损坏的同时，肇事车辆及其他无辜受损车辆直接经济损失为 20 万至 100 万元。

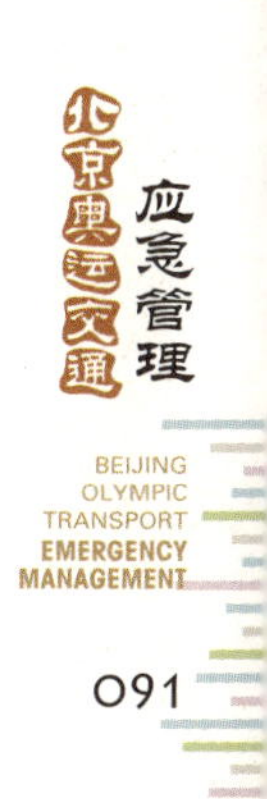

③ 人员伤亡及其他损失。伴随着车辆损失必然会发生人员伤亡及其他损失，后果无法估量。

（2）间接影响。

北京地区的桥梁因地理位置不同，对交通的影响差别巨大。如城区二环路、三环路、四环路、五环路上的桥梁如出现问题，必将引起环路整体的交通阻塞，甚至导致某一区域的交通瘫痪；而郊区低等级道路上的桥梁对交通影响相对较小。在奥运专用道及附近地区桥梁出现安全问题对奥运会的正常进行（对赛会专用车辆等的影响）构成不利影响；其余地区桥梁出现安全问题对本市经济发展有不利影响。

5.4.2 主观影响

一旦桥梁出现安全事故，来自社会的压力极大。为此应采取有效措施，严格控制风险源，避免桥梁安全出现问题，保证奥运会的成功举办。

5.4.3 风险后果分级

根据桥梁安全事故的直接损失大小、所在道路的等级、为奥运会服务功能和主观影响程度，本评估将风险后果划分为五级，见表 5-21、表 5-22。

表5-21 结构性破坏风险后果分级表

分级		奥运会区域	社会车辆区域	特殊区域	特殊区域
1	影响很小	/	其他区域	/	/
2	一般	/	五环路以外次要公路（县道等）	/	/
3	较大	/	五环路以外主要公路（国道、市道等） 五环路以内次干道	/	/
4	重大	奥运赛场周边	五环路以外高速公路、五环路以内城市快速路、主干道	八达岭、十三陵等重点旅游区	八达岭、十三陵等重点旅游区
5	特别重大	奥运专用道（包括主辅路）	五环路以内城市快速路	长安街等重要区域	长安街等重要区域

表5-22　功能性破坏风险后果分级表

分级		奥运会区域	社会车辆区域	特殊区域	特殊区域
1	影响很小	/	五环路以外主要公路（国道、市道等）、次要公路（县道等）五环路以内次干道	/	/
2	一般	奥运赛场周边	五环路以外高速公路、五环路以内城市快速路、主干道	八达岭、十三陵等重点旅游区	八达岭、十三陵等重点旅游区
3	较大	奥运专用道（包括主辅路）	五环路以内城市快速路	长安街等重要区域	长安街等重要区域
4	重大	/	/	/	/
5	特别重大	/	/	/	/

5.5　风险分级

参照北京市奥运期间突发公共事件风险评估实施细则（1.0版）风险分级原则，将北京地区桥梁风险等级划分为低、中、高、极高四级（表5-23）。

表5-23　风险分级表

		后果				
		1	2	3	4	5
可能性	A	低	低	低	中	高
	B	低	低	中	高	极高
	C−	低	低	中	高	极高
	C	低	中	高	极高	极高
	C+	低	中	高	极高	极高
	D	中	高	高	极高	极高
	D+	中	高	极高	极高	极高
	E	高	高	极高	极高	极高

5.5.1 初次分级

根据风险可能性分析与后果分析，结果为北京地区风险等级极高的桥梁共有复兴门桥、玉蜓桥、小清河桥、大红门桥等 51 座；风险等级为高的桥梁共有 498 座，见表 5-24（表中数据为桥梁座数）。

表5-24 初次分级表

		后果				
		1	2	3	4	5
可能性	A					
	B			215	37	31
	C−			36	6	
	C			293	6	1
	C+			159	9	1
	D					1
	D+		3	2		
	E					

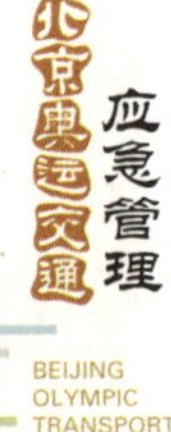

5.5.2 调整分级

影响北京地区桥梁风险等级的主要原因是地下施工、车辆超载、交通量大、车辆超高超宽及违章驾驶、河道改造等。只要控制措施到位，就可将风险大幅降低，据此将人为外力因素的风险可能性降低一级（D 调整为 C+、C+ 调整为 C、C 调整为 C−、C− 调整为 B、B 调整为 A），风险极高的桥梁减少为复兴门、玉蜓桥、朝风庵桥 3 座；风险等级为高的桥梁 54 座，见表 5-25（表中数据为桥梁座数）。

表5-25 调整分级表

		后果				
		1	2	3	4	5
可能性	A			215	37	31
	B			329	12	1
	C−			159	9	1
	C					1
	C+		3	2		
	D					
	D+					
	E					

5.6 风险防范与控制

风险策略有接受、降低、规避、转移等四种方式。鉴于桥梁风险产生的严重后果、承受能力的脆弱性及一定的控制能力分析，无论在奥运会期间或在平时，接受风险方式、转移风险方式均不可行，风险处置只能选择降低、规避方式。针对评估的风险源采取的应对措施原则见表 5–26。

针对北京地区风险等级为极高、高的桥梁的不同影响因素及承受能力、控制能力，采取如下风险防范措施：

（1）北京地区风险等级为极高、高的桥梁均应达到每天巡检一次。

表5–26　应对措施原则表

桥梁突发事件分类	原因（风险源）描述		应对措施原则
结构性破坏	人为外力	地下施工对桥梁的影响	暂停施工
		车辆超载	限载控制
		交通量大	限制、宣传引导
		车辆超高、超宽及违章驾驶	限制、宣传引导
		河道改造	严重桥梁立即采取应急措施
	承载能力不足	桥梁承载能力退化	检测、加固，必要时进行监控
		承载能力标准低	检测、加固，必要时进行监控
	自然因素	洪水	加强巡查
功能性破坏	人为外力	车辆超载	限载控制
		交通量大	限制、宣传引导
		车辆超高、超宽及违章驾驶	限制、宣传引导
	桥下净空低	功能改变	加强巡查
	自然因素	暴雨	加强巡查
人行桥人员伤亡事故	观看奥运赛事	拥挤、踩踏事件	加强警戒、疏导
	其他活动	拥挤、踩踏事件	加强警戒、疏导

（2）桥下净空不足 4.5m 及可能被撞的桥梁，一方面要进一步完善防撞设施，设立警示标志，重要位置加装防撞预警系统；另一方面要加大对超宽、超高车辆的管理，奥运会期间无特殊需要严禁超宽、超高车辆行驶，因特殊需要上路行驶的超宽、超高车辆，需向有关部门申请、备案，按指定线路行驶。

（3）针对荷载标准不足桥梁要进一步完善限载设施，如由于条件所限无法限载且桥梁技术状况不良（D、E 级城市桥梁、三类、四类、五类公路桥梁）时，应在 2008 年 5 月之前再进行一次检测，如必要应在关键部位设置监测点，在奥运会期间实施实时监测。

（4）由于桥面系病害的不确定性、突发性，养护单位应加强日常巡回检测，发现问题及时解决。

（5）针对地下施工对桥梁安全的影响，建议奥运会期间暂停桥区附近地下工程施工；对地下施工已造成不利影响的桥梁，加强观测并制订应急预案。

（6）在 2008 年 5 月前对桥区排水设施进行全面检查，对经常出现的积水点要进一步完善排水设施。还应参照北京市奥运会期间突发公共事件风险评估报告自然灾害部分其他相关内容制订针对暴雨、洪水影响桥梁安全的预防措施。

（7）奥运会期间严禁超载车辆行驶；加强监控措施，在重要路口、路段设置轮重检测设备，在重要位置安装实时监控系统。

（8）奥运会期间应尽可能减少社会车辆出行，以减少交通拥堵对桥梁产生的不利影响。

（9）奥运会期间在人流量较大的天桥设置交通协管员，负责人员疏导工作；必要时采取限行措施，确保安全。

（10）近期在处理突发事件的过程中，及时启动应急预案，起到了非常有效的作用。但随着形势的发展，新的问题会不断出现，应及时总结经验，找出不足，持续改进、逐步完善应急体系。

（11）加强宣传工作。进一步加大力度宣传奥运精神、文明办奥运的理念；宣传顺利安全举办奥运会的重要意义；加强维护桥梁安全的宣传工作，让广大驾驶员及普通市民对桥梁的基本状况有正确认识；加强危机意识、应急处置方式的宣传，避免事故一旦发生后，因心理恐慌引起次生灾害。

6 轨道交通运营安全风险评估与控制

6.1 风险描述

6.1.1 北京市城市轨道交通及其特点

6.1.1.1 北京市城市轨道交通现状及发展

北京城市轨道交通始建于 1965 年 7 月 1 日，第一条地铁线路于 1969 年 10 月 1 日建成通车。截至 2008 年 7 月北京奥运会前，北京地铁已开通的线路包括 1 号线、2 号线、5 号线、13 号线、八通线、10 号线一期、8 号线（奥运支线）、首都机场轻轨线路，线路总里程 200km，共有 123 座运营车站、16 个轨道交通换乘结点（表 6–1）。

表6–1 2008年7月底北京市已开通地铁情况

	长度（km）	站点数（个）	空间位置
1号线	31.44	23	地下
2号线	23.06	18	地下
13号线	40.85（地下3.47）	16（地下1个）	高架线路、地面和地下
八通线	18.95	13（高架9个）	高架线路和地面
5号线	27.66（地下14.7）	23（高架7个）	地下、高架线路和地面
10号线一期	24.55	22	地下
8号线（奥运支线）	5.9	3	地下
机场线	28.1	4	地下、高架线路和地面

6.1.1.2 北京城市轨道交通的特点

通过多年运营分析和经验积累，城市轨道交通运营的特点主要有以下几个方面：

（1）城市轨道交通运营系统复杂、联动性强。

城市轨道交通运营系统作为城市公共交通的重要组成部分，承担着十分繁重的旅客运输任务，系统庞大、结构复杂，运行频率高且技术密集。城市轨道交通任意一个关键节点的失效都将对系统带来危害，导致整体瘫痪，且一旦发生事故极易导致群死群伤。

（2）城市轨道交通运营空间封闭。

封闭的地铁空间，一方面是系统相对独立，为保障城市轨道交通安全、高效运营创造了条件；但另一方面，地下环境的通风和疏散受到限制，一旦出现事故，人员疏散十分困难。

（3）开放式运营系统。

开放式运营系统的安全控制难度大。城市轨道交通作为公共大众型的交通运输方式，客流量大，其运营的每一细节都必然要直接面对乘客、社会、媒体和政府，乃至世界，一旦出现事故，将造成恶劣的社会影响。

同时，针对开放式运营系统的特点，尽管运营企业想方设法提高服务水平，强化安全保障，积极组织乘客进、出车站和乘、降列车，但仍需乘客自助完成旅行，于是乘客的一些违规和过激行为也会直接影响城市轨道交通运营安全。

（4）受外界影响大。

城市轨道交通安全运营也同时受到外界环境的影响。外部电力的故障，设备、设施的破坏，车站出、入口被堵等问题，也同样威胁着城市轨道交通的运营安全。

6.1.2 城市轨道交通运营突发事件的回顾

国内外城市轨道交通运营均有突发事件发生。北京地铁自开通运营以来，也曾发生过1号线和2号线火灾事故，1号线、2号线和13号线运营中断事故，多起乘客坠轨事故，车辆故障事故，雨水倒灌事故等。

国外城市轨道交通人为破坏（恐怖袭击）情况。自1993年伦敦地铁遭受恐怖袭击，发生世界第一起地铁爆炸案以来，各种类型的恐怖分子频频选择人群密集、相对独立的地铁作案，制造恐怖行动17起，令880多名无辜的人丧命，无数人受伤。例如：2004年2月6日莫斯科地铁发生爆炸，致上百人死伤；2004年3月11日，西班牙首都马德里中部的一个火车站发生爆炸，造成200人死亡，还有1500多人在爆炸袭击中受伤；2005 年伦敦地铁和公交巴士的连环爆炸，死亡人数达 56 人等等。此外，英国、加拿大还先后击败了以地铁为目标的恐怖袭击企图。

地面沉降和土体内塌陷造成的建筑物破坏和其他问题在地下交通设施上也有体现。近几年，由于北京市地下水位的下降造成的地面沉降引起了北京市地下轨道交通设施的破坏，其情况可见表 6–2、图 6–1、图 6–2。

表6–2　地面沉降对北京市部分地下轨道交通设施破坏情况

编号	发生时间（年）	地点	破坏形式及程度
1	2000	朝阳区四惠车辆段	因沉降不均、土体塌陷而使直埋管道被切断，影响段内自来水供应及污水排放
2	2002	石景山区古城车辆段专包库	因沉降不均、土体塌陷而影响古城车辆段专包库停放地铁列车
3	2004	建国门站区间	地基沉降、松散、空洞，造成地铁区间结构下层冒砂
4	2005	西城区太平湖车辆段停车库	地基沉降、松散、空洞，造成地铁轨道变形严重
5	2005	地铁光熙门站	既有结构洞体发生沉降、开裂

图6–1　K224+95处轨道地基下层冒砂

图6–2　K224+95处轨道地基下层冒砂

6.1.3　风险源分析

事故的发生要有危险状态的产生（人的不安全行为或物的不安全状态），并且危险状态的产生有其原因；危险状态并不一定会导致事故发生，需在某个或几个触发事件的作用下转化为事故（见图 6–3）。

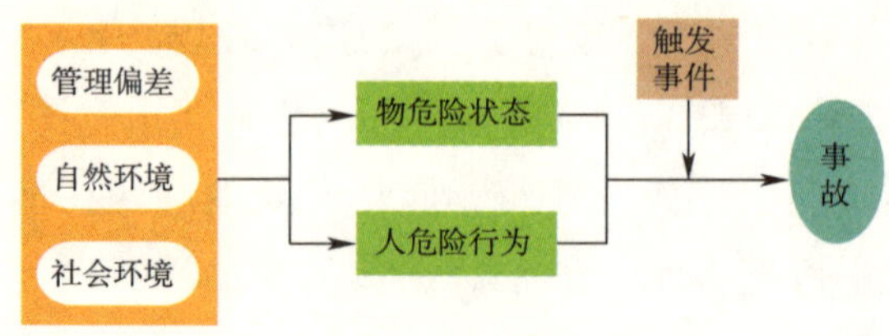

图6-3 导致事故发生的事件逻辑关系

风险源通常包括危险物源、危险能源、危险功能等。由这三个方面产生的危险源见表6-3～表6-5。对上述三个表进行分析，可以按事故类型汇总地铁运营中的风险源，如表6-6所示。

表6-3 危险物源清单

危险源	地铁系统
运动物体（加速度）	运营列车/轨道车
污染源	乘客携带的污染品
腐蚀源	乘客携带的腐蚀品、杂散电流
电气触电	变电所高压设备，暴露的输配电设备，直流触网，车辆主、辅回路，车站、车辆厂用电设备
爆炸源	变电站的变压器、整流器，线路上的轨道车油箱，车辆厂氧气瓶，乘客携带的爆炸品
着火源	车辆上的电气装置，车站内电气装置，车站取暖器、电炉、蒸饭箱，变电站、电气线路各类开关，线路上道岔电器，乘客携带的易燃品，未灭的香烟头
机械运动	车辆开关门，车站电梯，车站闸机，车站隧道风机、风扇，车辆厂机床、吊车，道岔转辙
损坏的结构	绽放屋顶，高架桥，隧道管壁，道床，轨道
压力源	车辆厂氧气瓶，车辆压缩汽缸
毒物源	乘客携带的有毒物品
震动与噪声源	轨道冲击、摩擦
辐射源	接触网，回电流，无线天线
外部环境	雨、雷、风、高温、低温
热辐射	无

表6-4　危险能源清单

危险源	地　铁　系　统
燃油	轨道车燃油
爆炸装置	无
蓄电池	车辆蓄电池，应急灯蓄电池，USP蓄电池
电容	车辆逆变器电容，USP电容
电能	变电所，输配电线，接触网
旋转机械	车辆车轮，车辆厂机床，车站闸机、自动扶梯，水泵、鼓风机、风扇
电机	车辆驱动电机，车站电梯电机，车站自动门电机，车辆厂动力电机
压缩空气	车辆厂氧气瓶，车辆压缩汽缸
射频能源	无线通信
空调压缩机	车站空调压缩机，车辆空调压缩机，车辆厂空调压缩机
发热设备	车站蒸箱，车站电热取暖器
电磁辐射	接触网、回电流

表6-5　危险功能生产清单

危险状态	危险功能产生	潜在危险
乘客运动	车站、站台、车厢内运动时	摔、挤、碰
调度人员命令信息	调度工作时	错误指令、无指令
司机操作	操纵、监控列车运行时	误操作、不操作
维修人员操作	检修或抢修时	摔、挤、碰、烫、触电
车站工作人员操作	站台管理时、站内运动时	摔、挤、碰
供电设备运转	电器设备工作时	着火、高温、电磁辐射
自动控制系统信息	ATP、ATO、ATS工作时	控制信息错误
机械设备运转	机械设备运转时	对人轧、碰、压
车辆设备运营	列车运行时	碰撞、脱轨、倾翻
封闭空间	车厢内有乘客	着火、爆炸、高温、窒息
通号设备信息	通号设备工作	信息发送、接受、传递错误
土建结构	隧道、高架、车站、厂房、轨道使用时	坍塌、掉物

表6-6　北京市地铁运营突发事件风险源汇总表

地铁运营突发事件分类	地铁运营突发事件描述		
	原因（风险源）描述	后果描述	
		影响形式	主要影响对象
碰撞	列车与列车碰撞	中断运营	乘客伤亡
	列车与掉（置）在轨道上的物体碰撞	中断运营	乘客伤亡
	列车与掉（置）在轨道上的人碰撞	中断运营	乘客伤亡
	列车与限界碰撞	中断运营	运营秩序
	列车与站台上伸出的人碰撞	中断运营	乘客伤亡
	列车与站台上伸出的物碰撞	中断运营	运营秩序
	列车与车辆段人员碰撞	中断运营	运营秩序
脱轨	轨道不平顺产生脱轨	中断运营	乘客伤亡
	列车超速产生脱轨	中断运营	乘客伤亡
	道岔不到位产生脱轨	中断运营	乘客伤亡
	轨道上有物体导致脱轨	中断运营	乘客伤亡
	转向架（车轮）断裂导致脱轨	中断运营	乘客伤亡
触电	车辆维修时造成维修人员触电	中断运营	运营秩序
	列车运行时造成乘客或驾驶员触电	中断运营	运营秩序
	轨道维修时造成维修人员触电	中断运营	运营秩序
	隧道或高架上乘客紧急撤离时造成触电	中断运营	运营秩序
	触网维修或检查时造成维修检查人员触电	中断运营	运营秩序
	变电站维修或检查时造成维修检查人员触电	中断运营	运营秩序
	擅自进入隧道者触电	中断运营	运营秩序
爆炸	乘客携带的易爆品爆炸	中断运营	乘客伤亡
	车辆上压缩汽缸爆炸	中断运营	运营秩序
	变压器（整流器）爆炸	中断运营	运营秩序

地铁运营突发事件分类	地铁运营突发事件描述		
	原因（风险源）描述	后果描述	
		影响形式	主要影响对象
火灾	车站工作人员办公、生活使用的电器着火	局部影响	局部影响
	车站内乘客或员工吸烟引起着火	中断运营	乘客伤亡
	车辆上乘客携带的易燃品着火	中断运营	乘客伤亡
	轨道上道岔电器着火	中断运营	运营秩序
	变电站供电开关着火	中断运营	运营秩序
烧伤、烫伤	车站着火产生烫伤	延误运营	运营秩序
	车辆运行着火产生烫伤	延误运营	乘客受伤
窒息	运行列车内人员窒息	中断运营	乘客伤亡
	车站内的人员窒息	中断运营	乘客伤亡
热疲倦	列车运行时乘客或驾驶员热疲倦	延误运营	运营秩序
	车站内人员的热疲倦	延误运营	运营秩序
机械伤害	车站闸机（电梯）对乘客的挤伤	—	乘客受伤
	水泵（鼓风机、风扇）对维修检查人员的击伤	—	维修检查人员受伤
	车辆关门时对乘客的挤伤	延误运营	乘客受伤
	道岔转辙对维修人员的挤伤	—	维修检查人员受伤
刺伤	车辆运行时尖锐物体对乘客的刺伤	延误运营	乘客受伤
	应急撤离时轨道对人员的刺伤	—	乘客受伤
	车站设备尖锐物体对乘客的刺伤	—	乘客受伤
摔伤、扭伤	乘客掉下轨道摔伤	延误运营	乘客受伤
	车站扶梯运动使乘客摔伤	—	乘客受伤
	站台与车辆的缝隙使乘客踏空扭伤	延误运营	乘客受伤
	车辆晃动或启动（制动）使乘客摔伤	延误运营	乘客受伤
	下雨时车站门口台阶使乘客滑倒摔伤	—	乘客受伤

近年来，随着北京城市轨道交通管理水平的提高，许多风险源在不断的治理中得到控制，取得了很大的进步。考虑到在城市轨道交通运行过程中通过管理制度能够将一些突发事件控制在最小的程度，且某些突发事件可能由其他因素间接产生，因此，主要评估大客流冲击可能造成的突发事件、火灾和运营中断事故可能造成的危害，人为破坏引发的事件以及地下水位变化引起的地铁土建结构的破坏造成的事故的危害（表 6-7）。

表6-7　风险源及影响对象、形势分析表

	风　险　源	影响对象及影响形式
大客流冲击	天气变化，尤其是特殊恶劣天气（暴风雨雪）影响难以控制，影响地面公交中断，导致客流涌向地铁； 集中社会活动，尤其是大型社会活动及体育赛事，造成局部地区客流方向集中； 地铁网络化完善后，客流量的增加； 节假日和工作日已经存在的大客流； 交通管制，如单双号限行措施的实施等，可造成地面人流向地铁集中； 地面交通长期堵塞或中断，造成平日乘公交车或开私家车的人转向地铁	客流超过地铁车站设计容纳人数，设备超载、乘客拥挤，人满为患； 列车迫停区间或车站，造成地铁运营秩序紊乱，乘客不能到达目的地； 地铁车站、列车客运组织难度增大； 引发客流集聚及人员踩踏事件
火灾事故	电气防火性能低，可引起火灾； 地铁营运车辆设备故障或起火； 电动车辆及地下电站的电器、电缆故障或老化，可引起火灾； 地下高、低压电站的电器、电缆引起火灾； 地铁车站办公或生活用电设备以及商业广告箱等短路引起火灾； 易燃易爆危险品，乘客携带行李物品或易燃易爆危险品起火	设备故障或失效，影响运营秩序或个别车站运营功能，需要进行人员疏散； 衍生后果是可能引起车站或车厢火灾，造成运营中断，列车迫停区间或车站，造成地铁运营秩序紊乱，引发客流集聚及人员踩踏事件
运营中断事故	列车驾驶员操作失误造成的行车事故； 车辆故障，车辆线路、设备故障失效； 控制信号故障造成的事故； 自然灾难，人为破坏车辆、线路、设备； 地铁外部影响； 供电系统故障影响，造成地铁牵引停电	车辆相撞、冲突或其他重大行车事故，造成车辆设备损坏和乘客伤亡； 车辆、线路、设备损毁，造成运营中断或部分中断； 自然灾害和破坏性天气，如火灾、水灾、地震、大风，影响到地铁安全运营，造成行车中断车站、车辆秩序混乱，造成人员伤亡和财产损失
建筑设施损坏	地下水位降低引起地面沉降，造成土建结构、桥梁、隧道、涵洞结构损坏； 地下水位升高造成结构抗浮能力不足引起的隧道或地下车站结构损坏； 进站楼梯设计坡度较大，搬运重物磕碰造成损坏； 地铁车辆出轨撞击	结构破损、沉降或外部工程影响，是新的危险点，需要加强巡视和监控； 圆形隧道结构没有人员躲避空间； 客流高峰时，行动不便的人员行走存在危险； 对建筑结构的损害影响范围大，难以短时间恢复
人为破坏（恐怖袭击）	对公众安全造成威胁的人员进入地铁； 乘客携带危险品进站 恐怖分子； 奥运会期间，国际恐怖分子对高危国家人群的袭击； 黑客的入侵	破坏地铁运营线路、设施、设备、车辆； 杀伤乘客或地铁工作人员； 危及地铁行车安全； 通过爆炸、人体炸弹、化学、毒气、纵火、跳轨实施恐怖袭击，制造公共安全事件

6.2 风险承受能力与控制能力分析

6.2.1 风险承受能力分析

城市轨道交通运营系统是大联动配合作业，运营生产与乘客消费过程同步进行，系统运行要求可靠性高，任何设备设施的不稳定和功能失效或任意外部影响因素都会造成城市轨道交通运营风险的提高。

北京地铁运营突发事件风险承受能力分级情况见表6-8，风险承受能力分级结果见表6-9。

表6-8 北京地铁运营突发事件风险承受能力分级表

分级	含 义	对 策
承受能力较强	基本不会造成影响	可执行现有的管理制度，适当增加针对性的措施
承受能力一般	对于特殊事件，可能造成影响	应根据可能的突发事件，采取一定的措施
承受能力较弱	会造成影响，但仍在可控范围内	必须增加相应的措施，提高抗风险的能力

表6-9 风险承受能力分级结果表

事 件	风险承受对象	风险承受能力
大客流冲击	奥运赛事车辆	一般
	社会交通	较弱
	设备超载	较弱
	乘客	较弱
	地铁运营管理	较强
	社会心理	较弱
火灾	奥运赛事车辆	较弱
	社会交通	较弱
	地铁运营管理	较强
	应急抢险	较强
	人群	较弱
	社会影响	较弱

事　件	风险承受对象	风险承受能力
运营中断	设备设施	较强
	社会交通	一般
	人员	较弱
	地铁运营管理	较强
建筑设施损坏	土建设施	一般
	城市轨道交通	一般
	地铁运营管理	一般
恐怖袭击	奥运赛事	较弱
	设施和设备	较弱
	城市轨道交通	较弱
	地面交通	较弱
	地铁运营管理	较弱
	人员	较弱
	社会影响	较弱
	公众心理影响	较弱
	环境问题	较弱

6.2.2 风险控制能力分析

6.2.2.1 风险控制能力总体分析

随着北京市各类突发事件应急预案的制订，对突发事件的风险控制能力已经有了较大的提升。但因突发事件的偶然性、地点的随机性，风险控制能力有可能在某些突发事件中仍存在不足。

（1）预测预警能力：城市轨道交通运营突发事件多属于社会性公共事件，受外界环境影响较大的突发事件难以用有效的技术手段预测。但可以随时掌握地铁系统运营信息。

① 城市轨道交通通信设备。

a. 行车调度（电力调度）直通电话，用于行车调度（电力调度）与车站行车值班（综合控制室）和电站之间的联系；

b. 列车无线通信装置，用于司机与行车调度员的直接联系；

c. 列车广播和车站广播，用于车站工作人员对乘客的广播；

d. 列车车厢紧急报警装置，用于车厢里的乘客与司机之间的联系；

e. 区间隧道插销电话，用于无线通信无法使用时司机与行车调度员之间的联系；

f. 手机，用于其他通信设施无法使用时的替代通信工具。

② 更新改造后设备情况。

为提高城市轨道交通处置突发事件的能力，地铁 1 号线、2 号线经过改造后安装闭路电视监视系统，该系统具备如下功能：

a. 分级监视功能：本系统可实现控制中心、车站（车辆段）监视功能，且监视功能相互独立，互不影响；

b. 系统显示的图像清晰、连续、稳定、可靠，达到 4 级图像质量标准；

c. 视频采集点设置：本工程车站图像摄取范围为站台层、站厅层、售票厅、检票口、换乘通道、自动扶梯等处；车辆段的图像摄取范围为停车列检库、架修库、定修库、联络线等处；根据需要在高压设备室、低压设备室、通信机械室、信号机械室、AFC 机械室等无人值守机械室设置视频采集点。

根据公安部门要求新增加图像摄取范围为车站出入站口、厕所通道、超长自动扶梯 (≥ 10m)、通道、通道拐弯、隧道口、高压设备室门口等关键部位增加部分摄像机，完成对重点部位的监控。

列车监视设备随车辆大修陆续完成。2008 年前逐步在营运车辆上加装摄像装置，驾驶员可以随时监视车厢内状况。从硬件设备上大大提高了预测预警能力，因此整体上风险控制能力较强。

但由于地铁是开放系统，不能像机场安检工作一样严密，对于凶器、爆炸物、易燃物等不易实现有效控制，对于发生如刺伤人、人工破坏等预测预警能力仍较弱。

（2）应急预案：根据国家和北京市相关标准和规定，北京城市轨道交通应急预案体系包括总体、专线和部门分解应急预案三级。

① 总体应急预案：北京市轨道交通运营突发事件应急预案。

② 专项应急预案：北京地铁突发事件应急处置办法。

③ 部门分解和细化的多级应急预案：地铁行车专业事故应急预案、地铁供电专业事故应急预案、地铁通信信号专业事故应急预案、地铁线路专业事故应急预案、地铁机电专业事故应急预案、地铁公司建筑施工事故应急预案、地铁 1 号和 2 号线更新改造过渡期安全预案、地铁公司参与处置地铁恐怖事件行动应急预案。地铁各

分公司和基层车间、站队分解执行和自行制订的应急预案细则。

依据《北京市突发公共事件总体应急预案》规定，结合企业安全运营实际情况，针对各种因素对城市轨道交通运营的影响程度，制订预警等级、相应的应急预案和应对措施。根据各种应急预案，日常开展相关的轨道应急演练。

2006 年组织开展了“乘客疏散、救助伤员演练”、“供电双路失压试验演练”、“列车脱轨起复演练”、“消防演练”、“供电、机电、通号更新改造过渡期预案演练”等各类预案演练 6028 次。其中：车辆起复演练 18 次；区间疏散演练 1200 次；列车救援演练 210 次；区间疏散演练 1200 次；车站照明熄灭演练 840 次；地外伤害演练 450 次；车站清车演练 210 次；车站长时间无车演练 210 次；车站封站演练 376 次；火灾消防演练 1286 次；供电设备应急演练 22 次；机电设备应急演练 6 次。

2007 年 4 月 29 日夜间在 13 号线举行的突发事件应急抢险演练，采取事先不通知的形式，最大限度地模拟了真实突发事件现场情况，演练检验了对突发事件应急反应速度和处置能力（图 6-4）。

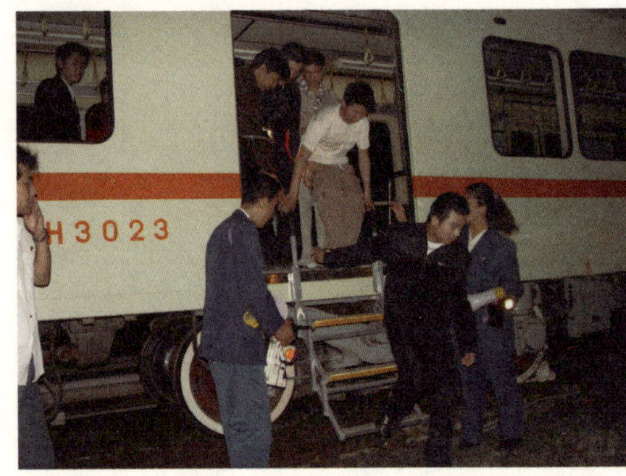

图6-4　2007年4月29日应急抢险演练

总体上，北京市轨道交通应急预案体系较完整，突发事件应急抢险演练也取得成效，因此应急预案的风险控制能力较强。

（3）应急组织体系：北京市交通安全应急指挥部统一领导、组织本市轨道交通运营突发事件的应急处置工作。北京市交通安全应急指挥部由总指挥、副总指挥和成员单位组成，总指挥由北京市政府分管副市长担任，副总指挥分别由北京市政府分管副秘书长、市交通委主任担任。在指挥部的领导下，根据轨道交通运营突发事件处置的工作需要设置副指挥，负责指挥具体处置工作，由北京市交通委主管轨道交通运营工作的副主任担任。其成员单位由北京市委宣传部、市发展改革委、市民政局、市财政局、市建委、市政管委、市交通委、市水务局、市商务局、市卫生局、市安全生产监督局、市政府外办、市民防局、市信息办、市公安局公安交通管理局、市公安局消防局、武警北京市总队、北京卫戍区、市通信管理局、市气象局、北京电力公司、各区县政府组成，且各单位责任明确。因此，风险控制能力较强。

（4）应急处置能力：北京市地铁运营有限公司应对突发事件的报告原则是坚持迅速、准确、逐级上报；坚持公司内部、上级领导及协作单位并举。北京地铁在建立起对突发事件应急处理机制的基础上，在事故第一时间实施地铁抢险救援的体系已经较为成熟（见图6-5、图6-6）。

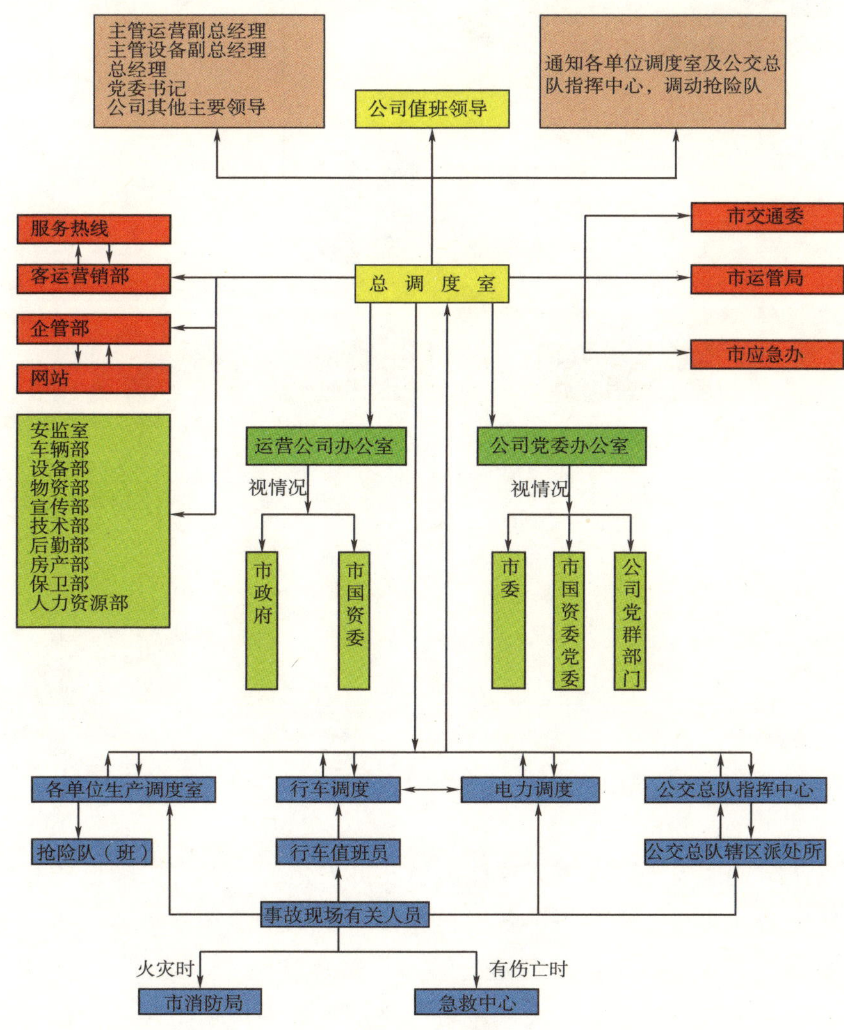

图6-5　地铁应急抢险调度体系

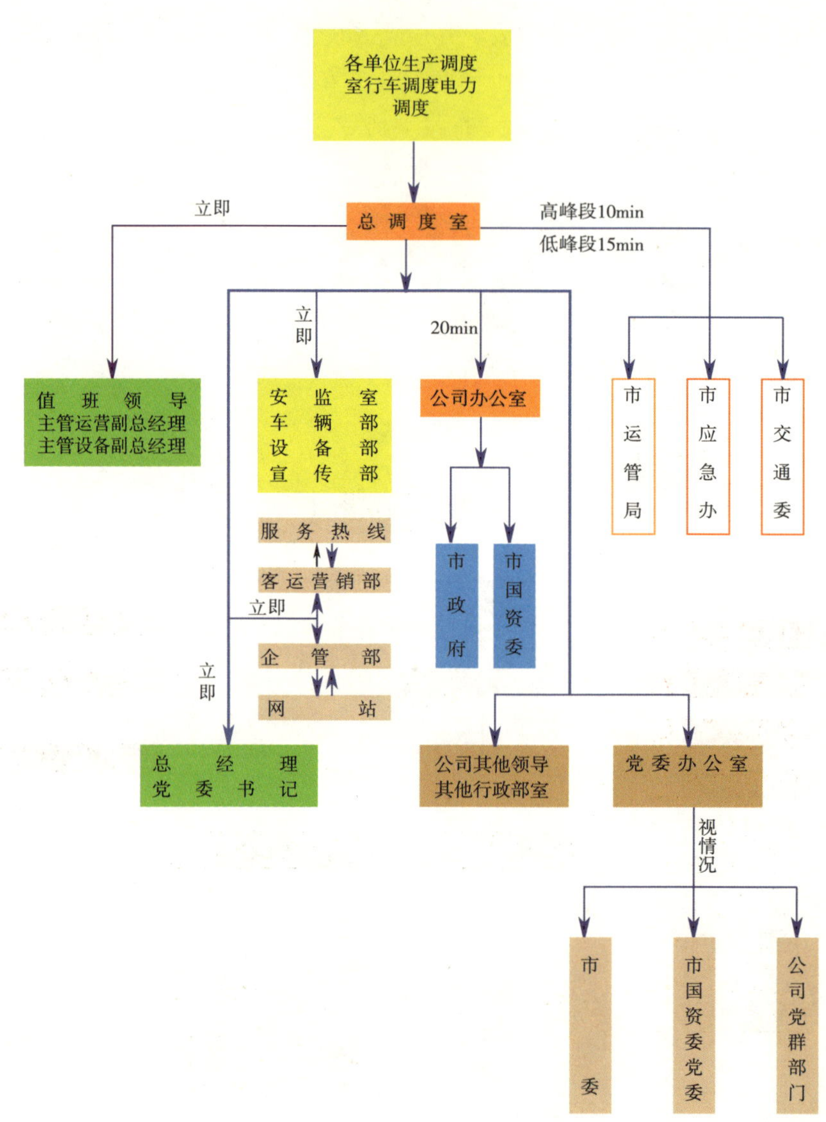

图6-6　应急信息上报体系

北京地铁结合地下线路及露天线路运营实际发展，在原有抢险设备基础上，又进行了硬件改造。北京地铁配备了各种抢险设备，如抢险用呼吸器、防爆桶、应急用小型呼吸器、灭火器材、防化救援抢险车、防化洗消车、地铁公路两用消防车、地铁轨道专用灭火器材保障车、大型正负压排烟车等先进消防装备和自动循环氧气呼吸器，使得北京地铁的灭火抢险救援能力大大增强。

北京市建立地铁突发事件应急处置各类队伍，对于一般突发事件都能够及时反应、妥善处置，其风险控制能力较强。对于偶发的重大突发事件，各类应急处置队伍没有经过实战，虽然通过演练提高了应急处置能力，但面对实际的突发事件，仍会存在一定的不适应性，其应急处置能力相应受到影响，此情况下，风险控制能力一般。

（5）应急资源保障水平：为防止奥运会期间地铁运营突发事件的发生，各级政府部门已做好了充分准备，包括人力、物力、财力、技术保障等，风险控制能力较强。

① 人力保障。

北京市地铁运营有限公司应急管理实行公司统一指挥、分级管理、三位一体应急机制（图 6-7）。目前有 9 支专业抢险队伍，专职人员 72 人，兼职人员 746 人，抢险车辆 23 辆。

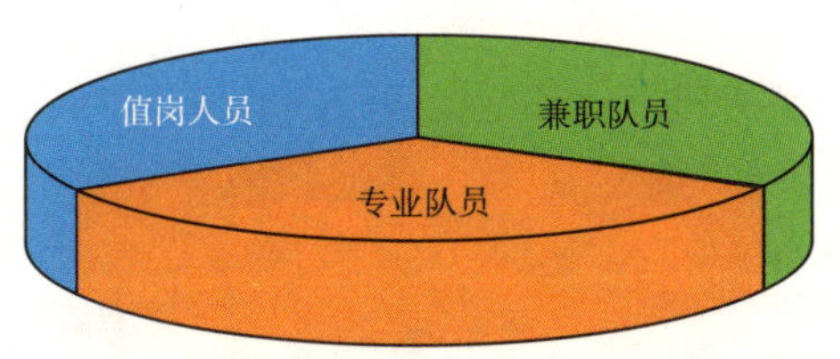

图6-7　抢险队伍人员组成

专业抢险人员是抢险救援工作的第三梯队，配备工程抢险车和专业抢险救援器材，24h 待命，出现事故立即赶往现场展开专业抢险工作。

兼职抢险人员是各专业挑选出来的业务骨干，根据家庭住址的不同，负责不同区域的抢险救援工作，通过联系网络由各单位生产调度通知前往事故现场，是抢险救援工作的第二梯队。

另外，市公安局消防局等单位的队伍通过专项指挥部的调动可以迅速赶到突发事件现场，进行应急抢险。

② 物力保障。

具有专门抢险救援工具备品，应急物资保障能力较强。

③ 技术保障。

为了保障地铁内乘客安全，有效维护乘降秩序，进一步防范地铁车站内的突发事件，已经采取了多项有针对性的技术措施。

坚持贯彻落实“客流服从于安全”的原则，在乘客聚集的重点车站增设了站外导流栅栏，根据客流变化规律通过开、闭疏导栅栏门或车站大门，进行限流、截流等措施，防止发生车站客流拥挤。

设置了地铁保安员，进一步加强车站安全乘车秩序维持管理工作。

通过车站值班室的监视器，加强对站台客流情况的监视，一旦发现乘客跳轨情况采取紧急关闭进站信号机，阻止列车进入站内。

各车站利用值班室广播和站台广播加强安全乘降的宣传力度，提高乘客安全乘降意识。充分利用地铁窗口行业的优势，加强地铁安全规定和安全乘车知识的宣传力度。

设置了入洞报警装置，防止乘客误入隧道。

（6）恢复重建能力：近几年来发生的地铁运营突发事件都得到了及时、较好的处置，地铁运营得到迅速恢复，实践证明地铁运营恢复重建能力较强，其风险控制能力较强。

（7）政策保障：奥运会期间可提出具有针对性、实用性的交通限制政策，控制特定区域内人群向地铁内的聚集速度，并通过其他有效措施，保障局部地段的人员疏散，其风险控制能力较强。

（8）宣教培训：对于北京市地铁运营有限公司的各级人员，上岗前都进行了有效的培训，并在工作中不断开展培训工作。仅2006年公司和各单位对员工进行各级安全教育1918次，深入各单位开展安全应急宣讲活动，使其基本达到处置一般突发事件的能力。但对于地铁车站的地面工作人员，在面对复杂的工作环境、遇到不同条件的突发事件时，每个人的处置能力差异较大。有关部门应加强工作人员在不同场景的突发事件的处置能力培训，其处置能力的提高是减少损失的重要因素。

地铁乘客掌握的防灾知识比较缺乏，如何提高公众在突发事件面前保持冷静、有纪律性、听从指挥，避免混乱，避免把事件变成事故、进一步扩大损失，是今后的重要工作。再加上地铁候车区域有限，人多时易造成混乱，这都需要加强管理和宣传。总体来看，宣教培训的风险控制能力一般。

（9）工程措施：调整改造了原有不太合理的站台、站厅疏散通道；增加了事故应急照明系统，改造了车站疏散标志；整治了地铁出入口；加装图像视频、防灾报警、防排烟系统、气体灭火系统、消火栓、消防给水改造；等等。对北京地铁1号线、2号线车辆改造，大大提高了抗风险能力。因此，其风险控制能力较强。

6.2.2.2　危险易发生点风险控制能力分析

危险易发生点风险控制能力保障如表6-10所示。

表6-10　危险易发生点风险控制能力保障

影响因素	风险控制点	控制标准	控制能力保障条件
固定设备	供电设备	牵引和高压供电系统设备的可靠性和稳定性	完成供、用电设备更新改造工程，设备状态符合技术要求；编制设备安全技术操作规程；现场员工培训合格；应急预案编制和演练到位
	机电设备	通风、给排水、BAS、FAS、照明机电设备的可靠性和稳定性	完成机电设备更新改造工程，设备状态符合技术要求；编制设备安全技术操作规程；现场员工培训合格；应急预案编制和演练到位
	通信设备	通信系统设备的安全可靠性和稳定性	完成通信设备更新改造工程，设备状态符合技术要求；编制设备安全技术操作规程；现场员工培训合格；应急预案编制和演练到位
	信号设备	信号系统设备的安全可靠性和稳定性	完成信号设备更新改造工程，设备状态符合技术要求；编制设备安全技术操作规程；现场员工培训合格；应急预案编制和演练到位
	线路设施	轨道线路系统设备的安全可靠性和稳定性	完成线路设备更新改造工程，设备状态符合技术要求；编制设备安全技术操作规程；现场员工培训合格；应急预案编制和演练到位
移动设备	电动车辆	车辆技术与运行状态符合技术要求和故障处理措施完善	完成车辆设备更新改造工程，车辆状态符合技术要求；编制车辆安全技术操作规程；现场员工培训合格；应急预案编制和演练到位
建筑设施	土建结构	车站及隧道土建结构建筑质量符合技术要求和稳定性	
	桥涵设施	桥涵设施的建筑质量符合技术要求和稳定性	
自然灾害	风灾 暴雨 雪霜 地震 雷电	准确掌握外部影响因素，提高预报准确度和应急预案有效性	具备科技预测、预警、报警手段；具备信息准确传递设备；编制自然灾害安全预防操作规程；现场员工培训合格；应急预案编制和演练到位

影响因素	风险控制点	控制标准	控制能力保障条件
大客流	运量、运力和运营组织方案	进站客流需求的运量与运力匹配和高效的运营组织方案及应急预案有效性	指挥调度减少运量需求与运力水平的差距；强有力的客流动态动向监控、监测和信息反馈；制订单线限流和交叉线节点限流联动方案；在重点大客流车站落实疏导和限流措施；有力的客运安全服务宣传工作；应急预案编制和演练到位
	车站设计容量和疏导能力	优化车站设计容量与运力和运量的匹配关系；高效的客运组织能力和安全合理的车站客流速度和有效的客流疏散能力	掌握车站客流容量、客流进、出站流速，列车满载率和列车运行间隔；强有力的客流动态动向监控、监测和信息反馈；制订单线限流和交叉线节点限流联动方案；落实疏导和限流措施；有力的客运安全服务宣传工作；应急预案编制和演练到位
外部影响	人为破坏（恐怖袭击）	第一时间追踪发现案情和高效应急处置组织预案	高科技的预警、预防监控设备；高水平的通信反馈机制；高素质的地铁工作人员、公安人员、乘客；应急预案编制和演练到位；强有力的客流疏散能力；先进的防范处置设施、设备、器具
	地铁外部高压供电系统	地铁外部供电系统设备的可靠性和稳定性	地铁外部供电设备状态符合技术要求；编制设备安全技术操作规程；现场员工培训合格；应急预案编制和演练到位

6.3 风险可能性分析

6.3.1 风险可能性评估方法及分级

由于城市轨道交通运营突发事件具有偶然性、不确定性，影响因素多且复杂，很难做到合理定量分析，为此风险可能性评估采用定性分级方法综合评价。定性分析依据《北京市奥运期间突发公共事件风险评估实施细则（1.0 版）》的分级原则，考虑表述的客观性和分级的合理性，将风险可能性等级划分为 5 级，见表 6-11。

6.3.2 大客流冲击

由于大客流冲击可能引发许多类型的突发事件，大客流冲击的分析对奥运会期间的北京地铁运营来说尤为重要。通过对 2005 年以来北京地铁运营线路情况及地铁客流总体趋势数据分析，为城市轨道交通安全运营管理提供依据。图 6-8 为地铁车站人员拥挤状况。

表6-11　风险可能性等级

风险代码	风险程度	发生的可能性
A	低	基本不可能发生
B	较低	较不可能发生
C	中	可能发生
D	高	很可能发生
E	很高	极可能发生

图6-8　地铁车站人员拥挤状况

6.3.2.1　2005年"十一"国庆黄金周客流分析

（1）客流状况。

2005年北京市良好的社会环境和旅游环境，使市内人员流动和外埠人员来京数量均超过了往年，从而使"十一"运输客流总量与2004年同期相比增长幅度较大，客运量比 2004 年同期上升 9.55%。“十一”前夕地铁全线日客运量连续三天突破 200 万人次，特别是 9 月 30 日，北京地铁迎来了“十一”运输期间第一个高峰日：当日全线客运量达 256 万人次，创北京地铁运营 30 多年以来重大节假日前夕的客运量记录，比 2004 年同期（203.22 万人次）增长 26%。13 号线客运量继 9 月 16 日突破 20 万人次之后，9 月 30 日再次突破 23 万人次，创开通以来最高。节日期间各条地铁线每日的客运量比去年同期均有大幅增长。节日期间全线客运量最高日为 10 月 1 日，客运量达 266.9 万人次，比 2004 年同期（234.2 万人次）增长 13.97%。其中 1 号线、2 号线客运量达 234.47 万人次，比 2004 年同期增长 11.88%；13 号线客运量达 20.04 万人次，比 2004 年同期增长 25.21%，八通线客运量达 12.38 万人次，创开通以来最高，比 2004 年同期增长 44%。

（2）客流分析

从整个国庆运输的客流看：乘客出行时间较为集中，位于商业枢纽和旅游热点地区的车站，如王府井、西单等站客流在上午主要以出站为主，下午和晚上以进站为主；10 月 1 日由于天安门地区客流激增，为了确保乘客人身安全，10 月 1 日 12:07 起采取了临时封站措施，这样给王府井、西单两站造成很大压力；而位于交通枢纽附近的车站，如 2 号线西直门、2 号线东直门、苹果园等站客流在上午主要以进站为主，下午和晚上以出站为主；靠近火车站的北京站，9 月 30 日至 10 月 1 日以进京旅游的进站客流为主，10 月 2 日、3 日、4 日较为平稳，10 月 5 日至 7 日以返京客流为主。

国庆期间换乘量的大幅度增加给 2 号线西直门、2 号线东直门、四惠、四惠东站带来较大压力，尤其是 13 号线的换乘客流有 65% 左右在西直门站换乘，13 号线西直门站上午 8:30 至 11:30 为出站客流高峰；下午 15:30 至 17:30 为进站客流高峰，从而给 2 号线西直门和 13 号线西直门站造成了不小的压力。图 6-9 为 13 号线西直门站进、出站柱行图。

6.3.2.2　2007 年 5 月份客流情况分析

2007 年 5 月份全线共完成客运量 4855.65 万人次，日均 156.63 万人次，比 2006 年同期日均 203.75 万人次下降了 23.12%（图 6-10）。其中 1 号线、2 号线客运量 3891.09 万人次，日均 125.52 万人次，比 2006 年同期日均 176.24 万人次下降了 29.78%；13 号线客运量 669.68 万人次，日均 21.57 万人次，比 2006 年同期日均 19.55 万人次增长 16.30%；八通线客运量 295.88 万人次，日均 9.54 万人次，比 2006 年同期日均 9.96 万人次增长 6.47%。

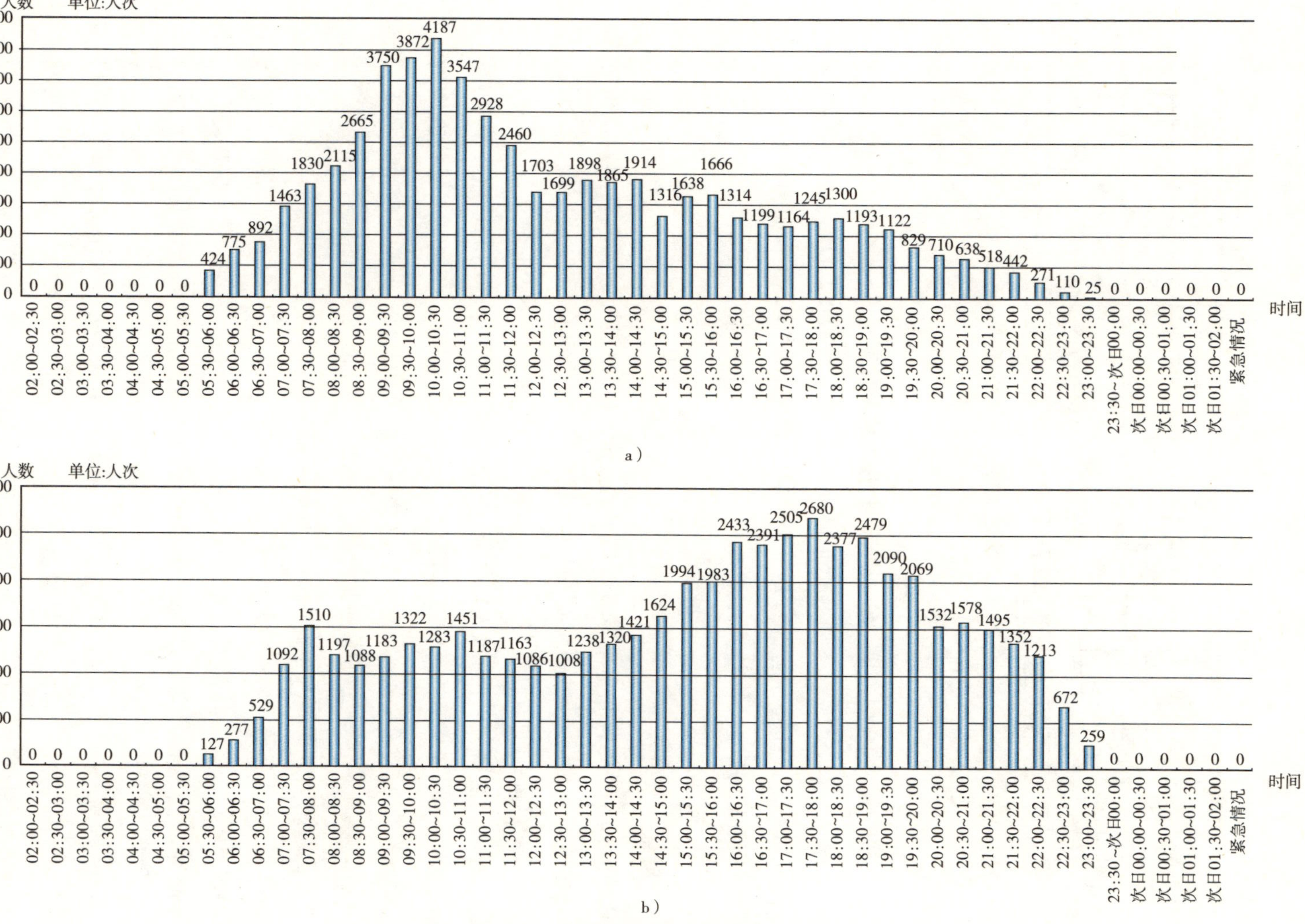

图6-9 2005年13号线西直门站进、出站柱行图

a）10月1日13号线西直门30min时段出站人数；b）10月1日13号线西直门30min时段进站人数

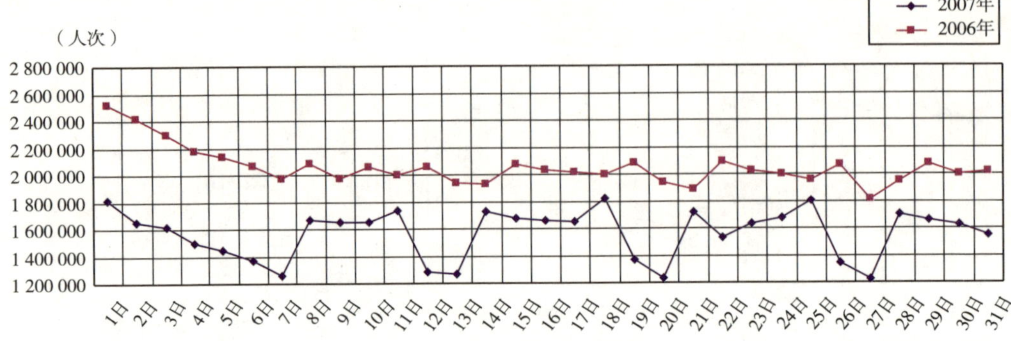

图6-10 2007年5月份全线客运量走势图

2005 年“五一”黄金周期间，客流走势明显，5 月 1 日客运量最高为 239.92 万人次，较 2004 年同期下降 5.2％；7 日客运量降至最低点，为 180.23 万人次，较 2004 年同期下降 9.82％。8 日起客运量回升，全月客运量走势明显，工作日基本保持周一、周五客运量较高，周六、周日客运量大幅下降，每周遵循此特点延续。

6.3.2.3 新票制票价

（1）新票制票价特点。

10 月 7 日，伴随着北京地铁 5 号线开通试运营和轨道交通路网新票制票价方案实施，北京地铁开始进入网络化运营时代。安全可靠、高效便捷、功能完善、文明舒心、低耗环保、知名品牌的“新地铁”已展示在人们面前。调整后的轨道交通路网票制实行全路网单一票制，票价为每人次 2 元，不论乘客一次乘坐距离的长短或换乘几次，使用市政交通一卡通或现金购票，均为每人次 2 元；同时，在包括 5 号线在内的各地铁线路间换乘不再需要购票、检票。新票制票价方案实施，使乘坐地铁实现了“一票通、一卡通”，乘客享受到了更加便利、更加优惠的北京地铁品质服务。

（2）新票制票价实施基本状况。

2007 年 10 月 7 日，5 号线开通的同时实行全路网一票制引发大客流，日均客运量达到 280 万人次，高峰列车超载率达到 130%，存在较高的安全事故隐患。目前大客流冲击已经成为北京地铁安全运营面临的常态危险源，需要高度注意、严加防范。

统计新票制票价实施一个月（10 月 7 日至 11 月 6 日），地铁客流量显著增加，网络化效应初步显现。5 号线客运量达到 1233.1 万人次，日均 39.8 万人次，最高日达 46.1 万人次，运营图兑现率为 99.3%，始发、到达正点率分别为 99.4% 和 96.3%。

全线网客运量为7711.5万人次，日均达249.8万人次，最高日达286.5万人次，运营图兑现率为99.8%，始发、到达正点率分别为99.8%和99.5%。其中1号线、2号线、13号线和八通线日均客运量比上年同期增长40.3%，特别是13号线、八通线增幅更大，日均增长分别达到了50.4%和43.3%。

6.3.2.4 影响城市轨道交通大客流的基本因素和重点位置

（1）通过对地铁各条运营线路节假日和工作日客流的调查分析，由客流量走势图显示重点日、重点时段、局部线别、局部站点易形成大客流。

（2）地铁网络化将有效增加客流量，形成大客流的时段加长，位置增多。

（3）天气变化将影响地铁客流量，易形成大客流。

（4）地面交通长期堵塞或中断，公交车和自驾车运输能力降低，会增加地铁客流量，形成大客流。

（5）交通管制，如单双号限行措施的实施，在缓解地面交通压力的同时，会增加地铁交通压力，易形成大客流。

（6）集中活动场所，如奥运会场馆比赛开始前后，由于观众进出奥运场馆具有集中性，易在局部地铁车站形成大客流。

形成大客流的位置多位于市区内。位于公共活动场所（如奥运场馆、公园、广场，尤其在这些地区有大型活动时）附近的地下车站、地面交通枢纽以及各线换乘站是造成客流集中的交点，更易形成大客流。而由于运营中断等事故，也易在相关地铁沿线车站内形成大客流。

6.3.2.5 风险可能性

随着地铁10号线一期、8号线（奥运支线）、机场线的开通，地铁交通网络化程度进一步提高，公众出行更加方便。根据上述地铁运营客运量数据的分析，奥运会期间正常情况下，日均客流量仍将进一步提高。如果按照5号线开通时，各线客运量增加40% ~ 50%，在增加地铁10号线一期、8号线（奥运支线）、机场线后，日均客运量在现有基础上将再增加不少于40% ~ 50%，局部地段和特殊时间段形成大客流冲击无可避免。虽然迄今为止没有发生过因大客流冲击造成的事故，但其给城市轨道交通运营仍造成不可忽视的安全隐患，值得地铁运营管理部门进行研究、采取措施，确保城市轨道交通运营安全。

奥运会期间，北京市将增加许多国内外运动员、旅游者和政府官员，有许多赛事和社会活动，会进一步增加城市轨道交通运营压力。在局部线路和局部地段易形成大客流冲击，尤其需要关注，并应制订应急措施，保证运营安全。

虽然从整体上看大客流冲击无可避免，但从影响大客流形成的因素考虑，大客流冲击的可能性仍会有差异。表 6–12 为不同情况下的大客流冲击可能性等级。

表6–12　不同情况下的大客流冲击可能性等级表

风险类型	形成大客流因素	发生时间	发生位置	风险可能性
大客流冲击	节假日和工作日	重点日、重点时段	地铁各条运营线路	B
	地铁网络化完善	重点日、重点时段	地铁各条运营线路	B
	天气变化	上下班时段	地铁各条运营线路	C
	地面交通长期堵塞或中断	上下班时段	有关线路	C
	交通管制，如分单双号行车措施的实施	白天工作期，尤其上下班时段	地铁各条运营线路	D
	集中社会活动	活动前后，比赛前后等	如奥运会场馆附近地铁车站，与公园、广场等社会组织活动有关的邻近地铁车站	E

6.3.3　火灾

火灾是危及城市轨道交通运营安全的重要突发事件。北京市地铁历史上未发生过严重的地铁火灾事故，但国外的火灾事故特别是韩国的大邱地铁火灾造成了非常严重的人员伤亡。虽然北京市地铁近几年加强设备更新和改造，大大降低了由于设备原因发生火灾的可能性，但由于引发火灾事故的因素较多，对北京奥运会期间发生火灾的风险不能掉以轻心。

6.3.3.1　造成城市轨道交通火灾的原因

电气防火性能；

电动车辆、地下电站的电器及电缆；

地下高、低压电站的电器及电缆；

地铁车站办公或生活用电设备；

易燃易爆危险品。

6.3.3.2　风险可能性

根据城市轨道交通发生火灾的调查与分析，排查出造成城市轨道交通火灾的基本关键因素，北京地铁存在发生火灾的可能性。火灾分析可能性等级见表 6–13。

表6–13　火灾风险可能性等级表

风险类型	原　因	分　级
火灾事故	电气防火性能	B
	电动车辆及其设备	B
	地下高低压电站的电器、电缆	B
	地铁车站办公或生活用电设备	B
	易燃易爆危险品	D

虽然在过去没有发生易燃易爆危险品和故意纵火造成的火灾事件，但在奥运会期间，随着来京人员的增多，存在人为恶意破坏的可能。同时，北京地铁系统没有安检装置，容易使易燃易爆危险品和火种进入地铁内，因此应引起重视。

6.3.4　运营中断

运营中断是危及地铁安全运营的直接因素，已经发生过的地铁运营中断事故，大多伴随着人员伤亡和地铁停运。

6.3.4.1　造成地铁运营中断的原因

列车驾驶员操作失误；

车辆故障；

控制信号故障；

自然灾难，如恶劣天气；

地铁外部影响；

供电系统故障造成地铁牵引断电。

6.3.4.2　风险可能性

运营中断风险可能性等级如表 6–14 所示。

表6-14　运营中断风险可能性等级表

风险类型	原　因	风险可能性
运营中断	列车驾驶员操作失误	A
	车辆故障	C
	控制信号故障	B
	自然灾难	C
	地铁外部影响（人或物掉入地铁轨道）	D
	供电系统故障，造成地铁牵引停电	D

6.3.5　建筑设施损毁

6.3.5.1　造成建筑设施损毁的原因

地下水位降低引起的地面沉降对建筑设施的损坏；

地下水位升高对地铁隧道和地铁车站结构的破坏；

重物撞击；

地铁车辆出轨撞击。

6.3.5.2　风险可能性

建筑设施损毁风险可能性等级如表 6-15 所示。

表6-15　建筑设施损毁风险可能性等级表

风险类型	原　因	风险可能性
建筑设施损毁	地下水位降低引起的地面沉降对建筑设施的损坏	B
	地下水位升高对地铁隧道和地铁车站结构的破坏	A
	重物撞击	B
	地铁车辆出轨撞击	A

6.3.6　人为恶意破坏

人为恶意破坏是奥运会期间需要考虑的最重要的突发事件。虽然中国没有发生过针对城市轨道交通的恐怖袭击事件，但纵观国外发生的针对城市轨道交通的恐怖袭击事件，人为恶意破坏一旦发生将严重危及城市轨道交通运营安全，并造成恶劣的社会影响和公众心理阴影。因此，评估发生人为恶意破坏突发事件可能性非常重要。

6.3.6.1　造成城市轨道交通人为恶意破坏的可能原因

（1）城市轨道交通是多点、多出入口、全开放式的公众交通系统，不同于机场、火车站、长途汽车站及场馆等可以使用常规安检设备的处所，恐怖分子携带攻击物进入、逃离相对容易。

（2）城市轨道交通是城市交通动脉，对城市功能影响大。恐怖分子利用乘客在地下环境方向感差，身处隧洞或列车内的狭小空间时易对黑暗产生恐惧心理等特点，选择对城市轨道交通进行攻击可取得更大的恐怖效应。

（3）地铁车站、列车均为硬结构，通风不畅，爆炸、毒化攻击效能大。例如2003年的韩国大邱地铁纵火案件，仅一瓶可燃液体燃烧就导致了140人死亡、136人受伤的严重后果。

（4）对城市轨道交通任意一个关键节点的攻击都将对系统带来危害，导致整体瘫痪。如针对某一列列车、某一座车站、某一个变电站、某一个风亭的攻击都等同于对城市轨道交通系统的攻击。

（5）重点车站（复兴门站、西直门站、前门站等）在平日客流高峰时段或节日期间经常出现瞬间大客流冲击，如果疏导不利，同样可能出现大的伤亡事故。

6.3.6.2　风险可能性

根据城市轨道交通人为恶意破坏调查与分析，排查出了造成地铁运营中断的基本关键因素。这表明北京地铁存在人为恶意破坏的可能性。恐怖袭击风险可能性等级见表6-16。

表6-16　恐怖袭击风险可能性等级

风险类型	历史情况	现状和发展趋势	奥运会期间	风险可能性
人为恶意破坏	北京地铁历史上未发生恐怖袭击事件，但曾多次发生地铁公共安全治安事件	现阶段防范和应对人为恶意破坏和突发事件的能力依然相对薄弱，存在着遭受恐怖袭击及因各种因素发生突发事件的现实可能性	根据国外地铁恐怖袭击事件经验和教训，研究奥运会期间北京地铁安全，提前检查预控、预测、预防，防患于未然	D

6.4　后果风险评估

6.4.1　风险后果分级

依据《北京市奥运期间突发公共事件风险评估实施细则（1.0）版》和《生产安

全事故报告和调查处理条例》(中华人民共和国国务院令第 493 号),风险后果分级如表 6–17。

表6–17　风险后果分级表

级别	风险后果	级别	风险后果
1	影响很小	4	重大
2	一般	5	特别重大
3	较大		

6.4.2　风险后果分析

6.4.2.1　大客流冲击

一旦发生大客流冲击并产生意外危害性的事故(恐怖袭击或自然灾害等),将可能造成群死群伤的恶性公共安全事故,造成比较恶劣的社会影响,并直接引起社会各界对北京公共安全的关注和奥运会组织能力的质疑,属于严密防范不可发生的事件。其综合风险后果分级定为重大。对于造成大客流冲击的原因的风险后果详细分级见表 6–18。

表6–18　大客流冲击的风险后果分级表

评价因素		大客流冲击					
		节假日和工作日	地铁网络化完善	天气变化	地面交通中断	交通管制	集中社会活动
客观损失	人员伤亡	影响很小	影响很小	影响很小	影响很小	影响很小	影响很小
	经济损失	影响很小	影响很小	影响很小	影响很小	影响很小	影响很小
	环境影响	影响很小	影响很小	影响很小	影响很小	影响很小	较大
主观影响	政治影响	影响很小	影响很小	影响很小	较大	较大	重大
	社会影响	影响很小	影响很小	一般	较大	较大	重大
	媒体关注度	较大	较大	较大	较大	较大	较大
	敏感程度	影响很小	影响很小	一般	一般	较大	较大
风险后果等级		一般(2)	一般(2)	一般(2)	较大(3)	较大(3)	重大(4)

6.4.2.2　火灾

城市轨道交通运营系统的特点决定了城市轨道交通火灾扑救困难，后果严重，损失重大，容易造成较恶劣的社会影响和较高的媒体关注度，并对奥运会期间城市公共安全构成影响。其综合风险后果分级定为重大。对于造成火灾原因的风险后果详细分级见表 6–19。

表6–19　火灾的风险后果分级表

评价因素		火灾事故				
		电气防火性能	电动车辆及其设备	地下高低压电站的电器、电缆	地铁车站办公或生活用电设备	易燃易爆等危险品
客观损失	人员伤亡	影响很小	重大	影响很小	影响很小	重大
	经济损失	影响很小	重大	影响很小	影响很小	重大
	环境影响	影响很小	重大	影响很小	一般	重大
主观影响	政治影响	影响很小	重大	影响很小	较大	重大
	社会影响	影响很小	重大	影响很小	较大	重大
	媒体关注度	一般	重大	较大	较大	重大
	敏感程度	影响很小	重大	一般	一般	重大
风险后果等级		一般（2）	重大（4）	一般（2）	较大（3）	重大（4）

6.4.2.3　运营中断

城市轨道交通运营系统承担较大比例的客运量，因此行车事故导致运营中断将对市民出行造成影响，对城市秩序造成破坏，容易引起较恶劣的社会影响和较高的媒体关注度，并对奥运会期间城市公共安全构成影响。其综合风险后果分级定为较大。对于造成运营中断原因的风险后果详细分级见表 6–20。

表6–20　运营中断的风险后果分级表

评价因素		运营中断					
		列车驾驶员操作失误	车辆故障	运营设备故障	自然灾难	地铁外部影响	供电系统故障
客观损失	人员伤亡	一般	影响很小	影响很小	影响很小	重大	一般
	经济损失	一般	一般	一般	影响很小	一般	重大
	环境影响	影响很小	影响很小	影响很小	一般	一般	重大

评价因素		运营中断					
		列车驾驶员操作失误	车辆故障	运营设备故障	自然灾难	地铁外部影响	供电系统故障
主观影响	政治影响	较大	一般	一般	较大	影响很小	重大
	社会影响	较大	较大	较大	较大	一般	重大
	媒体关注度	较大	较大	较大	较大	较大	重大
	敏感程度	较大	较大	较大	较大	一般	重大
风险后果等级		较大（3）	较大（3）	较大（3）	较大（3）	重大（4）	重大（4）

6.4.2.4　建筑设施损坏

城市轨道交通运营系统承担较大比例的客运量，因此土建结构损毁或各类事故可能导致运营中断，对市民出行造成影响，对城市秩序造成破坏，容易引起较恶劣的社会影响。但此类事故发生概率较低，且为缓变型发生方式，其风险后果等级为一般。对于造成建筑设施损坏原因的风险后果详细分级见表6–21。

表6–21　建筑设施损坏的风险后果分级表

评价因素		建筑设施损坏			
		地下水位降低引起的地面沉降对建筑设施的损坏	地下水位升高对地铁隧道和地铁车站结构的破坏	重物撞击	地铁车辆出轨撞击
客观损失	人员伤亡	影响很小	较大	影响很小	较大
	经济损失	较大	重大	一般	较大
	环境影响	较大	重大	影响很小	一般
主观影响	政治影响	影响很小	重大	影响很小	较大
	社会影响	影响很小	重大	影响很小	较大
	媒体关注度	影响很小	重大	影响很小	重大
	敏感程度	影响很小	重大	影响很小	较大
风险后果等级		较大（3）	重大（4）	一般（2）	重大（4）

6.4.2.5 人为恶意破坏

（1）人为恶意破坏风险特性环境分析。

城市轨道交通人为恶意破坏的突发事件直接受到城市轨道交通特性制约，一旦发生后果不堪设想。

城市轨道交通系统的动态性。在发生恐怖袭击或突发事件的瞬间，地铁所有列车还在运行中，即便立即下达停运指令，系统仍需一定时间才能响应，未直接遭受袭击的列车有可能继续进入危险区，直接遭受袭击的列车也可能携带危险源进入下一个或下几个车站。韩国大邱地铁火灾、东京地铁沙林毒气就是典型例子。而在情况未判明前，疏散、停运等决心指令下达又需十分慎重，否则又会因判断失误造成其他突发事件，与地面固定处所的处置相对而言比较复杂。

城市轨道交通系统的不透明性。由于地铁位于地下，结构复杂，一旦发生问题，常规的指挥、通信、GPS 定位、灭火、包括直升机等地面手段在地下环境内均无法应用。归纳起来叫做“看不见、摸不着、听不清，战场环境不透明”，其中隧洞内列车遭袭击处置起来尤其困难。

城市轨道交通系统的全局性。由于城市轨道交通是城市公共交通骨干线路，北京地铁又是单线设计，一个点发生问题将至少影响一条线路，由此也必将影响全局。除直接现场外，地面还需公交、交通管理等多部门进行全面疏导处置。

城市轨道交通系统的专业性。城市轨道交通技术系统复杂，供电、行车等专业技术性很强，在地下处置须经专业训练。例如灭火，在未停电的情况下直接用水扑救就十分危险。

城市轨道交通系统的相对孤立性。地铁车站、线路分布在市中心区及郊区，在突发事件发生后的第一时间内现场难以集结足够处置力量。在各方救援力量抵达现场前，只能依靠现场人员和乘客自身的能力进行自救。1996 年俄罗斯地铁爆炸中，由于列车驾驶员反应迅速、处置得当，大大减少了人员伤亡；而韩国大邱地铁火灾中，因列车驾驶员处置不当，造成大量人员伤亡。因此，城市轨道交通突发事件的处置关键在于第一时间（事发后 10 至 15min 内）的先期处置措施是否及时、正确。

（2）风险后果等级：特别重大。

北京奥运会期间，作为城市公共交通骨干系统的北京地铁，存在着遭受人为恶意破坏及因各种因素发生突发事件的可能性，安全风险极大，且一旦发生，影响、处置难度极大。故评估风险后果等级为特别重大。

6.5 风险分级

6.5.1 风险等级

为了明确北京市地铁运营风险管理的优先级别，参照《北京市奥运期间突发公共事件风险评估实施细则（1.0版）》风险分级原则，将风险等级划分为低、中、高、极高四级（表6-22）。

表6-22 风险分级表

后果 / 可能性		后果 1	后果 2	后果 3	后果 4	后果 5
可能性	A	低	低	低	中	高
	B	低	低	中	高	极高
	C	低	中	高	极高	极高
	D	中	高	高	极高	极高
	E	高	高	极高	极高	极高

6.5.2 风险分级结果

根据上述风险可能性分析与风险后果分析结果，对大客流冲击、火灾、运营中断、建筑设施损坏、人为破坏（恐怖袭击）中各影响因素的风险进行分级，其结果见表6-23至表6-27。

表6－23 大客流冲击风险分级结果表

后果 / 可能性			节假日和工作日 2	地铁网络化完善 2	天气变化 2	地面交通中断 3	交通管制 3	集中社会活动 4
可能性	节假日和工作日	B	低					
	地铁网络化完善	B		低				
	天气变化	C			中			
	地面交通中断	C				高		
	交通管制	D					高	
	集中社会活动	E						极高

表6－24　火灾风险分级结果表

可能性 \ 后果			电气防火性能低	电动车辆及其设备	地下高、低压电站的电器、电缆	地铁车站办公或生活用电设备	易燃易爆危险品
			2	4	2	3	4
可能性	电气防火性能低	B	低				
	电动车辆及其设备	B		高			
	地下高低压电站的电器、电缆	B			低		
	地铁车站办公或生活用电设备	B				中	
	易燃易爆危险品	D					极高

表6–25　城市轨道交通中断运营风险分级结果表

可能性 \ 后果			列车驾驶员操作失误	车辆故障	控制信号故障	自然灾难	地铁外部影响	供电系统故障
			3	2	3	3	4	4
可能性	列车驾驶员操作失误	A	低					
	车辆故障	C		中				
	控制信号故障	B			中			
	自然灾难	C				高		
	地铁外部影响	D					极高	
	供电系统故障	D						极高

表6-26　建筑设施损坏风险分级结果表

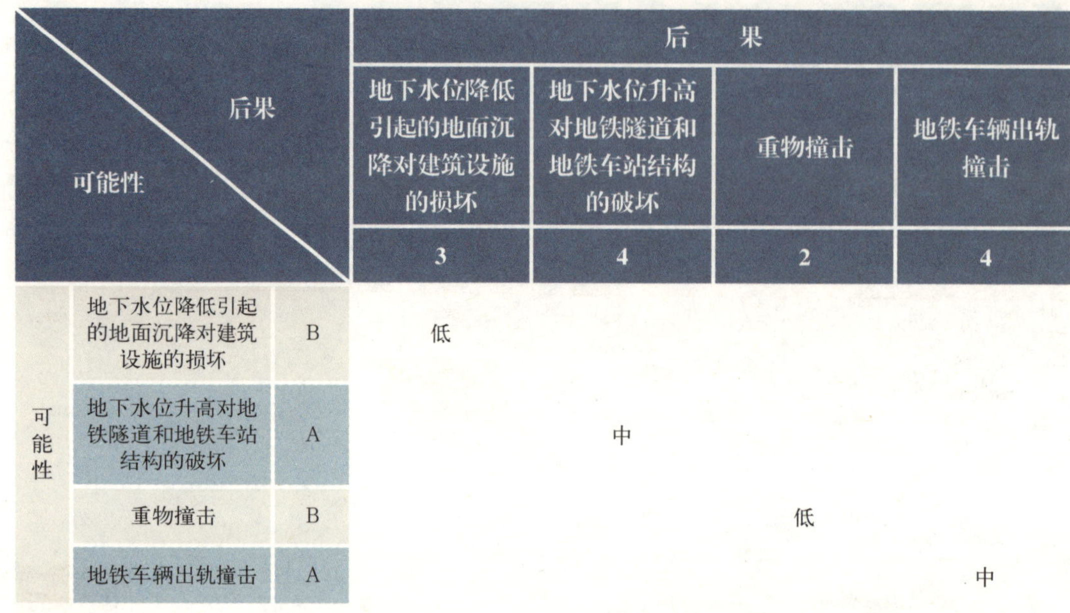

可能性 \ 后果			后果			
			地下水位降低引起的地面沉降对建筑设施的损坏	地下水位升高对地铁隧道和地铁车站结构的破坏	重物撞击	地铁车辆出轨撞击
			3	4	2	4
可能性	地下水位降低引起的地面沉降对建筑设施的损坏	B	低			
	地下水位升高对地铁隧道和地铁车站结构的破坏	A		中		
	重物撞击	B			低	
	地铁车辆出轨撞击	A				中

表6-27　人为破坏（恐怖袭击）风险分级结果表

可能性 \ 后果			后果
			人为破坏（恐怖袭击）
			5
可能性	人为破坏（恐怖袭击）	D	极高

6.6　风险防范与控制

6.6.1　风险管理优先级的确定

根据风险等级的评估，确定了5个极高风险，4个高风险，6个中等风险，7个低风险的因素，为风险管理明确了方向。

6.6.1.1　极高风险因素

（1）集中社会活动的大客流冲击：集中社会活动主要指奥运赛事、大型展览会、大型社会活动等，由于时间集中，人流从四面八方向其汇集，易在活动地附近的地铁车站内形成大客流，造成客运能力不足，容易引发各类与人有关的突发事件。尤其当发生火灾、恐怖袭击或混乱时，易产生群死群伤的事故。

（2）易燃易爆危险品引起的火灾：对于开放的城市轨道交通系统，易燃易爆危险品容易携带上车，可能会引发火灾。一旦发生火灾，后果不堪设想。

（3）城市轨道交通外部影响造成的运营中断：城市轨道交通外部影响主要指人或物掉入地铁轨道中引起的运营中断。在过去的几年，发生过很多起此类事故。

（4）供电系统故障造成地铁牵引停电引起的运营中断：此类事故曾经发生过。虽然近几年供电系统运行较好，但仍才存在隐患。

（5）恐怖袭击：这是新课题。国外发生了多起针对城市轨道交通的恐怖袭击，包括爆炸、化学污染等，造成极恶劣的社会影响和环境影响。在奥运会期间，一旦发生恐怖袭击，不仅造成恶劣社会影响和环境影响，还会造成不良国际影响。

6.6.1.2 高风险因素

（1）地面交通中断引发的大客流冲击：地面交通与地下交通密切相关，如果地面交通长期堵塞或中断，必然会使周边的一些人群去乘坐地铁，增加地铁客流量。在目前平日高峰期已经超载的情况下，更显客运能力的不足，形成大客流冲击。

（2）交通管制造成的大客流冲击：地面交通管制措施对人群出行影响很大，会对地铁客运工作产生影响。

（3）电动车辆及其设备造成的火灾：一般情况下电动车辆及其设备在日常维护中不易起火而引发火灾，但发生的可能性也是存在的。由于地铁车厢相对封闭，而火灾除了明火外也多有浓烟，易造成人员窒息，引发混乱，后果严重。

（4）自然灾难引起的运营中断：主要指恶劣天气，如大的降雨引起的地表水倒灌等造成的运营中断，可引发进一步的混乱。

在9个极高风险和高风险因素中，与大客流冲击有关的有3个因素，火灾存在2个因素，运营中断存在3个因素，恐怖袭击为极高风险。

6.6.2 风险控制措施

进行城市轨道交通运营风险评估工作的目的就是要制订有效的风险控制措施，进一步完善应急预案体系，保障北京奥运会残奥会安全顺利举办。针对风险等级为高、极高的突发事件的不同影响因素，总结以往的经验教训，本着兼顾可行性、有效性、针对性、综合性、成本效益原则，提出风险防范的建议措施。

6.6.2.1　大客流冲击的风险控制措施

（1）城市轨道交通运输组织方案。

① 比赛场馆周边地铁车站。

集中社会活动的大客流冲击引发城市轨道交通运营突发事件的风险极高，需要采取措施对大客流进行有序控制，以降低可能引发的突发事件。在奥运会期间，集中社会活动主要是奥运赛事，开赛前和结束后都会形成大客流，对大客流的疏导和控制是确保奥运会顺利进行的重要工作。表 6-28 为各比赛场馆容纳人数和周边地铁车站情况，这些地铁车站在奥运赛事期间应进行人员分流和控制（图 6-11）。

表6-28　奥运期间比赛场馆容纳人数和周边地铁车站

比赛场馆	观众席数（个）	周边地铁车站
工人体育场	64000	2号线东四十条 10号线工体北路
工人体育馆	13000	
老山自行车馆	6000	1号线八角游乐园 1号线八宝山
老山山地自行车场	1000	
小轮车赛场	4000	
五棵松篮球馆	18000	1号线五棵松 1号线万寿路
五棵松棒球场	15000	
丰台体育中心	9750	1号线五棵松 1号线公主坟
北京科技大学体育馆	8000	10号线学院路
北京航空航天大学体育馆	6000	10号线学院路 13号线知春路
北京理工大学体育馆	5000	10号线黄庄
首都体育馆	18000	2号线西直门
奥林匹克公园		奥运支线森林公园 奥运支线奥林匹克公园 奥运支线奥体中心 5号线大屯路东 5号线惠新西街北口

比赛场馆	观众席数（个）	周边地铁车站
奥林匹克森林公园射箭场	4510	奥运支线森林公园 奥运支线奥林匹克公园 5号线大屯路东 5号线惠新西街北口
奥林匹克森林公园网球场	10000	
奥林匹克森林公园曲棍球场	12000	
国家奥林匹克中心		奥运支线奥体中心 10号线、奥运支线熊猫环岛 10号线安定路
国家体育场	91000	奥运支线奥林匹克公园 奥运支线奥体中心 5号线大屯路东 5号线惠新西街北口
国家体育馆	18000	
国家游泳馆	17000	
击剑馆	6000	
合　计	326260	

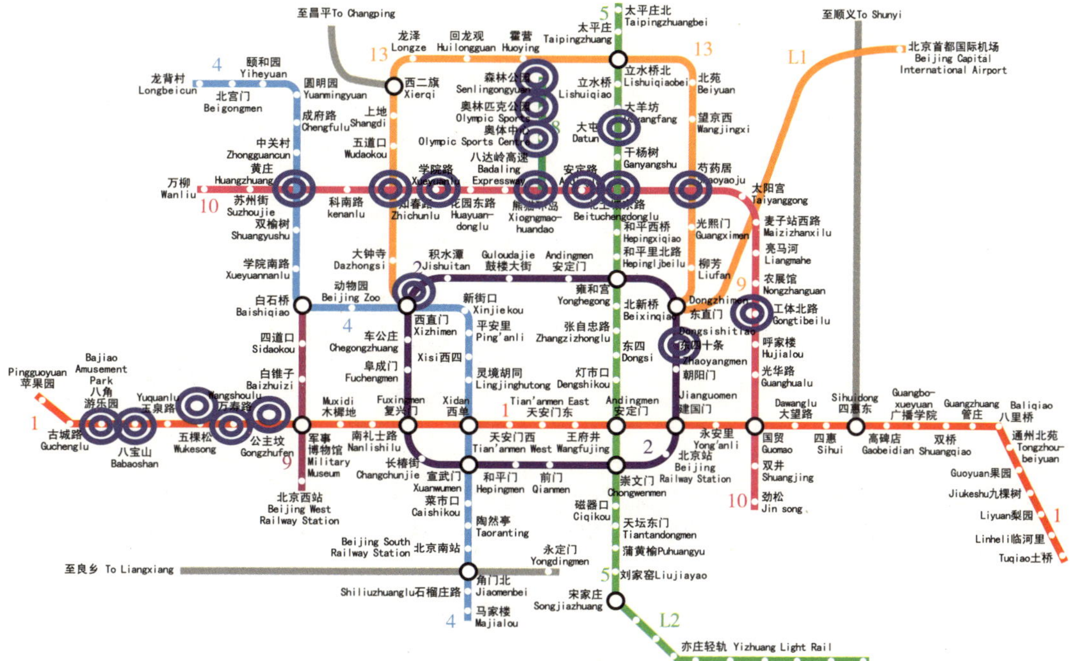

图6-11　与比赛场馆直接相关的地铁车站（本图为北京市地铁规划图）

② 奥运场馆与地铁车站直接衔接点客运组织。

a. 奥运公园赛场区内的车站客运组织。

客流特点：乘客就近乘坐地铁 8 号线（奥运支线）最为方便，对观众吸引力大。在比赛期间，观众较多，尤其在比赛散场时，观众比较集中；而奥运会比赛结束后，接近十一黄金周，将可能有大量的人群参观奥运村，有可能产生更加集中的大客流冲击。地铁运营和地面交通应综合协调组织，地铁 8 号线（奥运支线）与 10 号线一期线路换乘点应加强人员疏导，进行人流控制，在地面设置必要的导流围栏，保证乘客有序进站。

b. 五棵松场馆区。

客流特点：赛期较长（16 天），散场时间晚（有 15 天超过 24:00），场馆距地铁车站很近，散场客流量大，车站通道通过能力低。须根据现场情况在地面设置必要的导流围栏，保证乘客有序进站。

c. 老山自行车场馆区。

涉及 1 号线八宝山、八角游乐园站。

由于这两个车站地下空间狭小，车站通道通过能力低，无法满足瞬时大客流进出站需求，须根据现场情况在地面设置必要的导流围栏，保证乘客有序进站。

d. 工人体育场场馆区。

与工人体育场场馆区直接衔接的地铁车站包括：2 号线东四十条站、10 号线工体北路站，应加强现场组织力量。

③ 北京轨道交通路网换乘结点客运组织。

表 6–29 和图 6–12 显示了北京轨道交通路网换乘车站及线路，这些结点易形成大客流。在奥运会期间，不同赛事开赛前、结束后都容易在换乘车站形成大客流。对于客流集中的换乘车站，应加强重点岗位的人员力量，加强宣传疏导，组织乘客分散上车，有序乘降，并与公交安保总队密切配合，维护良好的站车秩序。

表6–29　北京轨道交通路网换乘车站及线路

换乘结点序号	换乘车站	换乘线路
1	复兴门站	1号线、2号线
2	建国门站	1号线、2号线
3	东单站	1号线、5号线
4	国贸站	1号线、10号线
5	四惠站	1号线、八通线

换乘结点序号	换乘车站	换乘线路
6	四惠东站	1号线、八通线
7	西直门站	2号线、13号线
8	东直门站	2号线、13号线、机场线
9	崇文门站	2号线、5号线
10	雍和宫站	2号线、5号线
11	知春路站	10号线、13号线
12	芍药居站	10号线、13号线
13	惠新西街南口站	5号线、10号线
14	立水桥站	5号线、13号线
15	北土城站	10号线、奥运支线
16	三元桥站	10号线、机场线

④ 组织工作原则。

客流服从安全的原则；

客流有序的原则；

奥运客流优先的原则；

站内与站外组织相结合的原则；

有利于疏散的原则；

乘客便利的原则。

⑤ 应对措施。

面对大客流冲击和持续的安全运营压力，要密切关注大客流的形成，及时采取措施，进一步提高车辆设备的稳定性，及时发现和解决问题，提供安全可靠的运力保证。同时，按照“运营服从安全，客流服从安全”的原则，密切关注客流变化，适时采取线网限流措施，确保运营安全有序。继续科学挖潜，力争进一步缩短列车运行间隔，努力提高运力。深入客流调查分析，掌握客流变化、时空分布规律和线网换乘比例，尽快研究鼓励乘客错峰出行的优惠方案，有效降低或转移高峰客流。通过媒体宣传，引导市民理解、支持和配合限流措施，并错峰出行。

图6-12 换乘车站位置

根据运营经验，积极研究线网内各类车站的客流特点、设计容量和客流需求的特征关系，合理匹配运力，提前制订车站客运组织方案和应急预案。加强车辆设备检查和检修工作，保证运营线上车辆设备质量，将设备故障风险降至最低水平。加强隐患管理工作，严格执行隐患数据库的控制标准，落实检查、监测和更新工作，严密监控风险源状态。加强人员安全教育和培训，加强应急抢险职守力量和应急管理水平，将风险控制在初期阶段，最大限度地减少对运营的影响。

（2）分级管理。

对于运营车站和运营设备进行分级管理，制订重点防护措施（见表6-30），对换乘站、客流大站、一般车站区别对待；对重点部位、关键设备和一般设备区别对待；对重点岗位、重点值守人员与一般岗位区别对待。

（3）行车组织方案。

为确保奥运赛时运输组织的安全有序，根据客流预测，合理安排运力，达到运力与运量的匹配，实施奥运列车运行图，制订加车计划，并做好各线路列车运行图外临时延长运营时间的各项准备工作。

表6-30　关键部位及其重点管理措施

管理对象	重点管理目标	重点措施
车站	地铁重点站（需要限流）共15个： 一、早高峰限流 1号线：苹果园站、四惠东站 2号线：西直门站 13号线：龙泽站、回龙观站 八通线：传媒大学站、双桥站、管庄站、八里桥站、通州北苑站 二、晚高峰限流 2号线：西直门站 13号线：西直门站、西二旗站 八通线：四惠站 5号线：天通苑站 地铁5条运营线换乘节点20个： 1号线：复兴门站、东单站、建国门站、四惠站、四惠东站 2号线：西直门站、东直门站、复兴门站、建国门站、崇文门站、雍和宫站 13号线：西直门站、东直门站、立水桥站 八通线：四惠站、四惠东站 5号线：东单站、崇文门站、雍和宫站、立水桥站	（1）提高运力，加强运力与运量的合理匹配； （2）合理加强通道及站台的疏导力量； （3）监控疏导力量，加强广播提示； （4）提前做好客流疏导方案或临时组织措施； （5）果断采取限流及闭站措施； （6）及时启动应急预案
设备	行车指挥操作台、车辆设备、道岔设备、信号设备、动力牵引设备等	（1）提前做好车辆设备检修工作； （2）保证备用车、备品备件数量和质量； （3）应急值守人员到位
人员	列车驾驶员、综控员、调度员、抢险人员等	（1）严格选拔； （2）严格技术业务考查； （3）应急技能培训和演练； （4）应急联动机制

充分考虑奥运赛时乘客出行时间不确定性等因素，行车指挥部门制订行车指挥预案，配备多组预备车，做好随时调整列车运行计划、加开临客的各项准备。

当列车满载率较高、进出站客流较大时，进一步加强客运组织和客流疏导，采取控制售票及进站速度等措施。

当客流量超过车站设计能力、进出站客流发生拥堵、不能保证乘客安全疏散时，果断采取临时封闭车站进口、采取地面售检票、进出站分流等措施减缓客流进站速度。

当车站发生突发情况或运力严重不足时，采取临时封闭个别车站或部分车站等措施。

当部分车站出站客流密集到达，车站疏散能力不足，导致客流在站积压时，调整控制列车到达相关车站的间隔，回避重点车站客流峰时，减缓客流疏散压力。

运行列车途中发生火灾或爆炸等突发事件时，应尽可能组织指挥其运行到前方站，实施抢险救援。对无法运行到前方车站的列车，应立即启动北京市地铁运营有限公司突发事件应急处置预案，按规定紧急报告，组织现场抢险和事故区间疏导乘客工作。

发生突发事件，相关部门和单位应立即按报告程序报告。

根据突发事件具体情况，按现场要求指挥有关单位，开、停通风、排水等设备，安装临时照明及临时通信设备。

按职责做好信息报送与发布工作。

6.6.2.2　火灾风险控制措施

（1）加强地铁管理人员培训。地铁管理人员除进行专门培训外，每年地铁运营管理部门应联合消防部门和卫生部门对地铁管理人员进行定期培训，学习先进的消防安全和医护急救知识。一旦发生火灾或其他灾难，地铁管理人员便可承担救灾和医护任务。

（2）加强监控，防止放火。在地铁入口处可安装自动探测武器、炸药的安检设备，以保证地铁安全。

（3）加强各站对乘客流动情况的控制。在地铁各站入口处安装闭路电视装置，每当车站过于拥挤，可能发生危险，在发出事故预警的同时，接受指令以自动关闭入口。

（4）安装火灾自动报警和自动灭火设备。在地铁入口处、各售票大厅中、自动扶梯出入处和连接通道等人多易着火处安装温感自动报警和自动灭火装置。地铁隧道和车站内安装通风排烟设备。

（5）设立现代化的地铁消防控制中心。为了加强消防安全，公安局消防部门应建成针对地铁的现代化的消防控制中心。每当接到火灾或其他灾难警报，从消防控制中心的显示屏上显示出事故现场的位置、规模、类型、危险等级，迅速确定灭火救灾装备、专用车辆和救护人员数量。消防人员和救护人员应在8min内到达现场灭火救灾，因为救火在前15min至关重要。

（6）加强法律和经费保障。为了加强地铁防火安全，北京市政府和消防部门应制订地铁防火规定，在地铁内安装最先进的火灾预警设备。此外，应拨出专款作为地铁专用防火经费，并根据实际需要补充防火经费。

（7）地铁消防通信。为了搞好地铁消防通信，公安局消防部门应建成地铁灭火救灾专用的消防、救护和警察部门的联合通信系统。因为一旦在火灾发生时，停电同时发生，则对整个地铁的通信系统影响巨大。上述部门应每年进行联合演练，一旦地铁发生火灾或其他灾难，便按照预定方案采取共同行动。此外，在重大灾难中还可借用广播部门的备用频道通信。

（8）对重要地铁站的特殊防火管理措施。在客流量大、敏感度高、深度大的车站应进行重点管理。除有正常值班人员外，还应增派多名职业消防人员加强防火值勤。

（9）公安局消防局每季度应对各地铁站的消防安全和设备检查一次。公安局消防局应配置受过专门培训的地铁消防安全的消防警官和警队，严格管理，加强防范，及时消除火灾隐患。地下建筑物与地上建筑物发生事故有着不同的特点，新建线路与老线路也有不同，地铁部门和公安局消防局应预先充分考虑到这种区别，平时备有应急预案，就能避免在救援时不到位。

在发生火灾（或爆炸）的紧急时刻，地铁方面和公安局、公安局消防局应按照预案及时采取措施。只要救援处置得力，把灾害的损失和人员的伤害控制在较轻的程度，就能很快恢复地铁的正常运营。

6.6.2.3 运营中断风险控制措施

（1）进一步提高员工品质和执行力。

① 重点研究对人员的安全控制，包括人员安全素质的培养、安全技术的更新、安全人才的选用与培养，研究讨论如何减少人为失误，将人的不安全因素和不安全行为降到最低；

② 重点研究对设备的安全管理，主要是针对车辆和各专业设备故障率居高不下的状况，建立有效的故障管理工作流程，用标准、方法、规章、体制、绩效考核多层作用实现管理工作的有效性；

③ 重点研究提升基础安全管理水平工作，在各级管理中积极体现制度化、精细化的发展思路，将形成经验的工作方法和管理方法进行总结提升，形成有指导力的控制标准，运用于规范化的工作过程；

④ 在奥运会期间，可以通过车站地面工作人员的管理和疏导，降低人员和物资的调入，加强车站内地面管理力度。

（2）提高安全意识和安全认知。

从思想意识深度的层面夯实安全管理基础，从而使管理者在影响各级执行力的根源问题上做出判断、改进和修复。

① 安全意识和安全认知的提高，需要在工作过程中贯彻实施，在自上而下正反双向的作用机制上有所体现。需要科学合理地理清思路，明确目标方向，制订发展

计划和实施方案，以基础员工和基础操作为落实单元，始终在各项工作中认真贯彻实践“安全第一，预防为主，综合治理”和“抓小防大，安全关前移”的管理思想。

② 安全意识和安全认知的提高，还需要运用正确的管理理论和方法，提高员工对安全技术、专业知识、岗位技能的掌握，用可掌握的技术能力带动各级人员安全素养的形成、保持、提升。

③ 所有公共环境的安全要靠大家的维护，良好的秩序可以有效地降低乘客的过激情绪，降低自杀率，也对避免其他突发事件的发生有很好的作用，因此要加强对乘客的教育和宣传。

（3）加强地铁管理部门与气象部门的互动。恶劣天气对地铁的影响是客观存在的，如果能够在产生影响前做好预防措施，可有效降低风险的发生。从以往的地铁运营情况看，突发的恶劣天气对地铁运营中的某些车站影响较大。气象部门应及时把气象预报成果告知地铁管理部门，为地铁管理部门采取措施提供依据。

（4）加强地铁供电系统的保障。地铁供电系统出现问题，波及面广，产生的问题非常严重。例如，地铁停运，如果没有照明系统，人员疏导就非常困难；如果应急电源耗尽，通信也会存在问题；此时若发生恐怖袭击，应急抢险问题更严重。因此，不论是外部供电，还是内部电源，都应加强供电安全保障。

6.6.2.4　城市轨道交通反恐防范工作

（1）图像监控。

（2）防范措施。

（3）安防工作。

（4）环境安全。

（5）前期处置。

① 完备预案环节。

② 完备预警和提前反应环节。

③ 完备演练环节。

④ 完备指挥环节。

⑤ 完备通信环节。

7 奥运会开幕式交通安全风险评估与控制

7.1 背景描述

奥林匹克大家庭成员使用专用车辆，通过奥运专用道路抵离奥林匹克公园；场馆运营团队、志愿者和观众将主要采用公共汽（电）车和地铁抵离奥林匹克公园，参加北京奥运会开幕式。

7.1.1 道路交通设施

奥林匹克大家庭成员将使用奥林匹克专用道，奥林匹克公园周边的 14 条道路将作为进出公园的主要通道（表 7–1）。

表7–1 奥林匹克公园周边主要通道表

序号	道路名称	道路等级	机动车道数
1	北四环路	快速路	8
2	北五环路	快速路	8
3	安立路	主干路	8
4	林翠路	主干路	8
5	北辰西路	主干路	8
6	北辰东路	主干路	8

序号	道路名称	道路等级	机动车道数
7	中轴路	主干路	8
8	成府路	主干路	8
9	大屯路	主干路	8
10	科荟路	主干路	8
11	北土城路	主干路	8
12	民族园路	次干路	8
13	运动员村路	次干路	8
14	奥体中路	次干路	8

7.1.2 公共汽（电）车

（1）线路：开幕式当天将有48条常规公交线路和16条专线（4条环线）运送工作人员和观众进入；散场时，由16条专线、8条摆车线路、12条常规夜班线路运送工作人员和观众；依需求可延长常规线路运行时间。

（2）公交场站：奥运会期间，将增加4个临时公交场站，一个备用场站及一个地铁5号线接驳囤车站；开幕式观众到发公交场站3处，即东部公交场站、南部公交场站和西部公交场站；北部公交场站和其他两处临时公交场站在开幕式期间主要用于囤车。

（3）奥运公园周边一条大容量公交（BRT）线路。

7.1.3 地铁

（1）市域内共有7条地铁线路运营，其中奥运公园周边有3条地铁线路，即5号线、8号线（奥运支线）和10号线一期。开幕式当天所有线路提供24h运营服务。

（2）8号线（奥运支线）在安保封闭区内，所有人员均须经过安检进入。

7.1.4 安保设施

开幕式安保设施为：观众安检口5处；注册人员安检口4处；车辆安检口4处；车辆免检通道2处。

7.1.5 停车设施

除公交停车场外，开幕式为奥林匹克大家庭成员提供15处停车场。

7.2 风险承受能力与控制能力分析

7.2.1 观众疏散运行方案能力分析（表7-2）

行人：道路 / 通道常态下可以满足行人疏散要求；

公交车辆：总运能满足目标需求；

候车站台：正常状态下满足疏散要求；

楼梯：在正常状态下满足疏散要求。

表7-2 观众疏散交通设施能力分析

线路	高峰发车频率（分钟）	运能（万/h）	疏散总量（万人）	备注
地铁5号线	3	2.7（单向）	1.5	
地铁10号线一期	3	2.7（单向）	2	
地铁8号线（奥运支线）	3	2.7（单向）	2	下沉广场控制
东部公交场站	3	4.1	2.6	
西南公交场站	3	1.9	0.56	北四环辅路屯车
南部公交场站	3	1.8	1.12	

7.2.2 地面公交运营调度

总囤车能力 1 367 辆，需要 800 辆，总运力满足。其中：

东部场站囤车 386 辆，不需要外部调车；

西南场站囤车 106 辆，需要外部调车；

南部场站囤车 224 辆，不需要外部调车。

7.2.3 观众疏散时间

到 8 号线（奥运支线）：第 25 至 70min；

到东部公交场站：第 30 至 75min；

到西南公交场站：第 30 至 75min；

到南部公交场站：第 40 至 90min。

7.2.4 城市内的回程交通服务

通过城市内延时线路的运行方案基本覆盖五环路内城区范围。确定 7 条地铁线路、12 条公交专线、8 条常规线路沿线和 12 条夜班线路直接为散场客流服务。观众疏散过程需要增加延时收车公交线路（临时增发区间车），基本覆盖五环路内城区，可满足观众和工作人员返回。

7.3 风险可能性分析

7.3.1 风险分级

开幕式交通风险根据危害程度分为四级：
特别重大（I 级）；
重大（II 级）；
较大（III 级）；
一般（IV 级）。
发生可能性分为：
很高（75% ~ 100%）；
较高（50% ~ 80%）；
一般（25% ~ 50%）；
较低（0 ~ 25%）。

7.3.2 风险源分析

根据风险的来源，将开幕式交通风险分为 5 类：

（1）交通运输系统风险。地铁 5 号线、8 号线（奥运支线）、10 号线一期或公交专线出现意外故障（供电、车站突发事件、通信和信号系统等）；城市其他相关地铁、公交系统车辆故障造成的次生风险；道路、桥梁、隧道意外事件造成的路由封闭；出入口和通道局部疏散出现未料及的人群集中，造成出入口能力和缓冲区能力不足，如：公园下沉广场、公交站台、人行通道、步行桥、扶梯、电梯、地铁、公交线路、场站出现未料及的超负荷客流。

（2）恶劣气象条件风险。8 月份北京可能的恶劣气象条件有暴雨、雷电、大风、高温、湿热。

（3）保障设备运行风险。主要是指挥调度系统通信故障。

（4）参与人员的风险。可能的治安风险；斜坡、台阶、地面湿滑可能造成人员摔倒、踩踏；参与人员可能身体不适；疏散人群内部可能发生的无序交叉；可能受外界突发情况影响造成的恐慌、无序的风险。

（5）其他系统外紧急事件风险。包括火灾和恐怖活动等。

7.4 风险评估

根据前面所述各类风险源、分级标准，对观众疏散方案进行评估，有关风险评估内容如表 7–3 所示。

表7–3 观众疏散风险评估

风险分类	风 险 源	造成的危害描述	危害程度	发生的可能性
交通运输系统风险	指挥系统不协调		特别重大	一般
	地铁8号线（奥运支线）技术故障	车辆停驶，人员在站台、车辆内积压，可能引发次生恐慌，增大公交客流压力	特别重大	较低
	地铁5号线、10号线一期技术故障	车辆停驶，人员在站台、车辆内积压，可能引发次生恐慌，增大公交客流压力	重大	较低
	地铁8号线（奥运支线）奥运公园站客流过大	人员拥挤	重大	很高
	下沉广场客流过大	人员拥挤	较大	很高
	外围地铁系统故障	影响观众返程	较大	一般
	公交场站、线路客流过大	站台拥挤、场站出入口拥堵	重大	很高
	某方向公园疏散口客流集中	人员拥挤，造成秩序混乱，影响疏散质量和疏散时间	较大	较高
	外围地铁车站、线路客流过大	影响观众返程	较大	较低
	闭幕式当天城市整体车辆需求过大	影响闭幕式观众集散、乘坐的舒适程度，城市社会、其他奥运比赛的正常集散	较低	较低
	闭幕式当天国家体育馆观众集散	特殊的组织方案影响观众进场服务水平；独立并且与进场方向不同的散场形成瓶颈拥堵	较大	较高

风险分类	风险源	造成的危害描述	危害程度	发生的可能性
交通运输系统风险	观众各方向来源、各方式到达与预期计划偏差较大	形成局部的拥挤、交通服务设施能力不足	较低	较高
	出入口和通道局部疏散出现未料及的人群集中，造成出入口能力和缓冲区能力不足	人员拥挤，发生安全事故	较低	较高
	各类缓冲区		较大	较高
	扶梯、电梯、楼梯		重大	很高
	步行桥		重大	较高
	室内通道		重大	很高
	户外人行步道		较大	较高
	园内观众迷失方向	步行人员停驻、张望，人员流线交叉，阻碍正常行进	一般	很高
	道路、桥梁、隧道意外事件造成的路由封闭	车辆通行道路受阻	重大	较低
	外部道路拥堵	车辆通行受阻或者延误	较大	一般
恶劣气象条件风险	暴雨、雷电	人员奔跑避雨，发生冲撞引发安全事故	较大	较高
	高温、湿热	人员舒适程度降低	一般	很高
保障设备系统风险	通讯系统故障、能力不足	无法正常调度	重大	一般
参加人员的风险	不安分的观众的治安风险	干扰集散秩序	重大	一般
	斜坡、台阶、地面湿滑造成人员摔倒、踩踏	影响正常集散、引发次生恐慌	重大	一般
	观众身体不适	影响参与效果和外界评价	较大	一般
交通系统外紧急事件	火灾紧急撤离		特别重大	较低
	恐怖活动		特别重大	较低

7.5 风险防范与控制

根据各类型的风险，进行相关的对策准备，分为规避措施和应对措施。如表 7-4 所示。

表7-4 观众疏散风险对策措施

风险源	规避措施	应对措施
指挥系统不协调	提前进行技术测试，查找并消除有关隐患	
地铁8号线（奥运支线）技术故障	提前进行技术测试，查找并消除有关隐患	及时报告，抢修线路；园内引导观众步行到十号线或乘坐公交；赛前公交、地铁联合预演
地铁5号线、10号线一期技术故障	提前进行交通组织测试，查找并消除有关隐患	抢修线路、调用备用车辆，采用其他方式疏散积压人群
地铁8号线（奥运支线）奥运公园站客流过大	车站与下沉广场协调完整的一体化管理系统；提前进行交通组织测试，查找并消除有关隐患；通过广播将观众向地铁10号线一期北土城站、东部公交场站引导；通过下沉广场、站厅，逐步削弱散场客流尖峰，进行客流缓冲，降低站台压力	通过广播告知乘客地铁车站客流状态、需要乘客配合的管理措施；临时关闭车站，利用东部场站和地铁10号线分流
下沉广场客流过大	组织专题研究，制订防范措施；提前发布交通手册，引导观众分散疏散；降低下沉广场压力；奥运期间暂缓设置适合近处观看的景观；保留足够的人行通道；完整协调的人流组织；开幕式保留南侧入口，封闭其他广场入口；在南侧以及中一路路段设置缓冲区和分流点	临时关闭下沉广场入口；积极疏导停顿行人，保持行人有序流动；在南一路将疏散观众分流到东部场站
外围地铁系统故障	提前进行交通组织测试，查找并消除有关隐患；	
公交场站、线路客流过大	提前进行交通组织测试；场站设计客流采取较高保障度；南北站台用于疏散；启用备用出口；设置上下车缓冲区；增设必要围栏、蛇形排队	备用场站调车、控制人员进站流率
某方向公园疏散口客流集中	入场时摸清各公交场、安检入口客流分布	增加疏散门，公交提前在客流下游路径备车，组织临时站台发车：例如在南一路、规划五路东口开观众疏散口，公交车辆在成府路南侧停靠
外围地铁车站、线路客流过大	提前进行交通组织测试，查找并消除有关隐患	临时加车缩短发车频率
闭幕式当天城市整体车辆需求过大	优化整个公交网的运营组织方案，针对奥运闭幕式、当天赛事、社会交通需求，制订细化的备车方案	奥运中心区周边备车

风险源	规避措施	应对措施
闭幕式当天国家体育馆观众集散	提前确定国家管闭幕式当天比赛的观众集散政策，告知有关措施，制订细化的专门的集散组织方案	保证环线车辆频率，通过国家馆分批次、有序散场，缓解对闭幕式的影响，备足专用散场车辆并制订多条接驳线路
观众各方向来源、各方式到达与预期计划偏差较大	提前进行交通组织测试，通过票务信息了解观众来向，修正观众来向预期方案；提前发布交通组织方案和建议	在公园区外提供备用运力，公交场站运力之间通过调度协助
出入口和通道局部疏散出现未料及的人群集中，造成出入口能力和缓冲区能力不足	提前进行交通组织测试，查找并消除有关隐患；控制人员流率，提前采取分流措施	通过广播、喊话，告知行人设施交通状态，得到人员的积极配合；有效控制行人疏散流量、速度；工作人员积极引导
园内观众迷失方向	提前进行交通组织测试，查找并消除有关隐患；设置足够、有效的引导系统（人员、标识），周边提供明显的夜景地标，提前进行宣传，工作人员积极连续引导	通过广播、工作人员喊话，积极连续引导；对可能的不熟悉方向的人员，引导员主动引导、积极亲切地解答问题；将驻足人员带离疏散通道，劝导保持行进速度
道路、桥梁、隧道意外事件造成的路由封闭		
外部道路拥堵		
暴雨、雷电	关注短时天气预报，预备启动有关预案	配合暴雨应急方案
高温、湿热	关注短时天气预报，预备启动有关预案	提供遮阳场地或者工具，增加贴心服务
通信系统故障、能力不足	提前进行交通组织测试，查找并消除有关隐患	采用备用通信系统
不安分的观众的治安风险	安保人员积极观察，遇到潜在风险及时处理，在萌芽状态消除隐患；提前宣传保持有序氛围	积极观察辨别，第一时间消除隐患
斜坡、台阶、地面湿滑造成：人员摔倒、踩踏	提前进行交通组织测试，查找并消除有关隐患；在关键地点设置有效的标识、足够的引导人员	控制行人流率、速度，在关键地点设置明显标识、鲜明地面标识以引导人员
观众身体不适	提前宣传告知参与人员注意事项	
火灾紧急撤离		
恐怖活动		

8 交通应急指挥系统

北京市交通应急指挥中心是一个集成网络通信技术、计算机技术、移动计算技术和音视频技术，以图像资源集成化、标准化预案体系、事件处置一体化为基础，以地理信息系统、数据分析系统、门户展现系统为手段，实现立体互动、动态实时、反应迅速、安全可靠，对交通应急事故预警、防范、过程跟踪、善后处理全过程的应急指挥系统。

北京市交通应急指挥中心秉承防范为主、准备在先、平战结合，使交通应急工作日常化；北京市交通应急指挥中心建设的原则是最大化整合北京市交通行业现有资源，并在全交通行业实现信息和资源共享，为上级管理单位决策提供各种图像及信息资源。通过及时有效地调集各种资源，各级领导及专家组能迅速作出判断和决策，减轻交通应急事件对本市交通造成的威胁，将交通事件造成的损失控制在最小范围，从而构建统一指挥、功能齐全、反应灵敏、运转高效的交通应急事件处置机制，切实提高交通应急管理能力。

8.1 北京交通应急指挥概述

交通应急指挥系统的建立增强了城市应急反应和防灾减灾能力，最大限度减少了人为制造灾害或自然灾害事件对城市可持续发展和市民正常生活的不利影响。

交通是现代化大都市的生命线，交通一旦瘫痪，城市将陷入混乱。特别是危机状态下，所有的危机处置、救援活动都离不开交通保障。在整个危机处置指挥过程中，交通是需要时时考虑的关键因素，交通安全应急指挥是城市应急指挥中的重要环节。因此，交通安全应急指挥系统成为整个城市应急指挥系统不可或缺的基础工程，也是关键工程，是需要优先建设、持续完善的工程。

高效的交通安全应急指挥系统，不仅靠完善制度和体制，还需要依靠先进的信息系统支持。沿用传统的指挥方法，使用落后的指挥工具无法满足应对现代化社会的交通突发事件。现代化的应急指挥系统必须能支持海量信息的高效收集、传输与处理，具备高效的信息检索能力、智能的辅助决策能力，这样才能保障指挥员在压力大、时间紧的危机条件下做出正确的决策，多种方式的信息互联互通能够保证危机条件下人与人之间的沟通与交流，多类系统的综合集成与联动能够保证整个危机处置过程的协调有序，所有这些目标的实现都离不开以现代信息技术为基础的先进的应急指挥系统的支持。

8.1.1 组织机构

北京市突发公共事件应急委员会（以下简称市应急委员会）作为北京市突发公共事件应急管理的最高领导机构，负责领导全市突发公共事件的应急工作，交通安全应急指挥部在市应急委的统一指挥和领导下工作。

交通应急指挥部下设办公室，作为常设办事机构。办公室设在北京市交通委员会，履行交通相关领域的值守应急、信息汇总和综合协调职责，发挥运转枢纽作用，负责接收和办理向市应急委报送紧急事项；组织编制、修订《北京市交通突发事件应急预案》，组织审核专项应急预案，指导应急预案体系建设；收集交通突发事件信息，组织专业部门和专家对交通突发事件进行评估，报告评估结果和预案启动建议；按照市应急委的决定，组织、协调突发公共事件的处置和善后工作；对交通突发事件进行事件调查，并进行事后评估；向社会发布信息，如图 8-1 图所示。

8.1.2 应急预案

北京市交通安全应急指挥部主责的市级预案有 5 个，分别是：北京市轨道交通运营突发事件应急预案（见附录）、北京市道路抢险应急预案（见附录）、北京市桥梁突发事故应急预案（见附录）、北京市雪天道路交通保障应急预案；北京市应急交通运输保障预案包括北京市交通专项应急预案（4 个）、北京市交通专项保障预案（1 个）（如图 8-2 所示）、其他专项应急预案（30 个）、其他保障预案（6 个）。另外，还有行业预案 52 个。

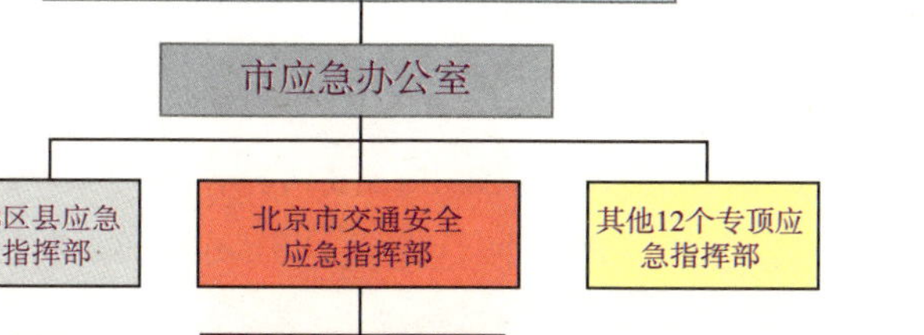

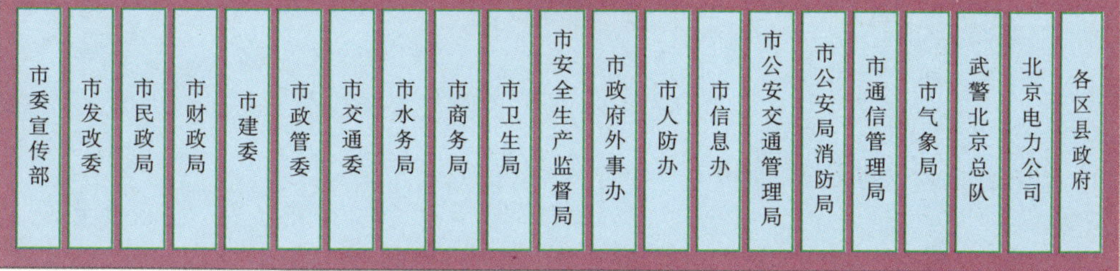

图8-1　北京市交通应急指挥组织机构

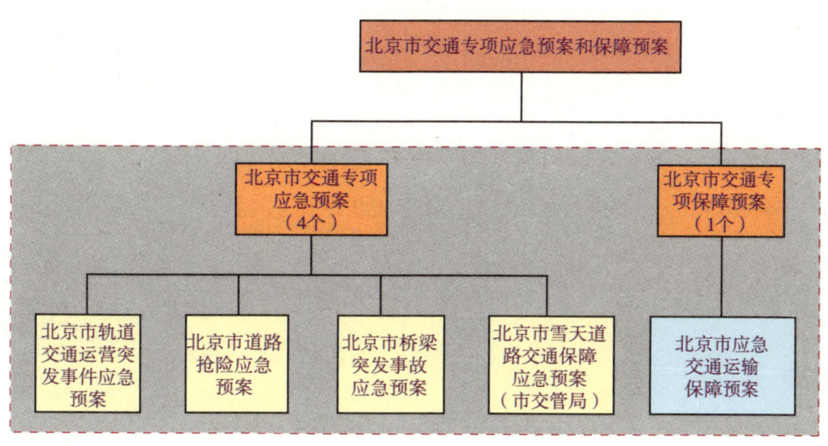

图8-2　北京市交通专项应急预案和保障预案

8.1.3　应急系统

北京交通应急指挥中心的硬件支持环境已经初具规模：视频接入系统、有线通信系统、无线调度系统、计算机网络系统，可以处理来自多种通信渠道的报警信息，初步实现对地铁、公交、高速公路、城市道路、长途客运枢纽、郊区公路、治超场站、铁路道口、首都机场的实时监控。

8.2 业务功能

交通应急指挥系统在业务层面上需要实现与北京市交通委内部、市交通委下属单位、市应急委及其他专项应急指挥系统之间的信息共享和交换，完成应急数据的处理、共享和存储。交通应急数据涉及面较广，包括事件现场应急数据、视频图像数据、动态交通数据和静态交通应急数据。

图8-3 交通应急体系

交通应急指挥系统虽然是针对交通突发事件而开发的系统，但也是对北京交通部门日常管理工作的凝练和升华。交通应急指挥系统提供“预测预警、信息报送、事件处置、辅助决策、资源管理和善后评估”一体化的业务功能设计，实现“平战结合”的建设思想，如图 8-3 所示。

8.2.1 预测预警

实现交通突发事件的预测预警。通过对短时间内、数据信息的分析，预测并判断即将发生的交通突发事件；分析各种已知条件，从过去到现在的历史走势和相互影响，预测并判断将来一定时间跨度内可能突发事件的发展趋势和变化。

8.2.2 信息报送

信息报送功能。按照标准数据格式向市级应急指挥系统报送相关信息，包括对相关指令的执行情况、事态的最新进展。同时将情况及时通报给各相关单位，流程如图 8-4 所示。

（1）首报内容。

发生交通突发事件后，下属行业单位登录交通应急指挥信息平台，新增交通运营突发事件记录，信息内容包括事件发生时间、发生地点、造成伤害的人数；事件初步性质、发生的可能原因等。

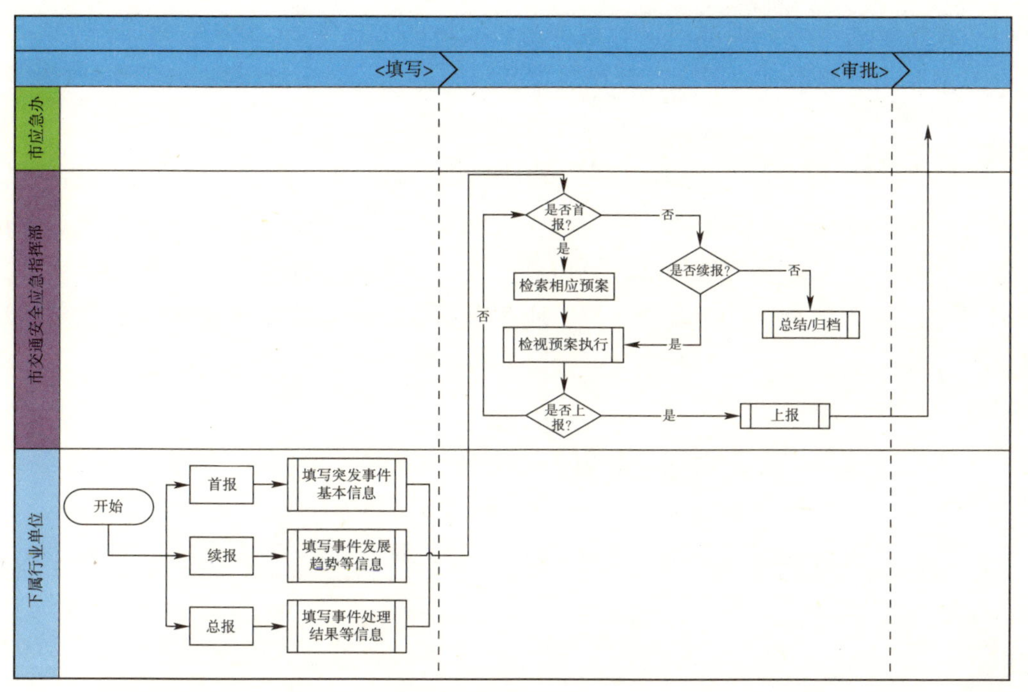

图8-4　信息报送流程图

交通应急指挥中心在收到下属行业单位的突发事故信息后，依据事故信息关键字检索到相应的预案，依据预案的内容监视下属行业单位对突发事故的处置情况；同时，依据突发事件的级别，如发生重大、特别重大级别事件时，中心应向市应急办报告事故简讯。

（2）续报内容。

依据预案设定，下属行业单位周期性向交通应急指挥中心续报事故情况、事件发展趋势、人员治疗与伤情变化情况、造成事故的原因、已经或准备采取的处置措施。

交通应急指挥中心依据突发事故首报和续报信息内容，通过辅助决策、逻辑分析模型、统计模型或调用相关预案以及案例库中的参考案例，帮助指挥员进行理性决策；同时，应急指挥系统还应记录下整个指挥调度的过程，不断完善预案。

（3）总报内容。

突发事件结束后，下属行业单位应将事件处理结果报告交通指挥中心，交通指挥中心将详细情况以文字形式报市应急办。

（4）事件处置。

实现交通突发事件的事件处置。在出现紧急情况时，系统迅速做出反应，在第一时间把情况通报给各级部门，表现为通过一定的通信手段，完成一定的人力、物力资源调度。例如警力的调度、救灾物资和设施调度、对事件现场的疏导和部署等。

（5）辅助决策。

实现事件处置过程中的辅助决策。在应急指挥过程中，提供一些逻辑分析模型、统计模型或调用相关预案以及案例库中的参考案例，帮助指挥员进行理性决策；同时，应急指挥系统还应记录下整个指挥调度的过程，形成完整案例，丰富案例库，为实现知识化、智能化的危机管理作积累，提供更丰富、准确的决策依据，提供高质量的应急服务。

（6）资源管理。

实现应急资源的全面管理。对指挥中心所获得的各种应急资源进行信息整合，并实现图表化、图形化的综合显示、查询、统计。预案管理流程见图 8-5 所示。

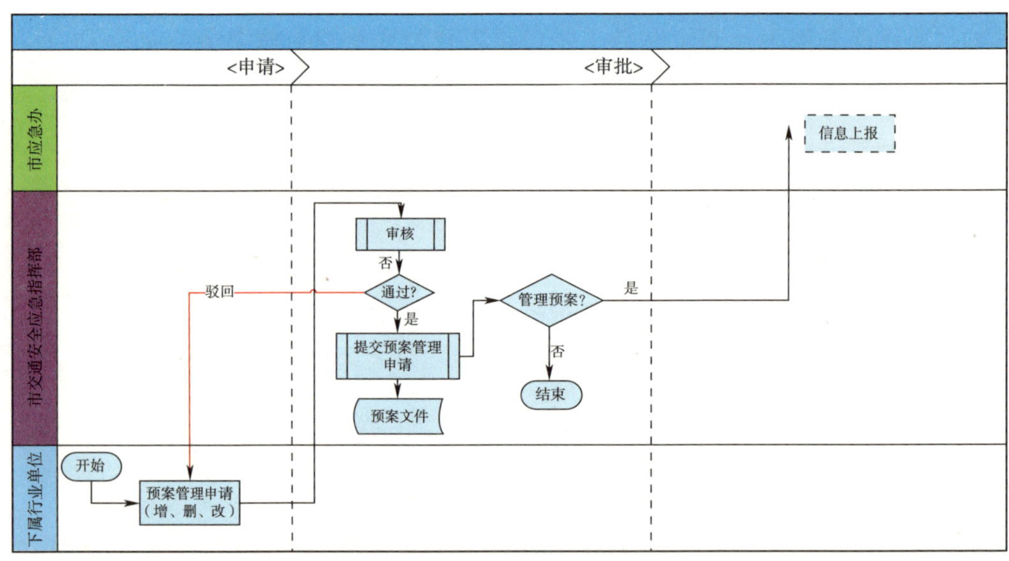

图8-5　预案管理流程图

（7）善后评估。

在应急事件完成后，需要对整个应急指挥过程进行相应的分析和总结，并形成或完善相应的应急预案。包括针对应急指挥处理过程中所投入的人力、物力，应急事件发生的原因，应急处理的技术方案的科学性以及整个应急过程的得失。具体内容包括人员工作量分析及装备使用情况、应急物资使用情况汇总及补充方案、应急事件技术分析、应急总结事件、应急预案完善等。

8.3 应急运行管理

北京交通应急指挥中心交通应急图像信息系统是一个覆盖全面的多层次分布式系统，在系统上线后要重视运行管理。因此需要建立完整的运行管理体系和完善的运行管理制度，确保系统的可靠、安全运行，为交通安全应急事件保驾护航。

8.3.1 应急运行管理体系

交通应急图像信息系统运行管理中建立完善运行管理体系，协调各子系统和各单位部门间的关系是做好系统运行管理工作的前提条件。系统运行的管理机构应在现有基础上理顺关系，并进一步充实加强。本着“精简、高效”的原则，北京交通应急指挥中心的应急工作尽量由原从事交通应急工作的有关人员承担，充分利用原有人员，同时适当考虑增加人员编制。建立以现有管理机构为基础，以市交通委为核心的工程运行管理体系。

8.3.2 运行管理制度

交通应急图像信息系统的正常运行有赖于建立一套完善的规章制度。这套制度应该包括信息采集、接收处理、调度环境和决策支持等环节，涉及到人员、业务、设备、技术、资料等所有要素，能够应付系统运行过程中出现的各种问题，为系统的运行管理提供制度保障。

8.4 应急演练

为检验交通应急突发事件应急处置能力，完善突发事件应急处置预案。2008 年 6 月 1 日，市应急办、市交通安全应急办会同相关单位，成功举办了奥运会期间城市道路交通突发事件综合应急演练。

8.4.1 演练情况

此次综合演练模拟了化学危险品运输车辆交通事故、奥运与会车辆交通事故、城市道路塌陷事故、公交车内发现可疑爆炸物及发生火灾事故的应急处置等五种城市道路交通事故。

（1）化学危险品运输车辆交通事故演练。

在京津塘高速公路进京方向大羊坊收费站处，一辆满载液氯的槽罐运输车与一辆微型客车发生交通事故，造成泄漏，释放出大量有毒气体，造成部分人员中毒。交通管理部门先期做好交通秩序维护；安全监督部门启动《北京市化学危险品事故应急预案》组织现场处置；气象、环保部门监测周边环境；消防部门对事故车辆及现场毒源进行专业处置；卫生部门抢救伤员；治安总队及朝阳区应急办进行现场秩序维护和后勤保障工作；现场处置完毕后，交通管理部门对事故现场进行勘察，恢复交通。

（2）奥运与会车辆交通事故演练。

一辆载有10名外国运动员的参赛班车途经北四路环火器营桥时发生交通事故，造成3名运动员受伤，车辆无法行驶。交通管理部门先期做好交通秩序维护，启动《奥运期间交通事故处置预案》；公安部门进行现场甄别，认定仅为交通事故；卫生部门迅速抢救伤员；奥组委交通部应急班车接走其他运动员；交通管理部门维护现场秩序，恢复交通。

（3）城市道路塌陷事故演练。

丰台区南四环路外公益西桥南马家堡西路发生机动车道道路塌陷，面积为 $20m^2$、深4m，导致道路交通中断。交通管理部门先期断行交通；市交通安全应急办启动《北京市道路桥梁突发事件应急预案》，成立现场指挥部，组建工程组、管线组、宣传组、交通组、社会保障组等，组织相关管线单位检查设施情况，查明塌陷原因后制订抢修方案；道路管养单位对塌陷部位进行专业处理；交通管理部门恢复社会交通；约20min后全部处置工作完成。

（4）公交车内发现可疑爆炸物演练。

一辆公交车运营行驶过程中，司乘人员发现有无人认领的可疑包裹，立即选择相对空旷的位置靠边停车，以“车辆发生故障”为由，迅速疏导乘客下车并保护现场。派出所民警利用便携X光机对可疑物进行识别，确认为爆炸装置后用防爆毯进行苫盖，待公交部门到达后，利用MK4专业绳钩工具组将可疑物放置在防爆球内，转移中心现场。

（5）公交车运营行驶过程中发生火灾事故演练。

一辆公交车运营行驶过程中起火，“119”消防指挥中心启动《北京市公交运营车辆火灾突发事件灭火救援应急预案》，调集相关装备赶赴现场组织救火，交通管理、医疗、公交等部门分别进行疏导交通、救治被困乘客、牵引事故车辆拖离现场与恢复道路交通等处置工作。

全部事故处置综合演练历时 90min，整个演练过程紧张有序、有条不紊。作为北京奥运会前城市公共交通安全工作的预演，此次演练检验了应对奥运会期间城市公共交通安全事件的应急机制，检验了各部门的应急反应和实战能力。通过演练查找和改进工作中的薄弱环节，切实增强了应急能力，为奥运会安全举办做好了准备。

8.4.2 演练特点

事件场景多。指挥场所多。根据奥运会期间所面临的五种城市道路交通事件主要风险，演练设置了 5 大场景、6 个课目、36 个阶段，多个模拟事件应急处置交叉进行。同时，设置了北京市交管局为指挥主会场、北京市应急办、市交通委、公交集团等 7 个指挥分会场和 4 个室外移动指挥场所，使演练达到了前所未有的效果。

参与面广，投入力量多。演练涉及 20 多个参演单位，综合了交通、安全生产、消防、卫生、环保、公共设施、电力等诸多部门的参与处置；参与演练的指挥人员、技术人员、模拟人员、观摩人员 300 余人；投入移动应急指挥车 4 部；各类应急抢险车辆 60 余辆；各种抢险设备 700 余件，保障了综合演练的成功举行，突显了演练的实战性和联动性。

技术系统复杂多样。此次演练综合运用有线通信系统、800 兆数字集群无线通信系统、IP 视频会议系统、图像监控系统、"动中通"卫星通信系统等技术装备，充分发挥了北京市应急办、市交通安全应急办、市公安交管局三处指挥中心硬件平台的作用，保障了现场图像和数据实时同步回传，全面实现了跨部门、跨地区的异地决策指挥等诸多事宜。800 兆无线政务网通信系统的畅通，为多部门实时应急指挥调度提供了便捷有效的支撑。

8.4.3 演练做法

为了使综合演练全面、周密、尽可能接近实际情况，自 2008 年 4 月起，经过 30 余次的修改和完善后，制订了切实可行的《演练方案》和《演练脚本》；先后组织各参演单位召开 10 余次协调会；对各个模拟事故现场实地查看 7 次；细化了每位参演人员在演练全过程中的责任和任务，通过多次桌面推演和 5 次现场预演，使参演人员熟知《演练脚本》、明确演练要点，为演练的成功奠定了良好的基础。

根据《演练方案》中明晰的抢险处置流程，当突发事件发生后，相继完成信息报告、先期处置、专项指挥部牵头组织、启动应急预案、协调有关部门赶赴现场、成立现场指挥部、制订应急抢险方案、组织专业队伍现场防控（处置）、抢险救护、按规定时限上报处理情况、后期处置、恢复交通等环节，一环紧扣一环，上下联动，有条不紊，做到了程序严谨、操作规范，使突发事件得到了有效控制。同时，要规范现场处置，在现场指挥部下设办公室、交通疏导组、工程抢险组、信息宣传组、安全督察组、社会保障组、专家组等工作组，做到了任务明确、分工负责。

为使演练更接近实际，更具有实战性，本次演练所涉及的 5 大场景设计逼真。演练过程中，巡逻车、清障车、消防车、防化洗消车、医护急救车、大型清障车以及各类工程机械抢险车、环境监测车、气象监测车等各类车辆轮番上阵，相关人员按各自职责进行现场作业。同时，除演练情景仿真外，演练各阶段处置动作也在实实在在地开展，如在公交车火灾事故的处置中做到真起火、真砸玻璃等，完全符合实际情况。

8.4.4 演练总结

通过综合演练进行实践，检验了全市应急组织体系的应急指挥能力、综合协调能力、应急保障能力和处置抢险能力，全方位发挥应急体系的作用。

在演练的准备过程中，通过多次协调会、桌面推演、预演、到最后的正式实战演练，各参演单位之间经过沟通、探讨、磨合，达到默契，互相支持、团结协作，形成从交通疏导、医疗救护、抢险抢修、事故车辆清理等方面，在最短的时间内形成整体工作合力，应急资源统一调配，开展及时有效的处置工作，建立健全了快速反应机制，提高了各部门之间协调联动机制。

演练结束后，在各参演单位总结分析的基础上，提出了有针对性的合理化意见和建议，有效地推进了安全应急管理水平。同时，为涉及的各类应急预案的编制及修订提供了借鉴。

事备则立，不备则殆，通过演练，增强了安全防范意识，提高了主动防护和响应的能力，以预防为主，变被动为主动，使安全应急管理工作最终实现“无急可应、有急能应”的根本工作目标。

9 平安奥运交通行动

平安奥运，就是要办一个安全的奥运会，是北京奥运会取得成功的最大标志之一，也是展现中国国家形象最重要的标志之一。为确保北京奥运会安全、顺利的举办，北京市交通系统19个平安奥运成员单位、相关政府部门和20余万名交通安全保障工作人员连续奋战、顽强拼搏，使平安奥运交通行动各项工作切实开展、稳步推进、严格落实，奥运交通平稳运行、便捷高效、安全顺畅，全面实现了“大事不出、小事减少、管理严格、秩序良好”的十六字平安奥运工作目标，为北京奥运会残奥会的成功举办提供了重要保障。

9.1 平安奥运交通行动工作概况

交通系统平安奥运工作于2008年3月全面启动，通过精心组织、广泛动员、系统部署、狠抓落实，全面、高质完成了严整、严防、严控三个阶段的各项工作任务，成效显著。

9.1.1 工作背景

赛事期间，城市客运量激增，特别是公共交通行业，受机动车限行的影响，客流增幅显著。奥运会期间，地面公交日均运送乘客达1300万人次，地铁全网日均运送乘客达390万人次，出租汽车日均运送乘客220万人次；同时，公共交通安全防范点多、面广、难度大，对交通系统平安奥运工作提出了巨大挑战。

9.1.2 工作运行体系

北京市交通系统建立了一整套平安奥运工作运行体系，并在实践中不断进行调整、完善。既保障了平安奥运工作的顺利开展，也为日后开展有关安全防范和反恐应急工作积累了宝贵经验。

（1）三级机制实现指挥协调畅通。

逐级建立领导机构，北京市交通委成立指挥协调领导小组，下设协调、综合、宣传、维稳、设施安全督查、运营安全督查、环境整治、纪检监察八个工作组负责开展日常工作；北京市路政局、市运输局和市交通委交通执法总队建立各自的指挥协调领导小组，在北京市交通委统一部署下开展交通设施安全、运营安全和环境秩序专项保障工作；11 个北京市属大型交通企业建立相应组织机构，部署开展本企业平安奥运各项工作。

（2）四项制度推动工作有序开展。

① 例会制度，北京市交通委领导小组针对不同类型、级别的问题，分别以平安奥运碰头会、现场会、专题会、定期例会等多种形式先后召开会议 50 余次，及时通报情况、研究问题、提出对策。

② 信息报送制度，明确信息收集、整理、报告的具体工作要求。平安奥运期间，交通系统 19 个成员单位向北京市交通委报送各类信息 1943 期，北京市交通委向北京市平安奥运领导小组报送平安奥运快报 137 期。

③ 应急演练制度，对组织单位、演练重点、具体程序、总结修改等进行全面规定。

④ 分级督察制度，明确分级督察的内容、方法、手段、工作职责，确保督察工作有效开展。

（3）五类预案确保突发事件有效处置。

根据奥运交通安全防范工作的重点，制订了五类处置突发事件的应急预案，包括《北京市道路、公路交通突发环境安全事故应急预案》、《奥运期间地铁、公交重大安全运营突发事件防范与处置工作方案》等，对切实加强交通系统反恐应急处置工作、提高应对突发事件的能力发挥了重要作用。

9.2 平安奥运交通行动工作运行

9.2.1 设施安全

在北京市交通部门的共同努力下，地铁车辆、线路设备、通信系统、供电系统、信号系统、机电系统、公交电车变电站等隐患项目全部按计划完成整改。

北京市交通部门通过资料排查、人工排查和设备排查等多种方式，全面排查涉奥道路设施隐患，加大整修力度，完成了156条共计475km的奥运场馆、签约饭店、定点医院、旅游景区周边道路，120条共计481km火炬传递沿线道路，59条共计160.5km公路自行车赛、马拉松赛、铁人三项赛沿线道路的隐患治理，出色完成了保障任务。

组织完成了道路安全隐患治理61项；加固改造22座D、E级城市道路桥梁和11座四、五类公路桥梁；更换整改地铁13号线5个问题桥墩；以山区道路为重点，对郊区客运通行道路安全隐患进行全面排查、整改。

完成了43处铁路监护道口环境的综合治理和72处道口报警装置的更新。另外，制订以桥梁检测为主要内容的交通设施安全检测工作方案，以排查桥梁设施安全隐患、检查设施抗震能力、保障交通基础设施运行安全为重点，完成对全北京市重点交通基础设施的逐一检测和安全评估，进行再次隐患查找和整改。共计检测道路桥梁5657座、在建626座，隧道50座、在建38座；地铁桥梁33km、在建16km，隧道78km、在建66.5km。

涉奥场所重点盯守。对奥运专用道和奥运场馆周边道路设施安排巡查力量6800人次，赛事期间每日进行两次巡查，对马拉松、公路自行车赛、铁人三项赛道路设施进行赛前一天24h巡查；对奥林匹克水上公园周边道路设施启动养护、路政联动巡查机制，派出巡查人员6919人次，并对重点部位安排8925人次值守力量实行不间断值守；对77座奥运通道安排154名安保人员实行每日巡逻、值守；对195处涉奥场所的交通运输环境秩序实施重点管控，整合执法力量组建490人的监管队伍，实行奥运专项勤务制度；组织124个签约酒店的300余名出租汽车站点管理员加强涉奥人员服务和站点管理工作。

社会面严加防范。各级运输部门部署力量7500人次，加大对重点地区、行业和企业的监督检查；北京公交集团针对重点点位开展“万人次检查”活动：加大车辆和设备隐患排查、车辆尾气噪声治理和停车场夜查力度；地铁、省际安检安排上岗安检人员共计3307人，确保安检工作有效开展；公交地铁安全员严格上岗、认真值守，切实保障公共交通车辆和站点安全；北京市政路桥、首发集团等相关企业投入交通基础设施保障人员5477人，全力维护设施安全、完好。

应急保障队伍随时待命。北京交通系统组建了5000余人的专业应急抢险救援保障队伍，配备600余部客、货运输抢险车辆和600余部机械设备，实行24h备勤制度，按照统一指挥、快速反应、确保重点、梯次投入的工作模式，随时做好应急准备，确保突发事件迅速、有效处置。

9.2.2 安检措施保障

（1）安检设备保障。

各类安检设备短时间配齐。地铁车站和省际落客区安检在两个多月的时间内，完成全部设备的购置、安装和调试，安检工作得以全面开展。地铁 123 个车站、244 个安检点共配备安检设备 1966 件，其中，X 光行李检查机 246 台、台式液检 39 台、手持液检 195 台、高端炸探 82 台、中端炸探 162 台、金属探测器 998 台、防暴毯 244 块;10 个省际客运站落客区共配备安检设备 43 件，其中，X 光行李检查机 23 台、手持液检 10 台、炸探 10 台。

视频图像系统全面完善。北京市 400 个公交场站安装了电子巡查系统，90 个场站安装了周界报警装置，60 个公交场站、750 个中途站、3 个 BRT、6 个枢纽站共安装监控摄像头 2761 个；地铁全路网按照保证车站公共区域全覆盖的原则，设置监控摄像头 4102 个。

车辆安全设施重点配置。共计 6339 辆公交车安装了 GPS 定位系统，6713 辆公交车安装了行驶记录仪。

（2）地铁全路网安检顺利实施。

2008 年 6 月 29 日、7 月 19 日，分别对地铁原有 5 条线路和新开 3 条线路实施安检；2008 年 7 月 29 日，进一步提高安检标准，将“大包必检、小包抽检”调整为“逢包必检”。截至 2008 年 9 月 20 日，地铁安检工作共计检查物品 8238.2 万件，查获违禁品 26115 件；劝离车站 11802 人，转交公安 3160 人，切实保障了地铁安全。

（3）省际客运安检工作高标准运行。

一方面，按照交通运输部要求对出京旅客严格实施常规安检；另一方面，考虑省际客运站进京客流密集、安全防范任务繁重的特点，2008 年 7 月 20 日，10 个省际客运站落客区开始对进京车辆和旅客携带物品实施奥运会期间临时安检，全面确保省际客运安全。截至 2008 年 9 月 20 日，共检查出京旅客 246.7 万人次，车辆 12.4 万车次，行包 277.2 万件，查获各类违禁物品 5530 件；落客区共检查进京旅客 191.8 万人次，车辆 12.4 万车次，行包 260.9 万件，查获各类违禁物品 2354 件。

9.2.3 运输安全保障

（1）赛会服务车辆安全保障。

北京市交通部门圆满完成组织奥运会 2076 辆、开闭幕式 670 辆公交车，外埠 1000 辆旅游客车，本市 1000 辆大客车和其他车辆的安全保障工作。

（2）公交车辆安全运营。

北京市交通部门对车辆进行全面排查、登记造册，严格落实检测、维护等工作制度，未发生一起因车辆技术状况而引发的事故，实现零故障的工作目标。

（3）地铁安全运营。

北京市交通部门在保障既有的 1 号线、2 号线、5 号线、13 号线、八通线等线路运营安全保障工作的基础上，全力确保 10 号线一期、8 号线（奥运支线）、机场线的试运行、试运营安全；顺利完成 2 号线、5 号线、八通线缩小运行间隔和 13 号线“4 改 6”编组工作。

（4）化学危险品安全运输。

北京市交通部门对化学危险品运输企业和车辆进行全面登记、排查和整改，并严格落实运输过程中的监管措施，实现了化危行业安全运行的工作目标。

（5）运输场站安全保障。

北京市交通部门采取安排专人值守、增设监控设备等方式，加强对公交枢纽站、中心站、保修厂、燃料供应站、专用油气站以及省际客运站的安全监管，使运输场站不发生安全生产责任事故的工作目标得以全面实现。

同时，平安奥运工作进一步加大出租汽车、旅游、省际、货运、化危、汽车维修等六大行业的整治工作力度。共计查处各类违法、违章行为 21974 起，其中，出租汽车业内违章 11969 起，旅游业内违章 300 起，省际客运业内违章 988 起，货运业内违章 2100 起，危险化学品运输业内违章 307 起，汽车维修业内违章 8 起等。

9.2.4　专项队伍

（1）平安奥运培训工作。

奥运系统培训方面。北京市交通部门多次组织开展平安奥运全员培训和信息工作等专题培训，积极参加平安奥运督察培训；印制《交通系统平安奥运行动工作手册》，全面发放各成员单位，指导开展工作。北京交通部门编印各类奥运培训教材 79 册，对公交、地铁、出租汽车、旅游客运、高速公路收费等五大窗口行业 20 万名一线员工进行了以奥运会残奥会知识、预防和处置突发事件、自救互救知识为主要内容的全员培训；组织对 34 条公交奥运专线、地铁 3 条新线和出租汽车行业共 8627 名奥运赛事外围交通服务保障人员进行了有针对性集中脱产强化培训。11 个市属交通企业共计组织、参与各类奥运安保培训338次。

安保专项培训方面。北京市交通部门制订编发《公共汽（电）车司售人员平安奥运信息手册》和《出租汽车驾驶员平安奥运信息手册》，明确信息员的工作职责与各类情况的发现方法、处置措施、报告程序，并制成便携式手册发放信息员人手一册；组建宣讲团，组织公交司售人员深入各公交枢纽、场站、车辆一线，以亲历者的身份讲述突发事件处置过程中的成功经验；制作《平安奥运提示卡》，发放给省际客运司售人员，实现人手一卡，强化省际客运规范运营培训；制订“运营中司售人员遇到治安问题的18个怎么办？”，制成展板下发到所属690条线路，录制宣教片在各车队调度室滚动播放。

（2）平安奥运信息员。

按照“平安奥运重于泰山，奥运平安人人有责”和动员全市出租汽车驾驶员“作为平安奥运的参与者和信息提供者”的精神，全北京市公交司售人员、地铁职工和出租汽车驾驶员成立了17.4万人的平安奥运信息员队伍，及时发现、报告各类恐怖、暴力事件等信息线索，提高信息掌控能力，最大限度地将交通系统各类事件、矛盾和问题遏制在萌芽状态、拔除于触发之前。共计报告各类信息3901条，协助公安机关破获刑事、治安案件35起，抓获犯罪嫌疑人42人。其中，协助破获了一起盗窃300万元的重大刑事案件。

（3）公交地铁安全员。

2008年8月3日，全北京市70505名公交地铁安全员全部佩戴红袖标上岗，全力保障24452辆公交车、7103个公交站点、219列地铁列车和123座地铁车站安全。统计数据显示：赛事期间，全北京市公交、地铁一般治安案件同比下降53.8%。截至残奥会闭幕，全北京市公交地铁安全员共计劝阻乘客携带易燃易爆等危险品乘车1693起，处理报警198起。2008年8月26日，637路公共汽车发生胁迫司机劫持公交车案件，司机和安全员沉着应对，及时报警和疏散乘客。嫌疑人逃逸后，安全员奋不顾身进行追赶，并在嫌疑人劫持一名儿童的情况下控制现场，直到民警将其抓获，有效防止一起恶性事件的发生。

（4）平安奥运督察员。

按照交通系统平安奥运三级督查工作机制，北京交通部门成立了共计7215人的专项督察队伍，根据不同阶段的工作重点，采取明查、暗访相结合的方式，深入细致地查找问题、漏洞和隐患，提出整改意见并严格落实回查。其中，北京市交通委派出督查员1200人次，对93条公交线路、35处公交枢纽和首末站、8条地铁线路及69个站点、10个省际客运站进行督查，发现、整改各类隐患210个；北京市路政局派出督查员320人次，检查道路5760km、桥梁1259座，发现、整改各类隐患592个；市运输局派出督查员2万余人次，填写督查通知单485张，发现整改各类隐患330个；北京市交通委交通执法总队派出督查员3920人次，填写督查通知单42张、发现、整改各类隐患60个；11个北京市属交通企业共计派出督查员21.4万人次，发现、整改各类隐患11424个。

9.2.5 信息传递

信息报告及时。交通系统平安奥运工作自2008年6月份开始提前实行信息“零报告”制度，19个成员单位每日报送工作运行情况、存在问题，北京交通部门每日汇总上报市平安奥运领导小组；遇有紧急安保动态、上级指示精神等，北京交通部门通过紧急会、信息、通报、电话、传真等多种形式迅速传达各成员单位，确保信息传递不延误。

值守体系健全。实行领导日带班制度，建立“固定场所、统一号码”的24h反恐值守机制，理顺应急值守工作与日常政务值班的关系，实现了全天候、多保障的值守体系；加强各值守部门间的协调配合，建立有效衔接机制，在信息共享、协同应对等各个环节形成工作合力，全面强化关键时期的应急值守保障。

技术支持有力。全面启用有线、无线、800M电台、短信平台、IP视频会议系统等各种通信设备，加强设备维护和管理，保障24h畅通，为突发事件第一时间的报告、接收和处置创造了技术条件。

9.2.6 应急演练

北京市交通系统各单位按照演练前充分准备、精心设计，演练中紧扣预案、模拟实战，演练后系统分析、认真总结的原则，组织参与反恐、抢险、防汛、应对大客流等各类演练共计2643次。其中，市交通委会同相关单位组织了包括化危车辆事故、奥运车辆事故、道路塌陷事故、公交车爆炸及火灾事故等多场景综合应急演练；公交集团及所属各级单位以公交车爆炸事件处置为重点，联合公安、消防等部门组织开展演练286次，参演人员近2万人；地铁运营公司组织日常演练1876次，实战演练14次，参与国家和市级反恐演练5次；首发集团组织环机场高速公路交通保障、八达岭隧道火灾抢险等各类演练45次。

“事前勤演练，事发善应变”。通过演练，北京交通系统应急处置机制全面完善，应急实战能力切实提高，能够迅速、有效处置各类突发事件。例如，奥运会期间，北辰西路西辅路发生自来水管线破裂，溢水面积达 1500m^2，造成辅路及步道交通中断。接到报警后，北京市交通部门迅速启动应急处置预案，12h 成功完成抢险任务，最大限度地降低了该起事故对奥运交通的影响；门头沟区 109 国道、军温路、灵山路等路段连续发生山体塌方阻路险情，北京市交通部门紧急启动奥运道路保障预案，组织抢险人员连续奋战 29h，解除全部险情，恢复道路通行。

9.2.7 维稳与整改

交通系统各单位全面健全内部保卫机构和制度建设，层层签订内保责任书，对内部安全隐患进行全面、细致排查，对流动人口、出租房屋、重点人员、行业稳定、重点案件、思想动态和重点设施等七个重点环节落实管控措施。建立紧急情况预警机制和应急处理机制，切实维护出租汽车等重点行业稳定；对可能引发行政复议、诉讼的重点案件进行全面排查，及时调解纠纷，从源头化解矛盾；完善内部水、气、电、热、油等自防体系，保证值班守卫力量，加大巡视力度，保障重点基础设施安全等。

以整改自查问题为基础。针对交通系统三级督察队伍发现的12616个问题、隐患，各单位会同督察员系统分析、认真研判、制订措施、落实整改。涉及重点问题、隐患整改情况均形成专题整改报告，并严格进行回查，确保整改到位；同时，举一反三，严防类似问题再度发生。例如，2008 年 9 月 6 日，北京市交通执法总队督查组暗查发现，永定门客运站在右安门外租用的停车场内存在省际客车站外揽客、装货问题，督查组迅速开展调查工作，同时召开省际客运站站长会议，通报检查情况，责令各站严加管理，并对各站进行摸排，部署力量加大巡查力度。

交通部、公安部、北京市安委会于奥运会期间多次对交通系统落实反恐防范、隐患整改等工作情况进行监督检查。以此为契机，北京交通部门组织各相关单位进行了细致排查和认真总结，提出现存的问题和整改措施，对于检查组提出的地铁、长途客运站安检存在漏洞等问题，立即组织研究并对类似问题进行排查，限期整改。

以落实上级通报为促进。国家反恐办多次组织对本市交通系统反恐工作情况进行暗查，并指出存在的问题和隐患。针对这些问题和隐患，北京市交通部门多次召开紧急会议研究部署整改措施，经过扎实有效的工作，全市公交车反恐防爆、地铁省际安检、货运场站安全监管等工作得到全面改进和提高。

9.2.8 平安奥运宣传

加强宣传工作的规划性。北京市交通部门组织、指导交通系统相关单位制订了应对突发反恐事件的教育规划，编制了公众应对突发反恐事件的专业技术教材和应急手册。

提高宣传工作的针对性。结合交通行业安全防范的重点，将公交、地铁反恐教育放在宣传工作的首位。其中，公交集团制订《关于禁止携带易燃易爆危险品乘坐公共电汽车的通告》，严格界定6大类禁止乘客携带的物品，在各公交枢纽、首末站张贴并广泛宣传；印制卡片式禁带物品目录和中英文安检提示，随车发放。地铁运营公司印制张贴3000张地铁安全月宣传画报；编制印发20万册《地铁交通安全指南》、《乘坐地铁50个怎么办》、地铁安全知识扑克等系列宣传材料，在《娱乐信报》和《地铁新乘坐》中开辟安全月专刊，向乘客免费发放。

注重宣传工作的实效性。北京交通部门先后制作三期《公共交通安全播报》宣传短片，在公交、地铁车辆移动电视循环播放，对安全乘车常识、突发事件处置、反恐应急技能、乘客配合义务等方面进行形象生动的讲解，切实提高乘客安全防范意识，加强专业知识的宣传教育。

附　　录

北京市道路突发事件应急预案
（2008年修订）
（简本）

1　总则

1.1　现状

北京是特大型城市，人口稠密、经济要素高度积聚，政治、文化及国际交往活动频繁。多条高速公路、国道贯穿境内，城市道路路网密集，机动车快速增长，存在诸多诱发道路突发事件的因素。

引发道路突发事件的因素大致分为内部因素和外部因素：

（1）内部因素：道路地下管线渗漏、排水不畅、二次开挖回填、地下构筑物施工及采空区等引发的道路突发事件；

（2）外部因素：地震、暴雨、山洪、泥石流、山体滑坡等自然灾害及车辆超载、外部撞击、恐怖袭击等人为破坏引发的道路突发事件。

1.2　指导思想

以邓小平理论和“三个代表”重要思想为指导，贯彻落实科学发展观，以构建“集中领导、统一指挥、结构完整、功能全面、反应灵敏、运转高效”的道路抢险应急体系为目标，最大限度地避免和减轻道路设施突发事件造成的损失，全面提升本市道路抢险管理水平和综合能力，为构建社会主义和谐社会首善之区服务。

1.3　基本原则

坚持以人为本，维护广大人民群众的根本利益，保护人民生命财产安全，最大限度地减少道路突发事件对人民群众生产生活造成的影响。

坚持预防为主，做好预测预警工作。做好常态下的风险评估、物资储备、队伍建设、装备完善、预案演练等工作。

1.4 编制目的

1.4.1 整合现有道路突发事件组织管理机构，建立应对道路突发事件的防范、指挥、处置体制和机制，努力实现部门之间的协调联动。

1.4.2 整合现有道路抢险应急处置资源，建立分工明确、责任到人、优势互补、常备不懈的道路突发事件处置保障体系。

1.4.3 整合现有道路抢险应急信息资源，实现信息资源共享，形成机制优化、反应灵敏的信息支撑系统。

1.4.4 规范道路突发事件等级分类，确定道路突发事件不同等级的应对程序，明确各成员单位及相关组织的职责和权利。

1.5 编制依据

依据《中华人民共和国突发事件应对法》、《中华人民共和国安全生产法》、《中华人民共和国道路交通法》、《中华人民共和国公路法》、《生产安全事故报告和调查处理条例》、《国务院关于特大安全事故行政责任追究的规定》、《中华人民共和国公路管理条例》、《中华人民共和国公路管理条例实施细则》、《城市道路管理条例》、《北京市实施〈中华人民共和国突发事件应对法〉办法》、《北京市城市道路管理办法》、《北京市公路条例》、《北京市突发公共事件总体应急预案》及有关法律法规，制定本预案。

1.6 事件等级

按照事件的规模、造成的影响和后果，道路突发事件由高到低划分为特别重大（Ⅰ级）、重大（Ⅱ级）、较大（Ⅲ级）、一般（Ⅳ级）四级。

1.6.1 符合下列条件之一的为特别重大道路突发事件（Ⅰ级）:

（1）Ⅰ类道路完全阻断，对全市区域道路交通造成特别严重影响；

（2）造成30人以上死亡（含失踪），或者危及50人以上生命安全，或者造成100人以上重伤。

1.6.2 符合下列条件之一的为重大道路突发事件（Ⅱ级）:

（1）Ⅰ类道路部分车道阻断，Ⅱ类道路交通完全阻断，对较大区域道路交通造成严重影响；

（2）造成10人以上30人以下死亡（含失踪），或者危及30人以上50人以下生命安全，或者造成50人以上100人以下重伤。

1.6.3 符合下列条件之一的为较大道路突发事件（Ⅲ级）:

（1）Ⅰ类、Ⅱ类道路部分车道阻断，Ⅲ类道路完全阻断，对局部区域交通系统造成较大影响；

（2）造成 3 人以上 10 人以下死亡（含失踪），或者危及 10 人以上 30 人以下生命安全，或者造成 10 人以上 50 人以下重伤。

1.6.4 符合下列条件之一的为一般道路突发事件（Ⅳ级）：

（1）Ⅱ、Ⅲ类道路部分车道阻断，Ⅳ类道路交通完全阻断，对道路交通运行造成明显影响；

（2）造成 3 人以下死亡（含失踪），或者危及 10 人以下生命安全，或者造成 10 人以下重伤。

1.7 适用范围

本预案适用于本市道路突发事件的预防、处置和善后工作，适用于因地下管线渗漏冲刷、排水不畅、二次开挖回填、地下构筑物施工采空区严重坍塌沉陷等内部因素及地震、暴雨、山洪、泥石流、山体滑坡、车辆超载、外部撞击、恐怖袭击等外部因素造成道路突发事件的先期处置和后期恢复工作，其他处置工作启动相关专项应急预案。

2 组织机构与职责

2.1 指挥机构及其职责

2.1.1 组成

市交通安全应急指挥部由总指挥、副总指挥和各成员单位组成。总指挥由市政府分管副市长担任，负责本市道路突发事件应急指挥的领导工作，对全市道路突发事件应急工作实施统一指挥。副总指挥分别由市政府分管副秘书长、市交通委主任担任，协助总指挥做好全市道路突发事件应急工作。市政府分管副秘书长主要负责协调各成员单位应急处置及监督检查责任制落实工作。市交通委主任主要负责交通行业内各单位的应急处置、责任制落实工作和市交通安全应急指挥部办公室工作。

根据道路突发事件处置的工作需要，设置执行总指挥，由市交通委主管道路建设及养护工作的副主任担任，协助副总指挥承担具体指挥处置工作，主要负责落实敏感地区、敏感时间指挥调度责任制，负责督促落实应对道路突发事件的各项处置措施。

2.1.2 职责

（1）研究制定本市应对道路突发事件的政策措施和指导意见；

（2）负责指挥本市道路突发事件的具体应对工作；

（3）分析总结本市道路突发事件应对工作，制定工作规划和年度工作计划；

（4）负责市交通安全应急指挥部办公室所属专业应急救援队伍的建设和管理；

（5）承办市应急委交办的其他事项。

2.2 办事机构及其职责

2.2.1 办公室组成及其职责

市交通安全应急指挥部下设办公室作为其常设办事机构，办公室主任由市交通委主任担任。根据市交通安全应急指挥部的决定，市交通安全应急指挥部办公室负责组织、协调、指导、检查本市道路突发事件的预防和应对工作。

（1）组织落实市交通安全应急指挥部决定，协调和调动成员单位应对道路突发事件相关工作；

（2）组织制订、修订本市道路突发事件专项应急预案和部门应急预案，指导道路管养单位制定、修订相关处置类应急预案；

（3）负责发布蓝色、黄色预警信息，向市应急办提出发布橙色、红色预警信息的建议；

（4）负责本市应对道路突发事件宣传教育和培训工作；

（5）负责收集分析相关工作信息，及时上报重要信息；

（6）负责组织本市道路突发事件应急演练；

（7）负责本市道路突发事件风险评估、隐患排查以及相关应急资源的管理工作；

（8）负责本市道路突发事件应急指挥技术系统建设与管理工作；

（9）负责市交通安全应急指挥部专家顾问组联系工作；

（10）承担市交通安全应急指挥部的日常工作。

2.2.2 市路政局及其职责

在市交通安全应急指挥部办公室的协调指导下，负责本市道路突发事件的具体处置工作。

（1）组织制订、修订道路突发事件处置类应急预案，审查道路管养单位道路突发事件处置类应急预案；

（2）负责对本市道路安全隐患进行风险排查及控制；

（3）负责协调指挥道路管养单位实施道路突发事件应急处置；

（4）负责及时向市交通安全应急指挥部办公室报送突发事件应急工作信息，负责根据现场情况提出抢险增援等应急处置建议；

（5）参与配合道路突发事件总结和调查评估工作；

（6）承办市交通安全应急指挥部办公室交办的其他事项。

2.3 成员单位及其职责

（1）市委宣传部：按照《北京市突发公共事件新闻发布应急预案》的有关规定，负责组织指导市属新闻单位对较大以上道路突发事件的宣传报道工作，组织协调较大以上道路突发事件及处置情况的新闻发布工作，组织市属新闻单位进行应对道路突发事件安全知识的宣传，加强对互联网信息的管理。

（2）市发展改革委：负责对电力企业开展应急救援抢修工作进行监督，做好道路突发事件有关电力应急处置的综合协调工作。

（3）市公安局：在发生道路突发事件时，负责维护现场治安秩序，预防、制止和侦查处置过程中发生的违法犯罪行为，协助进行人员疏散。负责事后协助有关部门调查事件原因，查处相关责任人。

（4）市民政局：负责协助区县政府和市交通安全应急指挥部办公室，做好道路突发事件受威胁群众的转移安置工作。负责救济款物的调配和发放等社会救助工作，妥善安排好受灾群众的基本生活。负责配合外事部门妥善安置外国驻华外交人员及其他外国来京人员和在京的港、澳、台胞、华侨及海外旅游人员的转移安置工作。配合市交通安全应急指挥部办公室做好道路突发事件灾情统计工作，并开展相关灾民救助。

（5）市财政局：负责审批、安排市管道路突发事件救援、善后处置和市管道路交通设施修复所需的资金。

（6）市国土局：负责组织协调对因地质灾害造成的道路突发事件的调查、论证，并督促责任单位治理。

（7）市规划委：负责为道路突发事件抢险救援提供必要的规划资料，并协调设计单位提供必要的设计资料和技术支持。

（8）市建委：协助相关单位组织道路突发事件中建筑工程事件的原因分析、责任调查和处理工作。

（9）市政管委：负责组织指挥专业队伍对道路突发事件中供气、供热等市政管线的抢险救援工作。

（10）市交通委：负责交通行业内各单位的应急组织协调工作。负责督促落实应对道路突发事件的各项处置措施。参与配合道路突发事件调查评估。

（11）市水务局：负责组织指挥专业队伍对道路突发事件中有关供水、排水设施进行抢险救援工作。

（12）市商务局：负责道路突发事件中生活必需品的调配和供应工作。建立政府储备，制定生活必需品的应急供应方案。

（13）市卫生局：负责组织有关医疗卫生单位对道路突发事件中伤病人员开展紧急医疗救援。

（14）市国资委：负责配合做好道路突发事件的抢险救援和有关责任人的处理工作。

（15）市环保局：负责参与道路突发事件中化学品遗洒泄漏的处置工作。

（16）市园林绿化局：负责协调抢险施工中涉及占用绿地和林木的砍伐工作。

（17）市安全生产监督局：协助开展道路突发事件中的危险化学品泄漏事件的抢险救援工作。

（18）市政府外办：负责协助市交通安全应急指挥部办公室开展道路突发事件应急处置中涉及外籍和港澳在京人员、机构的有关工作；按照《北京市突发公共事件新闻发布应急预案》等有关规定，负责协助市委宣传部确定对外新闻发布口径、召开新闻发布会或组织有关采访。

（19）市民防局：负责因人防工程事件造成道路突发事件的处置、指挥和抢修、排险工作。

（20）市信息办：根据相关应急预案负责组织道路突发事件的专网通信保障工作。

（21）市公安局公安交通管理局：负责维护道路突发事件现场区域及周边道路的交通秩序，根据需要采取临时交通管制措施，为抢险救援车辆开辟绿色通道，分流疏导社会车辆并发布相关信息，保证现场交通秩序，确保抢险通道畅通。

（22）市公安局消防局：负责组织指挥道路突发事件中灭火抢险救援及防化洗消工作。

（23）北京卫戍区：负责调集所属部队赶赴道路突发事件现场，协助地方有关部门抢险救援、现场封控警戒等任务。

（24）武警北京市总队：负责组织调集武警部队赶赴道路突发事件现场，进行抢险救援、现场警戒等任务。

（25）市通信管理局：负责组织道路突发事件中电信系统通信的应急恢复。

（26）市气象局：负责监测天气变化，及时提供天气预报预警信息和道路天气实况信息，会同交通运输部门建设道面气象监测站，构建交通气象监测网。

（27）北京电力公司：负责组织对道路突发事件中电力设施实施抢险救援，并为抢险救援提供电力保障。

（28）各区县政府：配合市交通安全应急指挥部办公室参与市管道路突发事件救援工作，负责区县自管道路的突发事件应对工作。负责配合做好人员疏散安置、后勤保障和其他相关工作。

2.4　专家顾问组及其职责

市交通安全应急指挥部办公室聘请道桥工程施工相关专业，以及地质、建筑、水务、环保、安监等方面的专家组成专家顾问组。主要职责是：

（1）在制订道路突发事件应急有关规定、预案、制度、项目建设方案的过程中提供参考意见；

（2）对道路突发事件应急抢险处置方案提出审查意见，为重大决策提供建议；

（3）及时发现应急救援工作中存在的问题与不足，并提出改进建议；

（4）按照市交通安全应急指挥部要求，参与道路突发事件的宣传报道，并参与相关应急业务培训讲座、教材编审等工作。

2.5　现场指挥部

根据道路突发事件处置工作的需要，由市交通安全应急指挥部办公室组织相关成员单位成立现场指挥部，设在事件现场。道路抢险现场指挥部视情况下设办公室（指挥协调组）、工程组、管线组、交通安全组、施工安全组、事件调查组、医疗救护组、后勤保障组、专家技术组、宣传组等小组。

2.5.1　办公室（指挥协调组）

由市交通安全应急指挥部办公室牵头，所在地区县政府配合。主要保障抢险施工现场与交通安全应急指挥中心及市应急指挥中心之间的联系（音频、视频）、应急指挥车的调派和操作、施工期间的总体协调、组织例会、信息编写与报送、安排抢险现场值班等综合工作、抢险现场工作证件的制作与发放。

2.5.2　工程组

由市路政局牵头，施工单位（养护部门）、地下构筑物产权单位、勘察等单位配合。负责组织人员进行地质勘察，为专家分析提供相关物例、提供工程抢险所需的道桥及相关建筑物的图纸，制定、细化道路抢险工程施工方案并组织实施、制定并细化工程应急预案，监督实施、随时报告工程出现的各种问题。

2.5.3 管线组

由市市政管委牵头，水、气、热、电力、电信等行业监管部门和相关企业配合，实施完成相应管线抢险救援工作，必要时关闭相应管网，避免发生新的灾害。

2.5.4 交通安全组

由市公安局公安交通管理局、市运输管理局牵头，市公交集团、市地铁运营公司、市祥龙公司配合。主要负责现场安全警戒线的设置工作；交通疏导方案的制定和组织实施；保障社会公共交通运力，做好公交车改线和换乘接续工作；开辟应急抢险绿色通道，配合有关单位做好临时出入口设置。

2.5.5 施工安全组

由市建委牵头，市规划委、市市政管委、相关管线单位配合。负责对施工单位的施工机械、施工工艺存在的安全隐患提出整改意见并监督落实；对施工重点位置（重机械的支撑点位、重碎块的坠地点位）埋设的管线布局进行全面研究掌握，提出管线安保意见并监督落实。

2.5.6 事件调查组

由市公安局、市安全生产监督管理局牵头，管线和道路养护等部门配合。分别按照各自职能分析查找事件原因，进行调查取证，组织执行技术勘查，并形成最终调查报告。

2.5.7 医疗救护组

由市卫生局组织，现场有关救援力量协助，对伤病人员实施现场抢救、院前急救、专科治疗等医疗救护工作。

2.5.8 后勤保障组

由抢险现场所在区县政府牵头，负责配合市交通安全应急指挥部办公室参与道路突发事件救援工作，配合做好人员疏散安置、后勤保障和其他相关工作。

2.5.9 专家技术组

由市交通安全应急指挥部办公室组织道路、建筑、气象、环保、卫生、防疫、供水、供电、供气、通信、搜救等方面专家为抢险救援提供技术保障；为道路突发事件应急抢险处置方案提出审查意见，为重大决策提供建议。

2.5.10 宣传组

由市委宣传部牵头，市交通委等部门配合，统一组织对突发事件应急处置和抢险救援现场的对外宣传和新闻报道，并向社会公众通报突发事件相关情况。

3 预警

3.1 预警级别

蓝色预警：预计将要发生一般（Ⅳ级）以上道路突发事件，事件即将临近，事态可能会扩大。

黄色预警：预计将要发生较大（Ⅲ级）以上道路突发事件，事件已经临近，事态有扩大的趋势。

橙色预警：预计将要发生重大（Ⅱ级）以上道路突发事件，事件即将发生，事态正在逐步扩大。

红色预警：预计将要发生特别重大（Ⅰ级）以上道路突发事件，事件会随时发生，事态正在不断蔓延。

当恶劣天气、地震、爆炸、恐怖袭击等突发事件预警信息发布时，应根据情况发出相应级别的预警。

3.2 预警发布和解除

（1）蓝色和黄色级别的预警信息，由市交通安全应急指挥部办公室组织对外发布或宣布解除，并报市应急办备案。

（2）橙色级别的预警信息由市交通安全应急指挥部办公室提出建议，报市应急办，经指挥部总指挥批准后，由市应急办或授权市交通安全应急指挥部办公室组织对外发布或宣布解除。

（3）红色级别的预警信息由市交通安全应急指挥部办公室提出建议，报市应急办，经市应急委主要领导批准后，由市应急办或授权市交通安全应急指挥部办公室组织对外发布或宣布解除。

3.3 预警响应

3.3.1 蓝色预警响应

（1）预警信息发布后，市路政局、道路管养单位要立即做出响应，相关负责同志带班，24 小时专人值班，随时保持通信联络畅通。

（2）道路管养单位的巡查人员应上岗对隐患部位进行适当处置，协调交管部门对交通进行局部断行，防止隐患或事态进一步扩大。

（3）相关专业应急救援队伍随时待命，接到命令后迅速出发，视情况采取防止事件发生或事态进一步扩大的其他相应措施。

3.3.2 黄色预警响应

在蓝色预警响应的基础上，市交通安全应急指挥部办公室、相关成员单位及市路政局、道路管养单位的带班负责同志应随时掌握情况。

3.3.3 橙色预警响应

在黄色预警响应的基础上，专家顾问组进驻市交通安全应急指挥中心或事件现场，对事态发展作出判断，并提供决策建议；相关专业救援队伍随时待命，各保障部门备齐人员物资，接到命令后5分钟内出发。

3.3.4 红色预警响应

在橙色预警响应的基础上，相关专业救援队伍和各保障部门备齐物资，到达事件现场随时进行相关处置工作。

3.4 预警变更

市路政局密切关注事件进展情况，并依据事态变化情况，适时向市交通安全应急指挥部办公室提出调整预警级别的建议；市交通安全应急指挥部办公室依据事态变化情况，适时向市应急办提出调整橙色、红色预警级别的建议。

4 应急响应

4.1 先期处置

（1）市路政局和属地区县政府立即启动先期处置应急工作预案，疏导交通并设置警戒标志、道路围挡等，采取措施防止事态扩大和次生灾害发生。

（2）市公安交通管理局迅速部署警力，在现场周边有关道路实施交通管制，保证社会车辆安全和抢险通道畅通。

（3）市运输管理局负责协调市公交集团组织事发区域公交线路绕行，维持公交正常运营秩序。

4.2 分级响应

4.2.1 Ⅳ级响应

（1）市交通安全应急指挥部办公室接到一般事件报告后，立即启动本预案，迅速通知相关成员单位赶赴现场。

（2）市交通安全应急指挥部办公室带班负责同志在市交通应急指挥中心进行指挥。

（3）相关成员单位的主管负责同志和现场工作人员具体实施现场秩序维护、信息报告及抢险救援等相关工作事宜。

4.2.2　Ⅲ级响应

在Ⅳ级响应的基础上，采取下列措施：

（1）较大事件发生后，由市交通安全应急指挥部办公室启动Ⅲ级响应，办公室负责同志在市交通应急指挥中心指挥。必要时，赶赴现场指挥处置工作。

（2）根据需要，市交通安全应急指挥部副总指挥（市政府分管副秘书长）赶赴现场，协调相关部门开展工作。

4.2.3　Ⅱ级响应

在Ⅲ级响应的基础上，采取下列措施：

（1）重大事件发生后，由市交通安全应急指挥部办公室报市应急办，经指挥部总指挥批准，由市交通安全应急指挥部办公室宣布启动Ⅱ级响应。

（2）市交通安全应急指挥部总指挥或副总指挥（市政府分管副秘书长）在市应急指挥中心或在市交通应急指挥中心进行指挥。必要时，赶赴现场指挥处置工作。

4.2.4　Ⅰ级响应

在Ⅱ级响应的基础上，采取下列措施：

（1）特别重大事件发生后，由市交通安全应急指挥部办公室报市应急办，经市应急委主要领导批准，由市交通安全应急指挥部办公室宣布启动Ⅰ级响应。

（2）市应急委主要领导或市交通安全应急指挥部总指挥在市应急指挥中心或在市交通应急指挥中心进行指挥。必要时，赶赴现场指挥处置工作。

4.3　应急结束

（1）道路突发事件处置工作基本完成，次生、衍生灾害和事件危害基本消除，应急工作即告结束。必要时，应通过广播电台、电视台和新闻媒体向社会发布应急结束消息。

（2）一般、较大道路突发事件应急处置工作，由市交通安全应急指挥部办公室宣布应急结束。

（3）重大、特别重大道路突发事件应急处置工作，经市应急办报请指挥部总指挥或市应急委主要领导批准后，由市交通安全应急指挥部办公室宣布应急结束。

5　信息管理

5.1　信息监测

5.1.1　市路政局负责日常道路可能突发事件的监测、预警工作，建立道路监测体系和安全运行机制，对监测信息及道路安全状况进行汇总分析并形成报告，每年12月底向市交通安全应急指挥部办公室做出书面报告。

5.1.2　市路政局负责对本市道路安全隐患进行风险排查及控制；

5.1.3　市路政局负责及时收集、分析、汇总道路突发事件日常信息及突发事件信息，向市交通安全应急指挥部办公室报告。

5.1.4　对于涉密的重要信息，负责收集数据的部门应遵守相关的管理规定，做好信息的保密工作。

5.2　信息报告内容

5.2.1　首报内容

事件发生的时间、地点、伤亡人数；事件性质的初步判断、发生的可能原因等，填写《道路突发事件报告表》。

5.2.2　续报内容

事件发展趋势、人员治疗与伤情变化情况、事件原因、已经或准备采取的处置措施。

5.2.3　总报内容

事件处理结果、整改情况、责任追究情况等。

5.3　信息报告程序

5.3.1　首报

（1）发生道路突发事件后，道路管养单位要立即向市路政局报告。

（2）当一般道路突发事件发生后，市路政局要在30分钟内向市交通安全应急指挥部办公室报告，市交通安全应急指挥部办公室及时向市应急办报告。

（3）当较大以上道路突发事件发生后，市路政局要在接到报告后立即向市交通安全应急指挥部办公室报告。市交通安全应急指挥部办公室要及时向市应急办报告，并在事件发生后2小时内向市应急办报告详细信息。

（4）当发生重大、特别重大道路突发事件时，相关道路管养单位可以直接向市交通安全应急指挥部办公室报告，市交通安全应急指挥部办公室要及时向市应急办报告，并在事件发生后 3 小时内向交通运输部报告。

（5）对于发生在敏感地区、敏感时间，或可能演化为重大、特别重大道路突发事件的信息，不受事件分级标准的限制，市路政局必须立即上报市交通安全应急指挥部办公室和市应急办。经进一步核实后，由市交通安全应急指挥部办公室立即向市应急办报告详细信息。

5.3.2　续报

（1）一般和较大道路突发事件处置过程中，现场指挥部应将事件发展变化情况及时报告市交通安全应急指挥部办公室，同时报告市应急办。

（2）重大和特别重大道路突发事件处置过程中，在一般和较大级别事件信息报告的基础上，市交通安全应急指挥部办公室应每日向交通运输部报告。

5.3.3　总报

事件结束后，市路政局应将事件处理结果以书面形式向市交通安全应急指挥部办公室报告，由市交通安全应急指挥部办公室及时报市应急办。

5.4　信息发布和新闻报道

5.4.1　道路突发事件的信息发布和新闻报道工作，应按照国家和本市相关规定，由市应急办会同市委宣传部对发布和报道工作进行管理与协调。

5.4.2　发生一般、较大道路突发事件，经市突发公共事件新闻发布工作协调小组批准，由市交通安全应急指挥部新闻发布工作组负责新闻发布工作。发生重大、特别重大道路突发事件，按照《北京市突发公共事件新闻发布应急预案》的有关规定，市突发公共事件新闻发布工作协调小组负责新闻发布的具体指挥和处置工作，市交通安全应急指挥部办公室指派专人负责新闻报道工作，并起草新闻发言稿和情况公告，及时、准确、客观、全面报道道路交通突发事件信息，正确引导舆论导向。

5.4.3　对于可能产生国际影响的重大道路突发事件，对外报道应由市应急办会同市委宣传部、市外宣办、市政府外办等单位共同组织，各新闻媒体要严格遵守突发事件新闻报道的有关规定。

6　后期处置

6.1　恢复重建

6.1.1　善后处置工作在市交通安全应急指挥部统一领导下，由相关成员单位、市路政局及相关管养单位负责组织实施。

6.1.2　在市交通安全应急指挥部办公室的组织下，相关成员单位、市路政局及相关管养单位组织力量全面开展突发事件的损害核定工作，对事件情况、人员补偿、征用物资补偿、重建能力、可利用资源等做出评估，制定补偿标准和灾后恢复重建计划，并组织实施。

6.2　调查和总结

6.2.1　总结报告

道路突发事件应急处置工作结束后，市交通安全应急指挥部办公室组织相关成员单位、市路政局及相关管养单位，一周内写出应对工作情况的总结报告，并报市应急办。报告内容应包括：突发事件发生的时间、地点、各有关部门采取的措施和处置结果。

6.2.2　评估报告

道路突发事件应急处置工作结束后，由相关部门适时组织相关部门及专家成立事件处置调查评估小组，开展事件原因分析、事件责任调查评估，对应急处置工作进行全面评估，并在20天内将评估报告报送市应急委。市应急委会同市交通安全应急指挥部办公室根据评估报告，总结经验教训，提出改进工作的要求和意见。

评估报告应包括：事件原因及背景分析、处置过程规范性及效率分析、处置效果分析、责任分析等内容。

6.2.3　案例库建立

市交通安全应急指挥部办公室根据事件处置总结和评估报告，建立事件案例库。

6.3　监督检查与奖惩

6.3.1　市交通安全应急指挥部办公室和相关成员单位应对本部门应急人员、设施、装备等资源的落实情况每年进行一次检查。

6.3.2　市交通安全应急指挥部办公室应对在应急准备或响应过程中提出重大建议、实施效果显著，或有其他突出贡献的单位和个人给予奖励。

6.3.3　对不按照规定制定应急预案，拒绝履行应急准备义务的；不按照规定报告、通报事件真实情况的；不服从命令和指挥，拒不执行本预案的；阻碍应急工作人员依法执行任务致使延误事件处置，造成重大影响的等行为，市交通安全应急指挥部办公室应依据有关规定，提请相关部门追究有关单位和个人的责任；构成犯罪的，依法追究刑事责任。

7　保障措施

7.1　通信保障

市交通安全应急指挥部办公室及各成员单位要逐步建立和完善应急指挥基础信息数据库。道路突发事件抢险救援各成员单位应急指挥部办公室电话24小时开通，保证信息及时畅通。

7.2　应急救援与装备保障

各专业部门根据自身应急救援业务需求，采取平战结合的原则，配备现场救援和抢险装备、器材，建立相应的维护、保养和调用等制度，保障各种相关灾害事件的抢险和救援。

按照统一标准格式建立救援和抢险装备信息数据库并及时更新，保障应急指挥调度使用的准确性。

7.3　应急队伍保障

7.3.1　应急队伍组建

道路管养单位等队伍是基本的抢险救援队伍，北京卫戍区、武警北京市总队是抢险救援的后备力量，各相关成员单位要落实先期处置队伍和增援队伍的组织保障方案。

7.3.2　应急队伍调动

发生一般道路突发事件时，由市交通安全应急指挥部办公室，按照预案要求调动本系统应急队伍进行处置。

发生较大以上道路突发事件时，按照以市级专业抢险队伍为主体、本系统应急队伍为辅助的原则，由交通安全应急指挥部办公室统一协调应急处置队伍。

7.4　物资保障

市交通安全应急指挥部办公室要建立应急救援物资储备制度，建立与其他省区市物资调剂供应渠道。由市路政局制定救灾物资储存、调拨管理方案，报市交通安全应急指挥部办公室备案。

7.5　资金保障

市财政局根据《北京市实施〈中华人民共和国突发事件应对法〉办法》中相关资金保障的规定和本市处置道路突发事件的需要，为道路突发事件应急处置提供资金保障。

7.6 技术保障

市交通安全应急指挥部办公室要组织有关专家加强对道路突发事件处置技术支撑体系研究；建立道路突发事件管理技术的开发体系和储备机制；制订研发计划，借鉴国际先进经验，重点加强智能化应急指挥通信技术装备、辅助决策技术装备、特种抢险技术装备的研制工作，科学合理地进行配备。

8 宣传教育、培训和演练

8.1 宣传教育

市交通安全应急指挥部办公室负责组织有关部门制定应对道路突发事件的教育培训计划，编制公众应对道路突发事件的各种宣传材料和应急手册。充分利用电视、广播、报纸、互联网等媒体，开展应急宣传教育，增强公民防范意识，学习掌握应对道路突发事件的基本知识和技能。

8.2 培训

市交通安全应急指挥部办公室负责组织协调各成员单位开展面对应急指挥和参与应急事件处置人员的道路突发事件相关知识培训。将道路突发事件预防、应急指挥、综合协调等作为重要内容，以增强应对道路突发事件的知识和能力。

8.3 演练

8.3.1 市交通安全应急指挥部办公室定期组织演练，做好跨部门之间的协调配合及通信联络，确保各种紧急状态下的有效沟通和统一指挥。

8.3.2 各成员单位根据预案，组织本系统应对道路突发事件的分项演练。

8.3.3 应急演练包括准备、实施和总结三个阶段。通过应急演练，培训应急队伍、落实岗位责任、熟悉应急工作的指挥机制、决策、协调和处置程序，识别资源需求、评价应急准备状态、检验预案的可行性和改进应急预案。

9 附则

9.1 名词术语、缩写语的说明

9.1.1 道路（含公路）突发事件

在道路上发生的地震、自然灾害，或因地下设施施工回填不密实、管线渗漏冲刷、地下构筑物施工等其他原因造成路面塌陷、道路塌方、人员伤亡等非正常情况。

9.1.2 道路分类

I类：高速公路、城市快速路、国道、长安街及其延长线、天安门区域内道路。

Ⅱ类：市内主要干道、市道、中央或市领导机关所在地、商业繁华街道、外事活动路线；

III类：市内次要干道、县道、集会中心、商业街道、区领导机关所在地、游览路线或市区之间联络线、重点地区附近道路。

IV类：支路、街坊路，及除上述三类道路以外的道路。

国道：指在国家公路网中具有全国性政治、经济、国防意义，并确定为国家级干线的公路，其路线编号以“G”开头。

市道：指在本市公路网中具有全市性政治、经济、国防意义，并确定为市级干线的公路，其路线编号以“S”开头。

县道：指具有区县性政治、经济、国防意义，并确定为县级干线的公路，其路线编号以“X”开头。

快速路：城市中大量、长距离、快速交通服务的公路。快速路对向车行道之间设中间分车带，其进出口应采用全控制或部分控制。

主干路：连接城市各主要分区的干路，以交通功能为主。

次干路:次干路应与主干路结合组成道路网，起集散交通的作用，兼有服务功能。

支路:支路应为次干路与街坊路的连接线，解决局部地区交通，以服务功能为主。

本预案有关数量的表述中“以上”含本数，“以下”不含本数。

9.2 预案管理

9.2.1 预案组成

根据本市应急预案体系，本市道路突发事件应急预案包括管理类应急预案和处置类应急预案。

（1）管理类应急预案

是指由市应急委或市交通安全应急指挥部为应对本市道路突发事件而制定的，涉及若干部门职责的专项应急预案或部门应急预案。本预案属管理类应急预案。

（2）处置类应急预案

是指由市路政局及各道路管养单位依据本预案规定的职责，结合本单位实际情况，为具体处置道路突发事件而制定的社会单元应急预案。

9.2.2　预案制定

本预案由北京市人民政府负责制定，市交通安全应急指挥部办公室负责解释。

依据本预案，各区县政府及相关部门和单位应结合各自职责，制定相关应急预案，并报市交通安全应急指挥部办公室备案。

9.2.3　预案审核

本预案由市应急办组织审核。

9.2.4　预案修订

随着相关法律法规的制定、修改和完善，机构调整或应急资源发生变化，以及应急处置过程中和各类应急演练中发现的问题和出现的新情况，及时完善本预案，每三年至少修订一次。

9.2.5　预案实施

本预案自发布之日起实施。

北京市桥梁突发事件应急预案
（2008年修订）
（简本）

1　总则

1.1　现状

北京是一座拥有大量桥梁的城市，目前共有道路桥梁6000余座，分为城市道路桥梁和公路桥梁两类。桥梁突发事件发生的主要原因为：桥梁结构病害、地下构筑物施工、超限超重车辆的行驶，以及道路交通事件和自然灾害等因素。

人为致灾因素突出。随着北京城市建设步伐的加快，汽车保有量和交通量大幅增加，地下构筑物施工频繁，道路交通事故等因素导致桥梁损坏的事件频发，同时桥梁也有可能成为恐怖袭击的目标。

自身客观因素突出。解放后桥梁设计荷载等级标准4次提级，而由于历史客观条件限制，导致目前道路上存在不符合现状标准、低等级荷载的桥梁，这些都成为桥梁突发事件出现的潜在条件。在一定外界因素的影响下，都有可能发生桥梁突发事件。

自然因素影响。自然灾害对桥梁的影响主要表现为：强降雨导致的山洪和泥石流等气象灾害对本市山区公路桥梁的损坏。

由于桥梁往往位于道路的关键位置，一旦发生突发事件，将导致交通的拥堵甚至中断，继而影响周边的交通环境，可能会对生命安全、社会秩序、交通资源等造成严重影响，给人民群众的出行和生产生活、经济社会的正常运转带来不便。

1.2　指导思想

以邓小平理论和“三个代表”重要思想为指导，贯彻落实科学发展观，以构建“集中领导、统一指挥、结构完整、功能全面、反应灵敏、运转高效”的桥梁抢险应急体系为目标，最大限度地避免和减轻桥梁突发事件造成的损失，全面提升本市的桥梁应急管理水平和综合能力。

1.3 基本原则

坚持以人为本的原则，维护广大人民群众的根本利益，保护人民生命财产安全，最大限度地减少桥梁突发事件对人民群众生产生活造成的影响。

坚持预防为主的原则，做好预防、预测和预警工作。做好常态下的风险评估、物资储备、队伍建设、装备完善、预案演练等工作。

坚持快速处置的原则，桥梁突发事件发生后，迅速启动应急预案，及时采取临时措施，及时通知相关机构，协调联动，统一指挥，组织应急抢险、疏导交通、控制事件的影响范围，尽快恢复交通。

1.4 编制目的

为有效应对本市桥梁可能出现的突发事件，及时采取应急控制措施，组织实施抢险工作，最大限度地减少桥梁突发事件造成的社会影响和财产损失，保障人民群众生命财产安全，结合本市桥梁的实际情况，制定本预案。

1.5 编制依据

依据《中华人民共和国突发事件应对法》、《中华人民共和国安全生产法》、《中华人民共和国道路交通法》、《中华人民共和国公路法》、《生产安全事故报告和调查处理条例》、《国务院关于特大安全事故行政责任追究的规定》、《中华人民共和国公路管理条例》、《中华人民共和国公路管理条例实施细则》、《城市道路管理条例》、《北京市实施〈中华人民共和国突发事件应对法〉办法》、《北京市城市道路管理办法》、《北京市公路条例》、《北京市突发公共事故总体应急预案》及有关法律法规，制定本预案。

1.6 事件等级

按照事件规模、造成的影响和后果，桥梁突发事件由高到低划分为特别重大（Ⅰ级）、重大（Ⅱ级）、较大（Ⅲ级）、一般（Ⅳ级）四级。

1.6.1 符合下列条件之一的为特别重大桥梁突发事件（Ⅰ级）：

（1）城市快速路、主干道、高速公路、国道公路上的特大桥发生桥梁突然坍塌的事件；

（2）死亡（含失踪）30 人以上；或者危及 30 人以上生命安全，或者伤 100 人以上；直接经济损失 1 亿元以上。

1.6.2 符合下列条件之一的为重大桥梁突发事件（Ⅱ级）：

（1）城市快速路、主干道、高速公路、国道公路上的大桥及其他等级道路的特大桥梁发生桥梁突然坍塌的事件；

（2）死亡（含失踪）10 人以上 30 人以下，或者危及 10 人以上 30 人以下生命安全，或者伤 50 人以上 100 人以下；直接经济损失 5000 万元以上 1 亿元以下。

1.6.3　符合下列条件之一的为较大桥梁突发事件（Ⅲ级）：

（1）城市快速路、主干道、高速公路、国道公路上的中、小桥梁及其他等级道路的大、中桥梁发生桥梁突然坍塌的事件；

（2）死亡（含失踪）3 人以上 10 人以下，或者危及 3 人以上 10 人以下生命安全，或者伤 10 人以上 50 人以下；直接经济损失 1000 万元以上 5000 万元以下。

1.6.4　符合下列条件之一的为一般桥梁突发事件（Ⅳ级）：

（1）其他等级道路上的小桥发生桥梁突然坍塌，以及各等级道路的桥梁出现主体结构严重病害、承载力能力丧失等随时可能出现坍塌的事件；

（2）死亡（含失踪）3 人以下，或者危及 3 人以下生命安全，或者伤 10 人以下；直接经济损失 1000 万元以下。

1.7　适用范围

本预案适用于本市公路和城市道路上的桥梁突发事件的预防、处置和善后工作。适用于桥梁遭受恐怖袭击等突发事件时的先期处置和后期恢复工作，其他处置工作启动相关专项应急预案。

2　组织机构与职责

2.1　指挥机构及其职责

2.1.1　组成

在市应急委的统一领导下，由市交通安全应急指挥部办公室负责本市桥梁突发事件的应急处置工作。

市交通安全应急指挥部办公室由总指挥、副总指挥和成员单位组成。总指挥由市政府分管副市长担任，负责市桥梁突发事件应急指挥的领导工作，对全市桥梁突发事件应急工作实施统一指挥。副总指挥分别由市政府分管副秘书长、市交通委主任担任，协助总指挥做好全市桥梁突发事件应急工作。市政府分管副秘书长主要负责协调各成员单位应急处置及监督检查责任制落实工作。市交通委主任主要负责交通行业内各单位的应急处置、责任制落实工作和市交通安全应急指挥部办公室工作。

根据桥梁突发事件处置的工作需要，设置执行总指挥，由市交通委主管桥梁建设及养护工作的副主任担任，协助副总指挥具体承担指挥处置工作，主要负责落实敏感地区、敏感时间指挥调度责任制，负责督促落实应对桥梁突发事件的各项处置措施。

2.1.2　职责

（1）研究制定本市应对桥梁突发事件的政策措施和指导意见；

（2）负责指挥本市桥梁突发事件的具体应对工作；

（3）分析总结本市桥梁突发事件应对工作，制定工作规划和年度工作计划；

（4）负责市交通安全应急指挥部办公室所属专业应急救援队伍的建设和管理；

（5）承办市应急委交办的其他事项。

2.2　办事机构及其职责

2.2.1　办公室组成及其职责

市交通安全应急指挥部办公室下设办公室作为常设办事机构，办公室主任由市交通委主任担任。根据市交通安全应急指挥部办公室的决定，市交通安全应急指挥部办公室负责组织、协调、指导、检查本市桥梁突发事件的预防和应对工作。主要职责包括：

（1）组织落实市交通安全应急指挥部办公室决定，协调和调动成员单位应对桥梁突发事件相关工作；

（2）组织制订、修订本市桥梁突发事件专项应急预案和部门应急预案，指导桥梁管养单位制定、修订相关处置类应急预案；

（3）负责发布蓝色、黄色预警信息，向市应急办提出发布橙色、红色预警信息的建议；

（4）负责本市应对桥梁突发事件的宣传教育和培训工作；

（5）负责收集分析相关工作信息，及时上报重要信息；

（6）负责组织本市桥梁突发事件的应急演练；

（7）负责本市桥梁突发事件风险评估、隐患排查以及相关应急资源的管理工作；

（8）负责本市桥梁突发事件应急指挥技术系统的建设与管理工作；

（9）负责市交通安全应急指挥部办公室专家顾问组的联系工作；

（10）承担市交通安全应急指挥部办公室的日常工作。

2.2.2　市路政局组成及职责

在市交通安全应急指挥部办公室的协调指导下，负责本市桥梁突发事件的具体处置工作。

（1）组织制订、修订桥梁突发事件处置类应急预案，指导桥梁管养单位制定、修订相关应急预案；

（2）负责对本市桥梁安全隐患进行风险排查及控制；

（3）负责协调指挥桥梁管养单位实施桥梁突发事件应急处置；

（4）负责及时向市交通安全应急指挥部办公室报送突发事件应急工作信息，负责根据现场情况提出抢险增援等应急处置建议；

（5）参与配合桥梁突发事件总结和调查评估工作；

（6）承办市交通安全应急指挥部办公室交办的其他事项。

2.3 成员单位及其职责

（1）市委宣传部：按照《北京市突发公共事件新闻发布应急预案》的有关规定，负责组织指导市属新闻单位对较大以上桥梁突发事件的宣传报道工作，组织协调较大以上桥梁突发事件及处置情况的新闻发布工作，组织市属新闻单位进行应对桥梁突发事件安全知识的宣传，加强对互联网信息的管理。

（2）市发展改革委：负责对电力企业开展应急救援抢修工作进行监督，做好桥梁突发事件有关电力应急处置的综合协调工作。

（3）市公安局：在发生桥梁突发事件时，负责维护现场治安秩序，预防、制止和侦查处置过程中发生的违法犯罪行为，协助进行人员疏散。负责事后协助有关部门调查事件原因，查处相关责任人。

（4）市民政局：负责协助区县政府和市交通安全应急指挥部办公室，做好桥梁突发事件受威胁群众的转移安置工作。负责救济款物的调配和发放等社会救助工作，妥善安排好受灾群众的基本生活。负责配合外事部门妥善安置外国驻华外交人员及其他外国来京人员和在京的港、澳、台胞、华侨及海外旅游人员的转移安置工作。配合市交通安全应急指挥部办公室做好桥梁突发事件灾情统计工作，并开展相关灾民救助。

（5）市财政局：负责审批、安排市管桥梁突发事件救援、善后处置和市管桥梁交通设施修复所需的资金。

（6）市国土局：负责组织协调对因地质灾害造成的桥梁突发事件的调查、论证。

（7）市规划委：配合市交通委协调相关业主单位及设计单位提供必要的工程规划设计资料和技术支持。

（8）市建委：协助相关单位组织桥梁突发事件中建筑工程事件的原因分析、责任调查和处理工作。

（9）市市政管委：负责组织指挥专业队伍对桥梁突发事件中供气、供热等市政管线设施的抢险救援工作。

（10）市交通委：负责交通行业内各单位的应急组织协调工作。负责督促落实应对桥梁突发事件的各项处置措施。参与配合桥梁突发事件调查评估。

（11）市水务局：负责组织指挥专业队伍对桥梁突发事件中有关供水、排水设施进行抢险救援工作。

（12）市商务局：负责桥梁突发事件中生活必需品的调配和供应工作。建立政府储备，制定生活必需品的应急供应方案。

（13）市卫生局：负责组织有关医疗卫生单位对桥梁突发事件中伤病人员开展紧急医疗救援。

（14）市国资委：负责配合做好桥梁突发事件的抢险救援和有关责任人的处理工作。

（15）市环保局：负责协助道路管养单位实施桥梁突发事件中危险化学品遗洒泄漏的处置工作。

（16）市园林绿化局：负责桥梁突发事件抢险施工中涉及临时占用林地、绿地和树木移伐事宜的协调工作。

（17）市安全生产监督局：协助开展桥梁突发事件中的危险化学品泄漏事件的抢险救援工作。

（18）市政府外办：负责协助市交通安全应急指挥部办公室开展桥梁突发事件应急处置中涉及外籍和港澳在京人员、机构的有关工作；按照《北京市突发公共事件新闻发布应急预案》等有关规定，负责协助市委宣传部确定对外新闻发布口径、召开新闻发布会或组织有关采访。

（19）市民防局：负责因人防工程事件造成桥梁突发事件的处置、指挥和抢修、排险工作。

（20）市信息办：根据相关应急预案负责组织桥梁突发事件的专网通信保障工作。

（21）市公安局公安交通管理局：负责维护桥梁突发事件现场区域及周边道路的交通秩序，根据需要采取临时交通管制措施，为抢险救援车辆开辟绿色通道，分流疏导社会车辆并发布相关信息，保证现场交通秩序，确保抢险通道畅通。

（22）市公安局消防局：负责组织指挥桥梁突发事件中灭火抢险救援及防化洗消工作。

（23）北京卫戍区：负责调集所属部队赶赴桥梁突发事件现场，协助地方有关部门承担抢险救援、现场封控警戒等任务。

（24）武警北京市总队：负责组织调集武警部队赶赴桥梁突发事件现场，承担抢险救援、现场警戒等任务。

（25）市通信局：负责组织桥梁突发事件中电信系统通信的应急恢复。

（26）市气象局：负责监测天气变化，及时提供天气预报预警信息和道路天气实况信息。

（27）北京电力公司：负责组织对桥梁突发事件中电力设施实施抢险救援，并为抢险救援提供电力保障。

（28）各区县政府：负责配合市交通安全应急指挥部办公室参与市管桥梁突发事件救援工作，负责区县自管桥梁的突发事件应对工作。负责配合做好人员疏散安置、后勤保障和其他相关工作。

2.4 专家顾问组及其职责

市交通安全应急指挥部办公室聘请道桥工程施工相关专业，以及地质、建筑、水务、环保、安监等方面的专家组成专家顾问组。主要职责是：

（1）在制订桥梁突发事件应急有关规定、预案、制度、项目建设方案的过程中提供参考意见；

（2）对桥梁突发事件应急抢险处置方案提出审查意见，为重大决策提供建议；

（3）及时发现应急救援工作中存在的问题与不足，并提出改进建议；

（4）按照市交通安全应急指挥部办公室的要求，参与桥梁突发事件的宣传报道和相关应急业务培训讲座、教材编审等工作。

2.5 现场指挥部

应根据桥梁突发事件处置工作的需要，由市交通安全应急指挥部办公室组织相关成员单位成立现场指挥部，设在事件现场。桥梁抢险现场指挥部视情况，下设办公室（指挥协调组）、工程组、管线组、交通安全组、施工安全组、事件调查组、医疗救护组、后勤保障组、专家技术组、宣传组等小组。

2.5.1 办公室（指挥协调组）

由市交通安全应急指挥部办公室负责牵头，事件所在地区县政府配合，主要保证抢险施工现场与市交通安全应急指挥中心及市应急指挥中心之间的联系（音频、视频）、应急移动指挥车的调派和操作、施工期间的总体协调、组织例会、信息编写与报送、安排抢险现场值班、抢险现场工作证件的制作与发放等综合工作。

2.5.2 工程组

由市路政局负责牵头，施工单位（养护部门）、勘察单位、路桥产权单位配合组成，负责组织人员进行地质勘察，为专家分析提供相关物例、提供工程抢险所需的道桥及相关建筑物的图纸，制定、细化桥梁抢险工程施工方案并组织实施、制定并细化工程应急预案，监督实施、随时报告工程出现的各种问题。

2.5.3 管线组

由市市政管委牵头，水、气、热、电力、电信等行业监管部门和相关企业配合，实施完成相应管线抢险救援工作，必要时关闭相应管网，避免发生新的灾害。

2.5.4 交通安全组

由市公安局公安交通管理局、市运输管理局牵头，市公交集团、市地铁运营公司、市祥龙公司配合。主要负责事件现场的安全警戒线的设置工作；交通疏导方案的制定和组织实施；保障社会公共交通运力，做好公交车改线和换乘接续工作；开辟应急抢险绿色通道，配合有关单位做好临时出入口设置。

2.5.5 施工安全组

由市建委牵头，市规划委、市市政管委、相关管线单位配合。负责对施工单位施工机械、施工工艺存在的安全隐患提出整改意见并监督落实；对施工重点位置（重机械的支撑点位、重碎块的坠地点位）埋设的管线布局进行全面研究掌握，提出管线安保意见并监督落实。

2.5.6 事件调查组

由市公安局、市安全生产监督管理局负责，管线和桥梁养护等部门配合。分别按照各自职能分析查找事件原因，进行调查取证，组织执行技术勘查，并最终形成调查报告。

2.5.7 医疗救护组

由市卫生局组织，现场有关救援力量协助，对伤病人员实施现场抢救、院前急救、专科治疗等医疗救护工作。

2.5.8 后勤保障组

由抢险现场所在区县政府应急委牵头，负责配合市交通安全应急指挥部办公室参与桥梁突发事件救援工作，配合做好人员疏散安置、后勤保障和其他相关工作。

2.5.9　专家技术组

由市交通安全应急指挥部办公室负责组织桥梁、建筑、气象、环保、卫生、防疫、供水、供电、供气、通信、搜救等方面专家为抢险救援提供技术保障。为桥梁突发事件应急抢险处置方案提出审查意见，为重大决策提供建议。

2.5.10　宣传组

由市委宣传部牵头，市交通委等部门配合，统一组织对突发事件应急处置和抢险救援现场中的对外宣传和新闻报道，并向社会公众通报突发事件相关情况。

3　预警

3.1　预警级别

蓝色预警：预计将要发生一般（Ⅳ级）以上桥梁突发事件，事件即将临近，事态可能会扩大。

黄色预警：预计将要发生较大（Ⅲ级）以上桥梁突发事件，事件已经临近，事态有扩大的趋势。

橙色预警：预计将要发生重大（Ⅱ级）以上桥梁突发事件，事件即将发生，事态正在逐步扩大。

红色预警：预计将要发生特别重大（Ⅰ级）以上桥梁突发事件，事件随时会发生，事态正在不断蔓延。

当恶劣天气、地震、爆炸、恐怖袭击等突发事件预警信息发布时，应根据情况发出相应级别的预警。

3.2　预警发布和解除

（1）蓝色或黄色级别的预警信息，由市交通安全应急指挥部办公室组织对外发布或宣布解除，并报市应急办备案。

（2）橙色级别的预警信息由市交通安全应急指挥部办公室提出建议，报市应急办，经指挥部总指挥批准后，由市应急办或授权市交通安全应急指挥部办公室组织对外发布或宣布解除。

（3）红色级别的预警信息由市交通安全应急指挥部办公室提出建议，报市应急办，经市应急委主要领导批准后，由市应急办或授权市交通安全应急指挥部办公室组织对外发布或宣布解除。

3.3 预警响应

3.3.1 蓝色预警响应

（1）预警信息发布后，市路政局、桥梁管养单位要立即做出响应，相关负责同志带班，24小时专人值班，随时保持通信联络畅通。

（2）桥梁管养单位的巡查人员应上岗对隐患部位进行适当处置，协调交管部门对交通进行限行或断行，防止隐患或事态进一步扩大。

（3）相关专业应急救援队伍随时待命，接到命令后迅速出发，视情况采取防止事件发生或事态进一步扩大的其他相应措施。

3.3.2 黄色预警响应

在蓝色预警响应的基础上，市交通安全应急指挥部办公室、相关成员单位及市路政局、桥梁管养单位的带班负责同志应随时掌握情况。

3.3.3 橙色预警响应

在黄色预警响应的基础上，专家顾问组进驻市交通安全应急指挥中心或事件现场，对事态发展作出判断，并提供决策建议；桥梁专业救援队伍随时待命，各保障部门备齐人员物资，接到命令后5分钟内出发。

3.3.4 红色预警响应

在橙色预警响应的基础上，桥梁专业救援队伍和各保障部门备齐物资，到达事件现场随时进行相关处置工作。

3.4 预警变更

市路政局密切关注事件进展情况，并依据事态变化情况，适时向市交通安全应急指挥部办公室提出调整预警级别的建议；市交通安全应急指挥部办公室依据事态变化情况，适时向市应急办提出调整橙色、红色预警级别的建议。

4 应急响应

4.1 先期处置

（1）市路政局和属地区县政府立即启动先期处置应急工作预案，疏导交通并设置警戒标志、加固桥梁等，采取措施防止事态扩大和次生灾害的发生。

（2）市公安交通管理局迅速部署警力，在现场周边有关道路实施交通管制，保证社会车辆安全和抢险通道畅通。

（3）市运输管理局负责协调市公交集团组织事发区域公交线路绕行，维持公交正常运营秩序。

4.2 分级响应

4.2.1 Ⅳ级响应

（1）市交通安全应急指挥部办公室接到一般事件报告后，立即启动Ⅳ级响应，迅速通知相关成员单位赶赴现场。

（2）市交通安全应急指挥部办公室带班负责同志在市交通应急指挥中心进行指挥。

（3）相关成员单位的主管负责同志和现场工作人员具体实施现场秩序维护、信息报告及抢险救援等相关工作事宜。

4.2.2 Ⅲ级响应

在Ⅳ级响应的基础上，采取下列措施：

（1）市交通安全应急指挥部办公室接到较大事件报告后，立即启动Ⅲ级响应。指挥部办公室负责同志在市交通应急指挥中心指挥。必要时，赶赴现场指挥处置工作。

（2）根据需要，市交通安全应急指挥部副总指挥（市政府分管副秘书长）赶赴现场，协调相关部门开展工作。

4.2.3 Ⅱ级响应

在Ⅲ级响应的基础上，采取下列措施：

（1）市交通安全应急指挥部办公室接到重大事件报告后，报市应急办，经指挥部总指挥批准，由市交通安全应急指挥部办公室宣布Ⅱ级响应。

（2）市交通安全应急指挥部总指挥或副总指挥（市政府分管副秘书长）在市应急指挥中心或在市交通应急指挥中心进行指挥。必要时，赶赴现场指挥处置工作。

4.2.4 Ⅰ级响应

在Ⅱ级响应的基础上，采取下列措施：

（1）市交通安全应急指挥部办公室接到特别重大事件报告后，报市应急办，经市应急委主要领导批准，由市交通安全应急指挥部办公室宣布启动Ⅰ级响应。

（2）市应急委主要领导或市交通安全应急指挥部总指挥在市应急指挥中心或在市交通应急指挥中心进行指挥。必要时，赶赴现场指挥处置工作。

4.3 应急结束

（1）桥梁突发事件处置工作基本完成，次生、衍生灾害和事件危害基本消除，应急工作即告结束。必要时，应通过广播电台、电视台和新闻媒体向社会发布应急结束的消息。

（2）一般、较大桥梁突发事件应急处置工作，由市交通安全应急指挥部办公室宣布应急结束。

（3）重大、特别重大桥梁突发事件应急处置工作，经市应急办报请指挥部总指挥或市应急委主要领导批准后，由市交通安全应急指挥部办公室宣布应急结束。

5 信息管理

5.1 信息监测

5.1.1 市路政局负责日常道路可能突发事件的监测、预警工作，建立桥梁监测体系和安全运行机制，对监测信息及道路安全状况进行汇总分析并形成报告，每年12月底向市交通安全应急指挥部办公室做出书面报告。监测范围包括：对桥梁完好状态等级低的桥梁进行监测；对纳入风险源的桥梁进行监测；对突发事件造成桥梁设施损坏，经处置后的桥梁在一定的时间内进行监测。

5.1.2 市路政局负责对本市桥梁安全隐患进行风险排查及控制。

5.1.3 市路政局负责及时收集、分析、汇总桥梁突发事件日常信息及突发事件信息，向市交通安全应急指挥部办公室报告。

5.1.4 对于涉密的重要信息，负责收集数据的部门应遵守相关的管理规定，做好信息的保密工作。

5.2 信息报告内容

5.2.1 首报内容

事件发生的时间、地点、伤亡人数；事件初步性质、发生的可能原因等，填写《桥梁突发事件报告表》。

5.2.2 续报内容

事件发展趋势、人员治疗与伤情变化情况、事件原因、已经或准备采取的处置措施。

5.2.3 总报内容

事件处理结果、整改情况、责任追究情况等。

5.3 信息报告程序

5.3.1 首报

（1）发生桥梁突发事件后，桥梁管养单位要立即向市路政局报告。

（2）当一般桥梁突发事件发生后，市路政局要在30分钟内向市交通安全应急指挥部办公室报告，市交通安全应急指挥部办公室应及时向市应急办报告。

（3）当较大以上桥梁突发事件发生后，市路政局要在接到报告后立即向市交通安全应急指挥部办公室报告。市交通安全应急指挥部办公室要及时向市应急办报告，并在事故发生后2小时内向市应急办报告详细信息。

（4）当发生重大、特别重大桥梁突发事件时，相关桥梁管养单位可以直接向市交通安全应急指挥部办公室报告，市交通安全应急指挥部办公室要及时向市应急办报告，并在事件发生后3小时内向交通运输部报告。

（5）对于发生在敏感地区、敏感时间，或可能演化为重大、特别重大桥梁突发事件的信息，不受事件分级标准的限制，市路政局必须立即上报市交通安全应急指挥部办公室和市应急办。经进一步核实后，由市交通安全应急指挥部办公室立即向市应急办报告详细信息。

5.3.2　续报

（1）一般和较大桥梁突发事件处置过程中，市路政局应将事件发展变化情况及时报告市交通安全应急指挥部办公室，由市交通安全应急指挥部办公室及时向市应急办报告。

（2）重大和特别重大桥梁突发事件处置过程中，在一般和较大级别事件信息报告的基础上，市交通安全应急指挥部办公室应每日向交通运输部报告。

5.3.3　总报

事件结束后，桥梁管养单位应将事件处理结果报告市路政局。市路政局将详细情况以书面形式向市交通安全应急指挥部办公室报告，由市交通安全应急指挥部办公室及时报市应急办。

5.4　信息发布和新闻报道

5.4.1　桥梁突发事件的信息发布和新闻报道工作，应按照党中央、国务院和本市相关规定，由市应急办会同市委宣传部对发布和报道工作进行管理与协调。

5.4.2　发生一般、较大桥梁突发事件，经市突发公共事件新闻发布工作协调小组批准，由市交通安全应急指挥部新闻发布工作组负责新闻发布工作。发生重大、特别重大桥梁突发事件，按照《北京市突发公共事件新闻发布应急预案》的有关规定，市突发公共事件新闻发布工作协调小组负责新闻发布的具体指挥和处置工作，市交通安全应急指挥部办公室指派专人负责新闻报道工作，并起草新闻发言稿和情况公告，及时、准确、客观、全面报道桥梁交通突发事件信息，正确引导舆论导向。

5.4.3　对于可能产生国际影响的重大桥梁突发事件，对外报道应由市应急办会同市委宣传部、市外宣办、市政府外办等单位共同组织，各新闻媒体要严格遵守突发事件新闻报道的有关规定。

6　后期处置

6.1　恢复重建

6.2.1　善后处置工作在市交通安全应急指挥部统一领导下，由相关成员单位、市路政局及相关管养单位负责组织实施。

6.2.2　在市交通安全应急指挥部办公室的组织下，相关成员单位、市路政局及相关管养单位组织力量全面开展突发事件的损害核定工作，对事件情况、人员补偿、征用物资补偿、重建能力、可利用资源等做出评估，制定补偿标准和灾后恢复重建计划，并组织实施。

6.2　调查和总结

6.2.1　总结报告

桥梁突发事件应急处置工作结束后，市交通安全应急指挥部办公室组织相关成员单位、市路政局及相关管养单位，在一周内写出应对工作情况的总结报告，并报市应急办。报告内容应包括：突发事件发生的时间、地点、各有关部门采取的措施和处置结果。

6.2.2　评估报告

桥梁突发事件应急处置工作结束后，由相关部门适时组织相关部门及专家成立事件处置调查评估小组，开展事件原因分析、事件责任调查评估，对应急处置工作进行全面评估，并在20天内将评估报告报送市应急委。市应急委会同市交通安全应急指挥部办公室根据评估报告，总结经验教训，建立事件案例库，并提出改进工作的要求和意见。

评估报告应包括：事件原因及背景分析、处置过程规范性及效率分析、处置效果分析、责任分析等内容。

6.2.3　案例库建立

市交通安全应急指挥部办公室根据事件处置总结和评估报告，建立事件案例库。

6.3 监督检查与奖惩

6.3.1 市交通安全应急指挥部办公室和相关成员单位应对本部门应急人员、设施、装备等资源的落实情况每年进行一次检查。

6.3.2 市交通安全应急指挥部办公室应对在应急准备或响应过程中提出重大建议、实施效果显著，或有其他突出贡献的单位和个人给予奖励。

6.3.3 对不按照规定制定应急预案，拒绝履行应急准备义务的；不按照规定报告、通报事件故真实情况的；不服从命令和指挥，拒不执行本预案的；阻碍应急工作人员依法执行任务致使延误事件处置，造成重大影响的等行为，市交通安全应急指挥部办公室应依据有关规定，提请相关部门追究有关单位和个人的责任；构成犯罪的，依法追究刑事责任。

7 保障措施

7.1 通信保障

市交通安全应急指挥部办公室及各成员单位要逐步建立和完善应急指挥基础信息数据库。桥梁突发事件抢险救援各成员单位应急指挥部办公室电话 24 小时开通，保证信息及时畅通。

7.2 应急救援与装备保障

各专业部门根据自身应急救援业务需求，采取平战结合的原则，配备现场救援和抢险装备、器材，建立相应的维护、保养和调用等制度，保障各种相关灾害事件的抢险和救援。

按照统一标准格式建立救援和抢险装备信息数据库并及时更新，保障应急指挥调度使用的准确性。

7.3 应急队伍保障

7.3.1 应急队伍组建

桥梁管养单位等队伍是基本的抢险救援队伍，北京卫戍区、武警北京市总队是抢险救援的后备力量，各相关成员单位要落实先期处置队伍和增援队伍的组织保障方案。

7.3.2 应急队伍调动

发生一般桥梁突发事件时，由市交通安全应急指挥部办公室，按照预案要求调动本系统应急队伍进行处置。

发生较大以上桥梁突发事件时，按照以市级专业抢险队伍为主体、本系统应急队伍为辅助的原则，由交通安全应急指挥部办公室统一协调应急处置队伍。

7.4 物资保障

市交通安全应急指挥部办公室要建立应急救援物资储备制度，建立与其他省区市物资调剂供应的渠道。由市路政局制定救灾物资储存、调拨管理方案，报市交通安全应急指挥部办公室备案。

7.5 资金保障

市财政局根据《北京市实施〈中华人民共和国突发事件应对法〉办法》中相关资金保障的规定和本市处置桥梁突发事件的需要，为桥梁突发事件应急处置提供资金保障。

7.6 技术保障

市交通安全应急指挥部办公室要组织有关专家加强对桥梁突发事件处置技术支撑体系研究；建立桥梁突发事件管理技术的开发体系和储备机制；为桥梁突发事件抢险救援提供必要的工程规划设计资料和技术支持。制订研发计划，借鉴国际先进经验，重点加强智能化应急指挥通信技术装备、辅助决策技术装备、特种抢险技术装备的研制工作，科学合理地进行配备。

8 宣传教育、培训和演练

8.1 宣传教育

市交通安全应急指挥部办公室负责组织有关部门制定应对桥梁突发事件的教育培训计划，编制公众应对桥梁突发事件的各种宣传材料和应急手册。充分利用电视、广播、报纸、互联网等媒体，开展应急宣传教育，增强公民防范意识，学习掌握应对桥梁突发事件的基本知识和技能。

8.2 培训

市交通安全应急指挥部办公室负责组织协调各成员单位开展面对应急指挥和参与应急事件处置人员的桥梁突发事件相关知识培训。将桥梁突发事件预防、应急指挥、综合协调等作为重要内容，以增强应对桥梁突发事件的知识和能力。

8.3 演练

8.3.1 市交通安全应急指挥部办公室定期组织演练，做好跨部门之间的协调配合及通信联络，确保各种紧急状态下的有效沟通和统一指挥。

8.3.2 各成员单位根据预案，组织本系统应对桥梁突发事件的分项演练。

8.3.3 应急演练包括准备、实施和总结三个阶段。通过应急演练，培训应急队伍、落实岗位责任、熟悉应急工作的指挥机制、决策、协调和处置的程序，识别资源需求、评价应急准备状态、检验预案的可行性和改进应急预案。

9 附则

9.1 名词术语、缩写语的说明

9.1.1 桥梁突发事件

桥梁因地下设施施工回填不密实、管线渗漏冲刷、地下构筑物施工或者发生地震、恐怖袭击、自然灾害等其他原因造成桥梁坍塌、人员伤亡等非正常情况。

9.1.2 桥梁分类

特大桥：指桥梁结构总长大于1000米、或单跨跨径大于150米的桥梁。

大桥：指桥梁结构总长大于等于100米、小于等于1000米，或单跨跨径大于等于40米、小于等150米的桥梁。

中桥：指桥梁结构总长大于30米、小于100米，或单跨跨径大于等于20米、小于40米的桥梁。

小桥：指桥梁结构总长大于等于8米、小于等于30米，或单跨跨径大于等于5米、小于20米的桥梁。

国道：指在国家公路网中具有全国性政治、经济、国防意义，并确定为国家级干线的公路，其路线编号以“G”开头。

市道：指在本市公路网中具有全市性政治、经济、国防意义，并确定为市级干线的公路，其路线编号以“S”开头。

县道：指具有区县性政治、经济、国防意义，并确定为县级干线的公路，其路线编号以“X”开头。

快速路：城市中大量、长距离、快速交通服务的公路。快速路对向车行道之间设中间分车带，其进出口应采用全控制或部分控制。

主干道：应为连接城市各主要分区的干路，以交通功能为主。自行车交通量大时，宜采用机动车与非机动车分隔形式。

次干路:次干路应与主干路结合组成道路网，起集散交通的作用，兼有服务功能。

支路:支路应为次干路与街坊路的连接线，解决局部地区交通，以服务功能为主。

本预案有关数量的表述中“以上”含本数，“以下”不含本数。

9.2 预案管理

9.2.1 预案组成

根据本市应急预案体系，本市桥梁突发事件应急预案包括管理类应急预案和处置类应急预案。

（1）管理类应急预案

是指由市应急委或市交通安全应急指挥部为应对本市桥梁突发事件而制定的，涉及若干部门职责的专项应急预案或部门应急预案。本预案属管理类应急预案。

（2）处置类应急预案

是指由市路政局及各道路管养单位依据本预案规定的职责，结合本单位实际情况，为具体处置桥梁突发事件而制定的社会单元应急预案。

9.2.2 预案制定

本预案由北京市人民政府负责制定，市交通安全应急指挥部办公室负责解释。

依据本预案，各区县政府及相关部门和单位应结合各自职责，制定相关应急预案，并报市交通安全应急指挥部办公室备案。

9.2.3 预案审核

本预案由市应急办组织审核。

9.2.4 预案修订

随着相关法律法规的制定、修改和完善，机构调整或应急资源发生变化，以及应急处置过程中和各类应急演练中发现的问题和出现的新情况，及时完善本预案，每三年至少修订一次。

9.2.5 预案实施

本预案自发布之日起实施。

北京市轨道交通运营突发事件应急预案
（2007年修订）

1 总则

1.1 编制目的

北京是特大型城市，人口稠密、经济要素高度积聚，政治、文化及国际交往活动频繁。城市轨道交通是市民出行的主要交通工具之一，一旦发生突发公共事件，往往处置难度大、损失大、影响大。为做好本市城市轨道交通运营突发事件的预防与处置工作，提高应对能力，确保应急组织指挥统一顺畅，处置及时妥善，最大程度地减少人员伤亡和财产损失，制定本预案，以实现如下目标：

（1）整合现有轨道交通运营突发事件应急管理组织机构，建立健全应急工作的体制和机制，实现部门之间的协调联动。

（2）整合现有轨道交通运营突发事件应急资源，建立分工明确、责任到人、优势互补、常备不懈的应急保障体系。

（3）整合现有轨道交通运营突发事件的信息资源，实现信息共享，形成机制优化、反应迅速的信息支撑系统。

（4）规范轨道交通运营突发事件级别，明确各成员单位的分工和职责，确定不同级别事件的启动程序和响应措施。

1.2 编制依据

依据《中华人民共和国安全生产法》、《生产安全事故报告和调查处理条例》、《国务院关于特大安全事故行政责任追究的规定》、《城市轨道交通运营管理办法》、《北京市城市轨道交通安全运营管理办法》、《国家处置城市地铁事故灾难应急预案》、《北京市突发公共事件总体应急预案》及有关法律法规，制定本预案。

1.3 预案组成

根据国家和本市应急预案体系，本市轨道交通运营突发事件应急预案应包括管理类应急预案和处置类应急预案两大类。

管理类应急预案

是指由市应急委或市交通安全应急指挥部为应对本市轨道交通运营突发事件而制定的，涉及若干部门职责的专项应急预案或部门应急预案。

处置类应急预案

是指由市轨道交通指挥中心及各轨道交通运营企业依据本预案规定的职责，结合本单位实际情况，为具体处置轨道交通运营突发事件制定的社会单元应急预案。

1.4 事件等级

依据轨道交通运营突发事件可能造成的危害程度、波及范围、影响力大小、人员伤亡及财产损失等情况，由高到低划分为特别重大（Ⅰ级）、重大（Ⅱ级）、较大（Ⅲ级）、一般（Ⅳ级）四个级别。

1.4.1 特别重大轨道交通运营突发事件（Ⅰ级）

出现下列情形之一时：

（1）造成轨道交通运营中断 6 小时以上；

（2）造成 30 人以上死亡（含失踪），或者危及 50 人以上生命安全，或者 100 人以上重伤（中毒）；

（3）造成被困人数 3000 人以上；

（4）造成 1 亿元以上直接经济损失；

（5）造成需要紧急转移安置 10 万人以上。

1.4.2 重大轨道交通运营突发事件（Ⅱ级）

出现下列情形之一时：

（1）造成轨道交通运营中断 3 小时以上 6 小时以下；

（2）造成 10 人以上 30 人以下死亡（含失踪），或者危及 30 人以上 50 人以下生命安全，或者 50 人以上 100 人以下重伤（中毒）；

（3）造成被困人数 1000 人以上 3000 人以下；

（4）造成 5000 万元以上 1 亿元以下直接经济损失；

（5）造成需要紧急转移安置 5 万人以上 10 万人以下。

1.4.3 较大轨道交通运营突发事件（Ⅲ级）

出现下列情形之一时：

（1）造成轨道交通运营中断半小时以上 3 小时以下；

（2）造成 3 人以上 10 人以下死亡（含失踪），或者危及 10 人以上 30 人以下生命安全，或者10人以上50人以下重伤（中毒）；

（3）造成被困人数500人以上1000人以下；

（4）造成1000万元以上5000万元以下直接经济损失；

（5）造成需要紧急转移安置1万人以上5万人以下。

1.4.4 一般轨道交通运营突发事件（Ⅳ级）

出现下列情形之一时：

（1）造成轨道交通运营中断半小时以下；

（2）造成3人以下死亡（含失踪），或者危及10人以下生命安全，或者10人以下重伤（中毒）；

（3）造成被困人数500人以下；

（4）造成1000万元以下直接经济损失；

（5）造成需要紧急转移安置1万人以下。

1.5 重点保护对象

本预案实施的重点保护对象主要包括：天安门广场地区的天安门东、天安门西、前门站，处于交通枢纽及换乘站的北京站、西直门站、东直门站、四惠站、四惠东站、复兴门站、建国门站，处于商业区的王府井站、西单站等。

1.6 适用范围

本预案适用于本市轨道交通运营中，因设施故障、恶劣天气、地震、大面积停电等情况而引发突发事件时的预防、处置和善后工作。适用于本市轨道交通运营遭受火灾、爆炸、恐怖袭击或重大、恶性刑事案件等突发事件时的先期处置和恢复重建工作。除此以外的其他突发公共事件应急工作须报请市应急委，由本市有关部门同时启动其他相关应急预案。

2 组织机构与职责

2.1 指挥机构及职责

在市应急委的统一领导下，由市交通安全应急指挥部负责本市轨道交通运营突发事件的应对工作。

市交通安全应急指挥部由总指挥、副总指挥和成员单位组成。总指挥由市政府分管副市长担任，负责市轨道交通运营突发事件应急指挥的领导工作，对全市轨道交通运营突发事件应急工作实施统一指挥。副总指挥分别由市政府分管副秘书长、市交通委主任担任，协助总指挥做好全市轨道交通运营突发事件应急工作。市政府分管副秘书长主要负责协调各成员单位应急处置及监督检查责任制落实工作。市交通委主任主要负责交通行业内各单位的应急处置、责任制落实工作和市交通安全应急指挥部办公室工作。

根据轨道交通运营突发事件处置的工作需要，设置执行总指挥，由市交通委主管轨道交通运营工作的副主任担任，协助副总指挥具体承担指挥处置工作，主要负责落实轨道交通运营敏感地区、敏感时间指挥调度责任制，负责督促落实应对轨道交通运营突发事件的各项处置措施。

市交通安全应急指挥部应对轨道交通运营突发事件职责包括：

（1）研究制定本市应对轨道交通运营突发事件的政策措施和指导意见；

（2）负责指挥本市轨道交通运营事件的具体应对工作；

（3）分析总结本市轨道交通运营事件应对工作，制定工作规划和年度工作计划；

（4）负责市交通安全应急指挥部所属专业应急救援队伍的建设和管理；

（5）承办市应急委交办的其他事项。

2.2 办事机构及职责

2.2.1 市交通安全应急指挥部办公室应对轨道交通运营突发事件职责

市交通安全应急指挥部下设办公室作为常设办事机构，办公室主任由市交通委主任担任。根据市交通安全应急指挥部的决定，市交通安全应急指挥部办公室负责组织、协调、指导、检查本市轨道交通运营突发事件的预防和应对工作。主要职责包括：

（1）组织落实市交通安全应急指挥部决定，协调和调动成员单位应对轨道交通运营突发事件相关工作；

（2）组织制订、修订本市轨道交通运营突发事件专项应急预案和部门应急预案，指导市轨道交通指挥中心及轨道交通运营企业制定、修订相关处置类应急预案；

（3）负责发布蓝色、黄色预警信息，向市应急办提出发布橙色、红色预警信息的建议；

（4）负责本市应对轨道交通运营突发事件的宣传教育和培训工作；

（5）负责收集分析相关工作信息，及时上报重要信息；

（6）负责组织本市轨道交通运营突发事件的应急演练；

（7）负责本市轨道交通运营突发事件的隐患排查以及相关应急资源的管理工作；

（8）负责本市轨道交通运营突发事件应急指挥技术系统的建设与管理工作；

（9）负责市交通安全应急指挥部专家顾问组的联系工作；

（10）承担市交通安全应急指挥部的日常工作。

2.2.2　市轨道交通指挥中心职责

在市交通安全应急指挥部办公室的协调指导下，负责本市轨道交通运营突发事件的具体处置工作。

（1）组织制订、修订轨道交通运营突发事件处置类应急预案，审查轨道交通运营企业突发事件处置类应急预案；

（2）负责协调指挥轨道交通运营企业实施轨道交通运营突发事件应急处置；

（3）负责及时向市交通安全应急指挥部办公室报送突发事件应急工作信息，负责根据现场情况提出轨道交通停运、抢险增援等应急处置建议；

（4）参与配合轨道交通运营突发事件总结和调查评估工作；

（5）承办市交通安全应急指挥部办公室交办的其他事项。

2.3　成员单位及职责

（1）市委宣传部：按照《北京市突发公共事件新闻发布应急预案》的有关规定，负责组织指导市属新闻单位对较大以上轨道交通运营突发事件的宣传报道工作，组织协调较大以上轨道交通运营突发事件及处置情况的新闻发布工作，组织市属新闻单位进行应对轨道交通运营突发事件安全知识的宣传，加强对互联网信息的管理。

（2）市台办：负责组织相关部门妥善安置涉及台胞应急疏散工作，及向台湾地区有关机构通报本市轨道交通运营突发事件相关信息。

（3）市发展改革委：负责对电力企业开展应急救援抢修工作进行监督，做好轨道交通运营突发事件有关电力应急处置的综合协调工作。

（4）市公安局：在轨道交通发生运营事故或遭受自然灾害等突发事件时，负责维护现场治安秩序，预防、制止和侦查处置过程中发生的违法犯罪行为，协助进行人员疏散。负责事后协助有关部门调查事故原因，查处相关责任人。

（5）市民政局：负责协助区县政府和市交通委，做好轨道交通运营突发事件受威胁群众的转移安置工作。负责救济款物的调配和发放等社会救助工作，妥善安排好受灾群众的基本生活。负责配合外事部门妥善安置外国驻华外交人员及其他外国来京人员和在京的港、澳、台胞、华侨及海外旅游人员的转移安置工作。配合市交通委做好轨道交通运营突发事件灾情统计工作，并开展相关灾民救助。

（6）市财政局：负责审批、安排轨道交通运营突发事件救援、善后处置和轨道交通设施工程修复所需的资金。

（7）市建委：负责组建交通突发事件紧急工程抢险队伍，组织指挥轨道交通运营突发事件中工程抢险救援工作。负责组织轨道交通运营突发事件中建筑工程事故的原因分析、责任调查和处理工作。

（8）市市政管委：负责组织指挥专业队伍对轨道交通运营突发事件中供气、供热等市政管线、设施的抢险救援工作。

（9）市交通委：负责交通行业内各单位的应急组织协调工作。负责督促落实应对轨道交通运营突发事件的各项处置措施。参与配合轨道交通运营突发事件调查评估。

（10）市水务局：负责组织指挥专业队伍对轨道交通运营突发事件中供水、排水设施的抢险救援工作。

（11）市商务局：负责轨道交通运营突发事件中生活必需品的调配和供应工作。建立政府储备，制定生活必需品的应急供应方案。

（12）市卫生局：负责组织指挥北京急救中心（120）等医疗救护队伍对轨道交通运营突发事件中病患伤亡人员实施救治和处理。负责检查、监测轨道交通运营突发事件现场的食品、饮用水源的安全情况。

（13）市安全生产监督局：负责组织指挥专业抢险队伍，对轨道交通运营突发事件中的危险化学品泄露事故进行抢险救援。负责组织安全生产专家组，对涉及危险化学品的轨道交通运营突发事件提出相应处置意见。负责参与属于生产安全性质的轨道交通运营突发事件的调查和处理。

（14）市政府外办：负责组织相关部门在轨道交通运营突发事件中妥善安置外国驻华外交人员和在京的港、澳人员、华侨及其他外国来京人员的应急疏散工作。负责组织相关部门向香港、澳门的有关机构或有关国家、国际组织通报本市轨道交通运营突发事件的相关信息。

（15）市民防局：负责因人防工程事故造成轨道交通运营突发事件的处置、指挥和抢修、排险工作。

（16）市信息办：根据相关应急预案负责组织轨道交通运营突发事件的专网通信保障工作。

（17）市公安局公安交通管理局：负责组织指挥轨道交通运营突发事件现场区域及周边道路的交通管制、交通疏导分流，以及交通疏导信息的播发工作，保证现场交通秩序，确保抢险通道畅通。

（18）市公安局消防局：负责组织指挥轨道交通运营突发事件中灭火抢险救援及防化洗消工作。负责组织制订和完善《北京市轨道交通突发事件灭火救援预案》。负责配合有关部门组建轨道交通运营突发事件紧急救援队。

（19）北京卫戍区：负责调集所属部队赶赴轨道交通运营突发事件现场，协助地方有关部门，实施核生化事件的抢险救援、现场封控警戒等任务。

（20）武警北京市总队：负责组织调集武警部队赶赴轨道交通运营突发事件现场，进行抢险救援、现场警戒等任务。

（21）市通信局：负责组织轨道交通运营突发事件中电信系统通信的应急恢复。

（22）市气象局：负责提供气象信息服务，监测天气变化，及时提供天气预报和降水、降雪情况，做好灾害性天气预报工作。

（23）北京电力公司：负责组织对轨道交通运营突发事件中电力设施实施抢险救援，并为抢险救援提供电力保障。

（24）有关区县政府：负责配合市交通安全应急指挥部办公室参与轨道交通运营突发事件救援工作。负责配合做好人员疏散安置、后勤保障和其他相关工作。

2.4 现场指挥部及职责

应根据轨道交通运营突发事件处置工作需要，由市交通安全应急指挥部办公室组织相关成员单位成立现场指挥部。现场指挥部可由指挥处置组、社会面控制组、后勤保障组、医疗救护组、新闻发布组和专家工作组等组成，承担现场抢险救援任务，负责做好事发地区治安维护、交通保障、人员疏散、群众安置、后勤保障等各项工作。

3 监测预警

3.1 预警级别

依据轨道交通运营突发事件的危害程度、发展情况和紧迫性等因素，轨道交通运营突发事件的预警由高到低分红色、橙色、黄色、蓝色四个级别。

（1）红色预警：预计将要发生特别重大（Ⅰ级）以上轨道交通运营突发事件，事件会随时发生，事态正在不断蔓延。

（2）橙色预警：预计将要发生重大（Ⅱ级）以上轨道交通运营突发事件，事件即将发生，事态正在逐步扩大。

（3）黄色预警：预计将要发生较大（Ⅲ级）以上轨道交通运营突发事件，事件已经临近，事态有扩大的趋势。

（4）蓝色预警：预计将要发生一般（Ⅳ级）以上轨道交通运营突发事件，事件即将临近，事态可能会扩大。

3.2 监测预警

市轨道交通指挥中心要做好城市轨道交通的运行监测、预警工作，建立轨道交通监测体系和安全运行机制，对监测信息进行汇总分析，并依据动态发展，向市交通安全应急指挥部办公室提出相应的预警建议。

3.3 预警发布和解除

（1）蓝色或黄色级别的预警信息，由市交通安全应急指挥部办公室组织对外发布或宣布解除，并报市应急办备案。

（2）橙色级别的预警信息由市交通安全应急指挥部办公室提出，由市应急办报请指挥部总指挥批准，由市应急办或授权市交通安全应急指挥部办公室组织对外发布或宣布解除。

（3）红色级别的预警信息由市交通安全应急指挥部办公室提出，由市应急办报请市应急委主要领导批准，由市应急办或授权市交通安全应急指挥部办公室组织对外发布或宣布解除。

3.4 预警响应

3.4.1 蓝色预警响应

（1）预警信息发布后，市交通安全应急指挥部办公室、相关成员单位及市轨道交通指挥中心、轨道交通运营企业要立即做出响应，相关负责同志带班，24 小时有人值班，随时保持通信联络畅通。

（2）轨道交通运营企业的巡查人员应上岗对隐患部位进行重点排除。

（3）专业应急救援队伍随时待命，接到命令后迅速出发，视情况采取防止事件发生或事态进一步扩大的其他相应措施。

3.4.2 黄色预警响应

在蓝色预警响应的基础上，轨道交通运营企业的巡查人员应上岗对隐患部位进行逐一排除。

3.4.3 橙色预警响应

（1）在黄色预警响应的基础上，市交通应急指挥部办公室及市轨道交通指挥中心、轨道交通运营企业的带班负责同志应随时掌握情况。

（2）轨道交通运营企业的巡查人员应全部上岗，并对整个区域进行逐一排除。

（3）专家顾问组进驻市交通应急指挥中心或事件现场，对事态发展作出判断，并提供决策建议。

（4）专业救援队伍随时待命，各保障部门备齐人员物资，接到命令后5分钟内出发。必要时轨道交通停运，同时加强地面公交运力。

3.4.4　红色预警响应

在橙色预警响应的基础上，专业救援队伍随时待命，接到命令后3分钟内出发。

3.5　预警变更

市轨道交通指挥中心密切关注事件进展情况，并依据事态变化情况，适时向市交通安全应急指挥部办公室提出调整预警级别的建议；市交通安全应急指挥部办公室依据事态变化情况，适时向市应急办提出调整橙色、红色预警级别的建议。

4　应急响应

4.1　先期处置

（1）轨道交通运营企业和市公安局公交总队立即启动先期处置应急工作预案，组织站内、车厢内乘客迅速疏散离站。同时封闭车站出入口，劝阻乘客进入。

（2）轨道交通运营企业立即采取必要措施，阻止在线列车进入突发事件现场区域，防止发生次生灾害。

（3）市公安局公安交通管理局迅速部署警力，立即在现场周边有关道路实施交通管制，保证抢险通道畅通。

（4）市交通委调配公交车辆疏散乘客。

4.2　分级响应

4.2.1　Ⅳ级响应

（1）市交通安全应急指挥部办公室接到一般事件报告后，立即启动本预案，迅速通知相关成员单位赶赴现场。

（2）市交通安全应急指挥部办公室带班负责同志在市交通应急指挥中心进行指挥。

（3）相关成员单位的主管负责同志和现场工作人员具体实施现场秩序维护、信息报告及抢险救援等相关工作事宜。

4.2.2　Ⅲ级响应

在Ⅳ级响应的基础上，采取下列措施：

（1）市交通安全应急指挥部办公室接到较大事件报告后，指挥部办公室负责同志在市交通应急指挥中心或在轨道交通指挥中心进行指挥。必要时，赶赴现场指挥处置工作。

（2）视需要，市交通安全应急指挥部副总指挥（市政府分管副秘书长）或市应急办派人到场，协调相关部门开展工作。

4.2.3　Ⅱ级响应

在Ⅲ级响应的基础上，采取下列措施：

（1）市交通安全应急指挥部办公室接到重大事件报告后，报市应急办，经指挥部总指挥批准，由市应急办或授权市交通应急指挥部办公室宣布启动本预案。

（2）市交通安全应急指挥部总指挥或副总指挥（市政府分管副秘书长）在市应急指挥中心或在市交通应急指挥中心进行指挥。必要时，赶赴现场指挥处置工作。

4.2.4　Ⅰ级响应

在Ⅱ级响应的基础上，采取下列措施：

（1）市交通安全应急指挥部办公室接到特别重大事件报告后，报市应急办，经市应急委主要领导批准，由市应急办或授权市交通应急指挥部办公室宣布启动本预案。

（2）市应急委主要领导或市交通安全应急指挥部总指挥在市应急指挥中心或在市交通应急指挥中心进行指挥。必要时，赶赴现场指挥处置工作。

4.2.5　现场指挥部响应

（1）现场指挥部及时掌握事件进展情况，随时向市交通安全应急指挥部办公室报告。

（2）相关成员单位按照应急预案分工和事件处置规程要求，相互配合、密切协作，共同开展应急处置和救援工作。

4.3　应急结束

（1）轨道交通运营突发事件处置工作基本完成，次生、衍生灾害和事件危害基本消除，应急工作即告结束。必要时，应通过广播电台、电视台和新闻媒体向社会发布应急结束的消息。

（2）一般、较大轨道交通运营突发事件应急处置工作，由市交通安全应急指挥部办公室宣布应急结束。轨道交通运营企业提出开通轨道运营的建议，经市交通安全应急指挥部办公室报请指挥部办公室主任批准后，实施开通运营。

（3）重大、特别重大轨道交通运营突发事件应急处置工作，经市应急办报请指挥部总指挥或市应急委主要领导批准，由市应急办或授权市交通应急指挥部办公室宣布应急结束。轨道交通运营企业提出开通轨道运营的建议，由市交通安全应急指挥部办公室报市应急办，经市应急办报请指挥部总指挥或市应急委主要领导批准后，实施开通运营。

5 信息管理

5.1 信息报告程序

5.1.1 首报

（1）发生轨道交通运营突发事件后，轨道交通运营企业要立即向市运输局和市轨道交通指挥中心报告。

（2）当一般轨道交通运营突发事件发生后，市轨道交通指挥中心要在 30 分钟内向市交通安全应急指挥部办公室报告，市交通安全应急指挥部办公室及时向市应急办报告。

（3）当较大以上轨道交通运营突发事件发生后，市轨道交通指挥中心要在接到报告后立即向市交通安全应急指挥部办公室和市应急办报告。市交通安全应急指挥部办公室要在事件发生后 2 小时内向市应急办报告详细信息。

（4）当发生重大、特别重大轨道交通运营突发事件时，相关轨道交通运营企业可以直接向市交通安全应急指挥部办公室报告，市交通安全应急指挥部办公室要在事件发生后 4 小时内向建设部报告。

（5）对于发生在敏感地区、敏感时间，或可能演化为重大、特别重大轨道交通运营事件的信息，不受事件分级标准的限制，市轨道交通指挥中心必须立即上报市交通安全应急指挥部办公室和市应急办。经进一步核实后，由市交通安全应急指挥部办公室立即向市应急办报告详细信息。

5.1.2 续报

（1）一般和较大轨道交通运营突发事件处置过程中，市轨道交通指挥中心应将事件发展变化情况及时报告市交通安全应急指挥部办公室，由市交通安全应急指挥部办公室及时向市应急办报告。

（2）重大和特别重大轨道交通运营突发事件处置过程中，在一般和较大级别事件信息报告的基础上，市交通安全应急指挥部办公室应每日向建设部报告。

5.1.3 总报

事件结束后，轨道交通运营企业应将事件处理结果报告市运输局和市轨道交通指挥中心。市轨道交通指挥中心将详细情况以文字形式向市交通安全应急指挥部办公室报告，由市交通安全应急指挥部办公室及时报市应急办。

5.2 信息报告内容

5.2.1 首报内容

事件发生时间、地点、伤亡人数;事件初步性质、发生的可能原因等，填写《轨道交通运营突发事件报告表》。

5.2.2 续报内容

事件发展趋势、人员治疗与伤情变化情况、事故原因、已经或准备采取的处置措施。

5.2.3 总报内容

事件处理结果、整改情况、责任追究情况等。

5.3 信息发布和新闻报道

轨道交通运营突发事件的信息发布和新闻报道工作,应遵照相关法律法规及《北京市突发公共事件新闻发布应急预案》等规定，由市应急办会同市委宣传部对发布和报道工作进行管理与协调，市交通安全应急指挥部办公室具体负责。

发生一般轨道交通运营突发事件，由市交通安全应急指挥部成立新闻发布工作组，统一组织新闻发布工作。发生较大、重大、特别重大轨道交通运营突发事件，在市新闻发布协调小组的领导下，市交通安全应急指挥部成立新闻发布工作组，指派专人负责新闻发布工作，起草新闻稿和情况公告，及时、准确、客观报道轨道交通运营突发事件信息，正确引导舆论导向。

对于可能产生国际影响的轨道交通运营突发事件，对外报道应由市应急办会同市委宣传部、市政府外办、市外宣办等单位共同组织。

6 后期处置

6.1 恢复重建

恢复重建工作在市交通安全应急指挥部的统一领导和组织下，由相关成员单位、市轨道交通指挥中心及轨道交通运营企业负责实施。

在市交通安全应急指挥部办公室的组织下，相关成员单位、市轨道交通指挥中心及轨道交通运营企业要组织力量全面开展突发事件损害核定工作，对事件情况、人员补偿、征用物资补偿、重建能力、可利用资源等做出评估，制定补偿标准和事后恢复计划，并负责组织实施。

6.2 总结和调查评估

（1）轨道交通运营突发事件应急处置工作结束后，市交通安全应急指挥部办公室组织相关成员单位、市轨道交通指挥中心及相关轨道交通运营企业，一周内写出应对工作情况的总结报告，并报市应急办。

（2）较大以上轨道交通运营突发事件处置结束后，由相关部门适时组织事故处置调查评估小组，开展事故原因分析、事故责任调查评估，对应急处置工作进行全面评估，并在20天内将评估报告报送市应急委。

（3）市应急委及市交通安全应急指挥部根据上述报告，总结经验教训，建立事件案例库，并提出改进工作的要求和意见。

6.3 监督检查与奖惩

市交通应急指挥部办公室和相关成员单位应对本部门应急人员、设施、装备等资源的落实情况每年进行一次检查。

市交通应急指挥部办公室应对应急准备或响应提出重大建议、实施效果显著的，或有其他突出贡献的单位和个人给予奖励。

对不按照规定制定应急预案，拒绝履行应急准备义务的，不按照规定报告、通报事故真实情况的，不服从命令和指挥，拒不执行本预案的，阻碍应急工作人员依法执行任务的等延误轨道交通运营突发事件处置，造成重大影响的行为，市交通安全应急指挥部办公室应依据有关规定，提请相关部门追究有关单位和个人的责任；构成犯罪的，依法追究刑事责任。

7 保障措施

7.1 技术通信保障

市交通安全应急指挥部办公室要逐步建立和完善应急指挥基础信息数据库。

7.2 救援与装备保障

根据轨道交通运营突发事件应急救援业务需要，市交通安全应急指挥部相关成员单位要配备现场救援和抢险装备、器材，并建立相应的维护、保养和调用等制度。

市交通安全应急指挥部办公室要会同市轨道交通指挥中心按照统一标准，建立救援和抢险装备信息数据库，并及时更新，以保障应急指挥调度的准确性。

7.3 队伍保障

7.3.1 专业应急队伍组建

轨道交通运营、公安、消防、交管、卫生、市政等队伍是基本的抢险救援队伍，北京卫戍区、武警北京市总队是抢险救援的后备力量，各相关成员单位要落实先期处置队伍和增援队伍的组织保障方案。

7.3.2 应急队伍调动

（1）发生轨道交通运营突发事件时，由市轨道交通指挥中心按照应急预案调动本系统应急队伍进行先期处置。

（2）当发生特别重大、重大轨道交通运营突发事件时，应按照以市级专业抢险救援队伍为主体、本系统应急队伍为辅助的原则，由市交通安全应急指挥部统一协调调动各相关抢险救援队伍。

7.4 物资保障

市交通安全应急指挥部办公室要建立应急救援物资储备制度，确定救灾物资生产、储存、调拨体系和方案。

7.5 资金保障

轨道交通运营事件发生后，根据实际情况调整部门支出预算，集中财力应对事件；经市应急委批准启动应急专项资金，必要时动用公共财政应急储备资金。

8 宣教、培训和演练

8.1 宣传教育

由市交通安全应急指挥部办公室负责，组织相关单位制定应对轨道交通运营突发事件的宣传教育计划，编写公众应对轨道交通运营突发事件专业教材和应急手册。同时，充分利用广播、电视、报纸、互联网等新闻媒体，开展应急宣传教育，增强公民防范意识，学习掌握应对城市轨道交通运营突发事件的基本知识和技能。

8.2 培训

由市交通安全应急指挥部办公室负责，会同有关部门，面向本系统应急指挥和应急处置人员，以轨道交通运营突发事件预防、应急指挥、综合协调等为重要内容，开展应对轨道交通运营突发事件各类培训。

8.3 演练

（1）市交通安全应急指挥部办公室要组织相关单位定期组织演练，做好跨部门之间的协调配合及通信联络，确保应急状态下的有效沟通和统一指挥。

（2）相关成员单位结合各自制定的应急预案，组织本部门开展应对轨道交通运营突发事件的各项演练。

（3）各应急抢险救援队伍要结合本单位的工作和生产，积极开展专业技能培训和演练，并依据应急预案进行短期脱产训练。定期组织全市跨部门、跨行业的应对重大、特别重大轨道交通运营突发事件的演练，检验应急队伍的快速反应能力，提高各部门之间协调配合和现场处置能力，实现突发公共事件管理的规范化和程序化。

9 附则

9.1 名词术语

轨道交通运营突发事件，是指在轨道交通运营线路上，因自然灾害、人为因素或设施故障造成轨道交通运营中断、人员伤亡、乘客被困等危及公共安全的突发事件。

本预案有关数量的表述中“以上”含本数，“以下”不含本数。

9.2 预案管理

9.2.1 预案制定

本预案由北京市人民政府负责制定，市交通安全应急指挥部办公室负责解释。

参照本预案，各相关成员单位应结合各自职责，制定相关应急预案，并报市交通安全应急指挥部办公室备案。

9.2.2 预案审查

本预案由市应急办组织审查。

9.2.3 预案修订

随着相关法律法规的制定、修改和完善，机构调整或应急资源发生变化，以及应急处置过程中和各类应急演练中发现的问题和出现的新情况，及时完善本预案，每三年至少修订一次。

9.2.4　预案实施

本预案自发布之日起实施。

附件（略）

图索引

表索引

后　记

《北京奥运交通丛书》在有关单位的鼎力配合下，终于付梓印刷了，北京市交通委员会和北京交通发展研究中心在丛书的组织编著过程中，得到了北京市交通委员会路政局、北京市交通委员会运输管理局、北京市交通执法总队、北京公交集团、北京市地铁运营公司、北京市轨道交通建设公司、北京市基础设施投资公司、北京市首都公路发展集团、北京市公联公路联络线公司、北京市市政路桥集团、北京祥龙公司、北京市轨道交通指挥中心、北京市公安局公安交通管理局、原北京奥组委交通部等单位有关负责同志、专家学者和工作人员的大力支持。

刘小明、王兆荣、全永燊、郭继孚、郭卫亮、孙壮志等同志对丛书的架构和内容设计付出了辛勤的劳动。

郭继孚、郭卫亮、孙壮志、张奋搏、马海红等同志对本册书的编写做了大量的工作，周凌、王书灵、刘新华、姚广铮、孙福亮、宋俪婧、冯陶、许焱、孙建平、刘莹、高永亮、李春燕、陈峰等同志提供了大量的资料或参加了编写工作。

北京市交通委员会、北京市交通委员会路政局、北京市交通委员会运输管理局、北京交通发展研究中心、北京公交集团、北京市轨道交通建设公司、北京市地铁运营公司、北京祥龙公司和柏诚（北京）公司等单位也为本书提供了宝贵的资料。

在此，对参与编写工作的各单位和各位同志付出的辛勤劳动表示衷心的感谢！

本书的出版得到了人民交通出版社戴慧莉编辑的帮助，她认真负责的工作态度与高水平的编辑能力，为本书增色很多，在此一并表示感谢！

《北京奥运交通丛书》编著委员会

2010年2月

参考文献

[1] 罗云 . 安全经济学 [M]. 北京 : 化学工业出版社, 2004.

[2] 肖盛燮 . 灾变链式理论及应用 [M]. 北京 : 科学出版社, 2006.

[3] Bewere N.L., 郑韫瑜, 余跃年译 . 风险理论 [M]. 上海 : 上海科学技术出版社, 1995.

[4] 张继权, 李宁 . 主要气象灾害风险评价与管理的数量化方法及其应用 [M]. 北京 : 北京师范大学出版社, 2007.

[5] 周寅康 . 自然灾害风险评价初步研究 [J]. 自然灾害学报, 1995, 4（1）.

[6] 杨郁华 . 国外国土整治经验介绍——美国田纳西河是怎样变害为利的 [J]. 地理科学进展, 1983, 3.

[7] 马寅生等 . 地质灾害风险评估方法 [J]. 地质力学学报, 2004, 10（1）.

[8] 黄崇福 . 自然灾害风险评价理论与实践 [M]. 北京 : 科学出版社, 2005.

[9] 史培军 . 灾害研究的理论与实践 [J]. 自然灾害学报, 1991, 6-17.

[10] 史培军 . 再论灾害研究的理论与实践 [J]. 自然灾害学报, 1996, 5（4）: 6-17.

[11] 史培军 . 三论灾害研究的理论与实践 [J]. 自然灾害学报, 2002, 11（3）: 1-9.

[12] 张继全, 冈田宪夫, 多多纳裕一 . 综合自然灾害风险管理 [J]. 城市与减灾, 2005, 2.

[13] 张继全, 赵万智, 冈田宪夫等 . 综合自然灾害风险管理的理论、对策与途径 [J]. 应用基础与工程科学学报, 2004, 14（增刊）.

[14] 张继全, 赵万智, 冈田宪夫等 . 综合自然灾害风险管理——全面整合的模式与中国的战略选择 [J]. 自然灾害学报, 2006, 15（1）.

[15] 陈玉琼 . 自然灾害研究中的几个问题 [J]. 灾害学 , 1990.2.

[16] 史培军 . 灾害研究的理论与实践 [J]. 南京大学学报（自然科学版）, 1991,（自然灾害研究专辑）.

[17] 罗德富, 吴积善 . 川滇黔地区突发性自然灾害的系统分析 [J]. 灾害学, 1991, 6（3）.

[18] 陈奇 . 我国地质灾害研究若干问题探讨 [J]. 地球科学进展, 1993, 18（1）.

[19] 文传甲 . 论人气灾害链 [J]. 灾害学 . 1994，9（3）.

[20] 田连权 . 西南灾链的区域分异 [J]. 山地学报 . 1995，13（2）.

[21] 王文俊，唐晓春，土建力 . 灾害地貌链及其临界过程初探 [J]. 灾害学，2000，15（1）.

[22] 商宏宽，自然灾害研究中几个观念问题的讨论 . 工程地质学报 [J]，1996，4（3）.

[23] 文传甲 . 广义灾害、灾害链及其防治探讨，灾害学 . 2000，15（4）.

[24] 游真，蒋庆丰，徐刚 . 重庆市暴雨规律及其引发的灾害初探 [J]. 重庆环境学报，2001，23（3）.

[25] 傅敏宁，邹武杰，周国强 . 江西省自然灾害链实例分析及综合减灾对策 [J]. 自然灾害学报，2004，13（3）.

[26] 高庆华，马宗晋，苏桂武 . 环境、灾害与地学 [J]. 地学前缘，2001，8（1）.

[27] 黄崇福 . 综合风险管理的地位、框架设计和多态灾害链风险分析研究 [J]. 应用基础与工程科学学报，2006，14（Sup）.

[28] 袁宏永，疏学明，付成伟等 . 论事件链、预案链在应急管理中的角色与应用 [J]. 中国应急管理，2008.

[29] Stanley Kaplan，B J Garrick. On the quantitative definition of risk[J]. Risk analysis，1981，1.

[30] 武雪芳，陈家宜 . 定量风险评价标准探讨 [J]. 上海环境科学，2000，19（4）.

[31] 丁厚成，万成略 . 风险评价标准初探 [J]. 工业安全与环保，2004，30（10）.

[32] 葛全胜，邹铭，郑景云等 . 中国自然灾害风险综合评估初步研究 [M]. 北京：科学出版社，2008.

[33] Papazoglou I A. Mathematical foundations of event trees[J]. Reliability Engineering & System Safety，1997，61（3）.

[34] Wang Y，Teague T，West H et al. A new algorithm for computer-aided fault tree synthesis[J]. Journal of loss prevention in the process Industries，2002，15（4）.

[35] 赵炳全，方向 . 核电厂操纵员综合能力评价研究 [J]. 清华大学学报(自然科学版)，2000，40（2）.

[36] 杨炘，王鸿冰，邢云等 . 中国国际石油投资模糊数学综合评价方法 [J]. 清华大学学报（自然科学版），2006，46（6）.

[37] 胡宝清 . 模糊理论基础 [M]. 武汉：武汉大学出版社，2004.

[38] 凌复华 . 突变理论及其应用 [M]. 上海：上海交通大学出版社 . 1987.

[39] 彭越，樊红．突变理论在山地生态环境脆弱性分析评价中的应用初探 [J]. 西南民族大学学报，2004，30（5）.

[40] 程毛林．突变模型在综合评价中的应用 [J]. 苏州科技学院学报，2004，21（4）.

[41] 施玉群，吴益民．基于突变评价理论的施工截流标准优选 [J]. 武汉水利水电大学学报，1997，30（6）.

[42] Official journal of the European communities. Council directive 96/82/EC of 9 December 1996 on the control of major accident hazards invoving dangerous substances. Official journal of the European communities，L 10/13，Brussels，1997，14（1）.

[43] 赵选民译．A first course in probability（概率论基础教程）[M]. 北京：中国机械出版社，2006.

[44] Cozzani V，Gubinelli G，Antonioni G，et a1. The assessment of risk caused by domino effect in quantitative area risk analysis [J]. Journal of Hazardous Materials，2005，127（1-3）.

[45] Antonioni G，Spadoni G，Cozzani V. A methodology for the quantitative risk assessment of major accidents triggered by seismic events [J]. Journal of Hazardous Materials，2007：147.

[46] Salzano E，Iervolino I，Fabbrocino G. Seismic risk of atmospheric storage tanks in the framework of quantitative risk analysis [J]. Journal of Loss Prevention in the Process Industries，2003：16.

[47] T S Glickman，H Khamooshi. Using hazard networks to determin risk reduction strategies. Operational research society，2005：56.